博学而笃志，切问而近思。
（《论语·子张》）

博晓古今，可立一家之说；
学贯中西，或成经国之才。

复旦博学·复旦博学·复旦博学·复旦博学·复旦博学·复旦博学

## 主编简介

卫田，1983年12月生，陕西省西安市人。复旦大学管理学院企业管理系副教授。分别取得了剑桥大学的管理学博士学位，以及清华大学的硕士和学士学位。正在或者曾经主持多项国家级、省部级课题，同时，为复旦大学第三批"卓学计划"入选者。曾以访问学者的身份赴明尼苏达大学卡尔森商学院访学半年。长期致力于领导力、战略管理方面的教学和研究。曾多次在国内外学术期刊发表论文以及学术会议上做大会报告。

大学管理类教材丛书
COLLEGE MANAGEMENT SERIES

# 职业责任与领导力

主　编　卫　田
副主编　包季鸣　邓　舒　余灵芝

复旦大学出版社

**内容提要**

本书围绕职业责任与领导力这两个核心概念展开。首先阐述了责任、职业责任、领导力的相关概念与理论，分析了领导力与职业责任之间的关系。在分别论述了职业责任与领导力的相关内容后，本书将着重讨论两者的融合与共生。职业责任和领导力二者具有如下关系：职业责任是领导力的基础，领导力是职业责任的升华。本教材在编写过程中介绍国内外前沿的职业责任与领导的研究成果，侧重于知识理论的传授。本书适用于研究生及以上的管理学研究者。

# 序一

  2012年,《领导力与职业责任》这本教材得以出版。五年过去了,这本书以崭新的面貌再次面世。

  在这本书的编纂中,我充分地吸纳了年轻人加入团队。时代变化的节奏在不断加快,本书的内容与表达方法也必须与时俱进,才能很好地与年轻人产生共鸣。我意识到,只有与年轻人靠得更紧,才能把一些值得传承的思想通过年轻人认可的方式传递给他们。于是,我邀请80后的卫田老师担任主编。

  同时,我将这本书以及相对应的课程都改名为《职业责任与领导力》。词序的调整代表了我对年轻人职业责任的重视。年轻人若缺乏职业责任,不仅会在职业发展过程中遭遇掣肘,还有可能给其所属的组织甚至整个社会带来灾难。因此,我希望通过强调职业责任的重要性让各位同学能够意识到并承担起对其所从事职业的敬畏与责任。

  最后,希望这本书能够让更多的年轻人有担当、有能力践行自己对职业、对人生、对社会的承诺!

**包季鸣**
2017年12月1日

# 序二

这本书是传承之作。包季鸣老师是第一版的主编,他也是复旦大学《领导力与职业责任》这门课的授课老师。包老师于2015年找到我,希望我可以在不久的将来,加入这门课的授课队伍,同时编写一本修订版的教材。当时,我刚工作两年多,觉得接替重量级的课程以及教材编写是一件极具挑战的事情。因此,我的内心极为惶恐和忐忑。但是,包老师的言辞打动了我。他认为传承本身就是职业责任的具体体现,他需要年轻人接过这件有意义的事情,继续做下去,让中国的接班人在职业责任与领导力的培养方面更上一层楼。我认可他的理念。于是,从2015年夏开始,我着手进行这本书再版的编写工作。

我与包老师是两代人。但在沟通的过程中,我发现,我们对于世界和社会的基本看法是一致的。这也侧面反映出人类社会在变化,但是人类的基本思想与价值观是不变的。职业责任与领导力所讲授的本质也因而在任何一个时代都不过时。可是,我与包老师毕竟是两代人,我们看到的世界与社会的表象又是不同的。人类社会在发展,那些亘古不变的基本思想与价值观在新时代有了不同的表现形式。这些迥异的表现形式,会让一部分读者困惑,纠结于曾经倡导的基本思想与价值观在当下这个时代是否过时了?新时代是不是需要我们去改变曾经的立身之本,转而去学习一些经世致用之术?其实,编写这本书的初衷,就是要告诉读者,维系人类社会发展多年的基本思想与价值观是没有变化的,但是如何灵活运用新时代的不同表现形式从而成为社会上的更优秀的人,是需要学习和培养的。这本书就指出了新时代下学习和培养的途径与方法。

基于这一初衷,我在编写的过程中一度非常纠结,既要顾及基本思想与价值观,又要考虑与时俱进的新时代表现形式。同时,这是一本面向本科生的教材,需要具有一定的趣味性、可读性和启发性。因此,在编写时,我始终牢记,不要将这本书编写成一本枯燥的思想道德教育书籍。如何将基本思想与价值观翻出新时代的意义,如何深入浅出地讲清楚新的表现形式并被读者理解和接受,就成为了我在编写过程中的重中之重。为了契合飞速的社会变化进程,我在每一章中加入了大量的近几年发生的案例和故事,同时,我也针对一些值得深入探索和挖掘的知识点,匹配了可以持续更新的案例和材料(读者可以扫描书上的二维码获取)。我试图通过这一尝试将这本书从很多书籍采用的以编者为中心转移到以读者为中心的编写思路上。当然,这次改版只是第一次尝试,未必能够达到预期效果,这还寄希望于将来在授课的实践基础上进行更深入的改进。我相信只要持之以恒,这本书会实现编写的初衷——为中国培养具有职业责任及领导力的接班人。

写到这里,我不由得又想起了这本书所期待承担的社会责任。在竞争激烈的世界环境中,中国想要成为强国,必然要依赖于不断成长的有责任感、有担当、有能力、有作为的年轻人。具备了这四点的年轻人,无论是走向任何一个领域,如科研、企业、医疗、教育等等,都会成为这个领域的佼佼者,引领这个领域迈向光明的未来。每个领域的正向发展最终会使得中国在各个领域成就突出,成为具有综合实力的强国。而中国人也会因为拥有这样的祖国而更加充满希望和自信,从而更加投入地建设各个领域。这一正向循环的出现,就是编写这本书的最终目的。

卫 田

2017 年 12 月 1 日

# 目 录

## 第一部分 开篇和导论 | 1

### 第1章 职业责任与领导力导论 | 2

- 1.1 概论 | 3
- 1.2 责任概述 | 5
  - 1.2.1 责任的维度 | 5
  - 1.2.2 责任的原则 | 6
  - 1.2.3 角色责任 | 7
- 1.3 职业责任 | 8
  - 1.3.1 职业责任的存在形式 | 9
  - 1.3.2 职业责任与契约责任 | 9
  - 1.3.3 职业责任与个体责任 | 9
  - 1.3.4 职业责任的职业化体现 | 10
- 1.4 领导力 | 10
  - 1.4.1 领导 | 10
  - 1.4.2 领导与管理 | 11
  - 1.4.3 领导过程 | 11
- 1.5 领导力经典理论 | 12
- 1.6 基于实践的新型领导力 | 14
  - 1.6.1 积极领导力 | 14
  - 1.6.2 简约领导力 | 14
  - 1.6.3 蓝海领导力 | 15
  - 1.6.4 谦卑型领导力 | 15
  - 1.6.5 分布式领导力 | 15
- 1.7 责任与领导力的共生 | 15
  - 1.7.1 融合 | 16
  - 1.7.2 共生 | 16

## 第二部分　责任理论与实现　21

### 第 2 章　责任与角色责任　23

#### 2.1　责任　25
- 2.1.1　责任的定义　25
- 2.1.2　责任的维度　27
- 2.1.3　责任的原则　31

#### 2.2　角色责任　34
- 2.2.1　角色与责任　36
- 2.2.2　个体责任　37
- 2.2.3　组织责任——以企业责任为例　44
- 2.2.4　个体责任与组织责任的协调　46

### 第 3 章　职业责任理论与实现　50

#### 3.1　职业责任理论　52
- 3.1.1　职业责任的理论架构　52
- 3.1.2　职业责任与契约责任　53
- 3.1.3　职业责任与个体责任　55

#### 3.2　职业责任的实现　66
- 3.2.1　职业责任的使命引导　66
- 3.2.2　职业责任的伦理体现　70
- 3.2.3　职业责任的形象展示　72
- 3.2.4　职业责任的技能要求　74

## 第三部分　领导力理论与实现　79

### 第 4 章　领导力概述　81

#### 4.1　领导的定义　83
- 4.1.1　对领导的再认识　83
- 4.1.2　领导的相关界说　85

#### 4.2　领导与管理　87
- 4.2.1　领导与管理的区别　89
- 4.2.2　领导与管理的联系　91

#### 4.3　领导过程　93

4.3.1 领导过程 … 93
4.3.2 领导过程四元素 … 94
4.3.3 权力与影响策略 … 97

## 第5章 经典领导力理论（一） … 103

5.1 领导者特质理论 … 105
5.1.1 理论研究与概述 … 105
5.1.2 个人特性、素质、技能与有效领导 … 108
5.2 领导者行为理论 … 111
5.2.1 领导风格理论 … 111
5.2.2 领导行为的四分图理论 … 112
5.2.3 管理方格理论 … 113
5.2.4 "PM型"与"CPM型"领导理论 … 114
5.2.5 管理系统理论 … 115
5.2.6 对领导行为理论的评论 … 117

## 第6章 经典领导力理论（二） … 120

6.1 权变理论 … 122
6.1.1 权变理论的概述和观点 … 122
6.1.2 情境变量 … 124
6.1.3 经典权变理论模型 … 125
6.2 领导者类型理论 … 130
6.2.1 战略型领导 … 130
6.2.2 领袖魅力型领导者 … 133
6.2.3 变革型领导者 … 138
6.2.4 伦理型领导者 … 141
6.2.5 领导类型理论的比较研究 … 143

## 第7章 新兴领导力理论——基于实践 … 149

7.1 积极领导力 … 152
7.1.1 什么是积极领导力 … 152
7.1.2 积极领导力的实现 … 153
7.2 谦卑领导力 … 157
7.2.1 谦卑领导力的理论研究 … 157
7.2.2 谦卑领导力的影响效应 … 159

| | |
|---|---|
| 7.3 蓝海领导力 | 160 |
|   7.3.1 蓝海领导力的理论特点 | 160 |
|   7.3.2 蓝海领导力实施四部曲 | 161 |
| 7.4 简约领导力 | 163 |
|   7.4.1 简约领导观 | 163 |
|   7.4.2 简约领导力的实现 | 164 |
| 7.5 分布领导力 | 166 |
|   7.5.1 分布领导力的理论研究 | 166 |
|   7.5.2 分布领导力的相关评论 | 167 |

## 第四部分　责任与领导力的共生　171

### 第 8 章　责任与领导力的融合　173

| | |
|---|---|
| 8.1 职业责任与领导力的融合 | 176 |
|   8.1.1 职业责任与领导力的综合模型 | 176 |
|   8.1.2 沟通职业责任与领导力的桥梁 | 177 |
| 8.2 新时代下的职业责任与领导力 | 186 |
|   8.2.1 新时代的挑战 | 186 |
|   8.2.2 新时代下的职业责任 | 188 |
|   8.2.3 新时代下的领导力 | 192 |

### 第 9 章　责任与领导力共生的基础　199

| | |
|---|---|
| 9.1 共生的基础——企业生态系统 | 201 |
|   9.1.1 企业生态系统的内涵 | 202 |
|   9.1.2 企业生态系统的特性 | 204 |
|   9.1.3 企业生态系统的动态演化 | 209 |
| 9.2 企业生态系统的现代实践——平台生态圈 | 213 |
|   9.2.1 企业生态系统的现实意义 | 213 |
|   9.2.2 企业生态系统的实现形式——平台生态圈 | 216 |

### 第 10 章　责任与领导力共生的战略　221

| | |
|---|---|
| 10.1 战略管理经典理论回顾与比较 | 224 |
|   10.1.1 企业能力理论 | 225 |
|   10.1.2 动态能力理论 | 225 |

　　　　10.1.3　复杂理论　227
　　　　10.1.4　合作竞争理论　227
　　10.2　生态系统战略　229
　　　　10.2.1　生态系统战略的基本概念　229
　　　　10.2.2　生态系统中企业运营战略　234

## 第 11 章　责任与领导力共生的实现　243

　　11.1　现代商业竞争关系　246
　　　　11.1.1　竞争与合作的三种关系　246
　　　　11.1.2　企业竞争的动态性　248
　　　　11.1.3　商业生态系统决定竞争关系　251
　　11.2　共生的实现　252
　　　　11.2.1　动态竞争模型　252
　　　　11.2.2　"五星"领导力模型　259

## 参考文献　275

# 第一部分 开篇和导论

# 第1章
# 职业责任与领导力导论

 **开篇案例**

### 西点军校的职责与领导力教育

美国西点军事学院（The United States Military Academy at West Point），即：我们所熟知的西点军校，是美国历史最悠久的军事学院之一。然而，西点为世人所知，却不仅仅因为它是"美国将军的摇篮"，更是因为它培育出了美国社会的中坚力量。在其200多年的辉煌历程中，西点军校培养了众多日后成长为社会中流砥柱的人才，其中有3 700人成为军事家，还有更多的人成为了政治家、企业家、教育家和科学家。

美国现代管理学之父彼得·德鲁克和通用电气前首席执行官杰克·韦尔奇都曾被问及同一个问题："在培养领导者方面，谁做得最好？"他们的答案既不是哈佛商学院，也不是通用电气，而是美国军队。他们所指的美国军队，很大程度上说的也是西点军校的毕业生。美国《商业年鉴》资料显示，第二次世界大战以后，世界五百强的企业中，西点军校培养出的董事长有1 000多名，副董事长有2 000多名，总经理、董事更是高达5 000多名。其中包括可口可乐、通用公司、杜邦化工等世界著名的大型公司的CEO。西点军校堪称商界领袖的摇篮。

由此可见，西点军校的学员具有很强的领导力的事实，已然赢得了世界的认可。西点军校，在某种意义上可以被称作为美国最优秀的"商学院"。令人意想不到的是，它对领导力的培养却是从最基础的责任开始的。

自1898年把"职责、荣誉、国家"正式定为校训以来，西点军校特别重视对学员品德的培养。他们反复强调，西点仅仅培养领导人才是不够的，必须是"品德高尚"的领导人才。为此，学员从进校的第一天起，就被灌输西点的基本价值观，即：正直诚实和尊敬他人的尊严。

学员章程规定：每个学员无论在什么时候，无论在什么地方，无论穿军装与否，也无论是在担任警卫、值勤等公务，还是在进行自己的私人活动，都有责任履行自己的职责和义务。这种履行必须是发自内心的责任感，而不是为了获得奖赏或别的目的。

在大多数人眼里，这样的要求是非常高的。但西点军校认为，没有责任感的军官不是合格的军官，没有责任感的员工不是优秀的员工，没有责任感的公民不是好公民。在任何时候，责任感对于自己的人生、对于国家与社会都不可或缺。正是这种严格的要求，让每一个从西点军校毕业的学员都获益匪浅。西点认为，一个人要成为好军人，就必须遵守纪律，有自尊心，对于他的部队和国家感到自豪，对于他的同志们和上级有高度的责任感、义务感，对于自己表现出的能力有自信。这样的要求，对每个企业的员工也同样适用。

以责任为起点，西点之道塑造了享誉世界的领导力。五星上将道格拉斯·麦克阿瑟82岁时在西点告别演说中阐述了西点军校领导力之道："'职责、荣誉、国家'，这三个神圣的词，决定了你应该做什么，你能做些什么，以及你未来的成就。"

西点军校的经典法则

## 1.1 概 论

职业责任和领导力这两个概念是直到近代才出现的，但都不是新话题。早在我国古代，兵书《六韬》就提出"将有'五材十过'"[1]，对将帅的责任和领导力素质都进行了细致的阐述；同时，在我们的开篇案例中，美国第一所军事学校——西点军校也将责任思想贯穿于对学员的教育和培

---

[1]《太公六韬》：所谓五材者，勇、智、仁、信、忠也。所谓十过者，有勇而轻死者，有急而心速者，有贪而好利者，有仁而不忍人者，有智而心怯者，有信而喜信人者，有廉洁而不爱人者，有智而心缓者，有刚毅而自用者，有懦而喜任人者。

养之中，以此为基石，塑造和提升学员的领导力，培养出了无数优秀卓越的领导人才。这一做法也诠释了现代西方社会对职业责任和领导力的认知。由此可见，古往今来，职业责任与领导力都被认为是成功人士的必备素养。

这一必备素养具有两个基本特点：历史继承性和未来发展性。历史继承性揭示出职业责任与领导力在中西方社会均可追溯出久远的历史根源，自古以来就发挥着重要作用，同时也被给予了足够的重视；职业责任与领导力所具有的未来发展性则揭示了这两个主题是面向未来的，因此我们应认识到崭新的时代为职业责任与领导力注入了新的内涵并且也提出更高的要求。

首先，来看历史继承性，一方面，职业责任脱胎于人类社会的发展。中西方历史上不同时期产生了一些调控职业活动的、带有道德蕴涵的行规。这些行规是早期职业责任的表现形式，反映出当时特定职业的属性、功能以及从业者的价值认同和心理需要。尤其是在西方资本主义时代，工业革命极大地促进了社会分工和职业分化。职业由此从宗法关系的束缚中解脱出来，具有了专门化的特征，其种类迅速增加并在内容上逐渐定型。从根本上来看，也正是社会生活中职业的发展推动了人们对于职业责任的探讨；另一方面，关于领导力的论述也可追溯出久远的历史根源，如我国古代儒家之仁义、道家之规律、法家之制度以及兵家之谋略等都是对领导力这一主题进行的探讨和总结，在西方历史中，从古希腊时期以柏拉图为代表的先哲们就对领导进行了思考，追问怎样的领袖才能领导城邦居民创造文明的繁盛，到其后波斯帝国等一系列帝国的扩张崛起之中，无数将帅帝王在对内稳固政权与对外开疆拓土中彰显出了杰出的领导智慧，可见领导力在推动西方文明发展之中发挥着关键性作用。

我们探讨职业责任与领导力，除了分析出其具有的历史继承性之外，更应当认识到这两个概念具有的未来发展性，这要求我们立足当下、面向未来。今天人们已经迈进了一个瞬息万变的时代，这是网络的时代，也是知识和信息的时代。在以知识化、全球化和市场化为主要特征的21世纪，资本、技术、劳动力等生产要素以空前巨大的规模在全球范围内流动和配置，各国经济被卷入统一的世界市场体系，国家与国家的关系、企业与企业的关系，乃至人与人之间的关系，在更深更广的层面上相互依存。这样的时代背景既提出了巨大的挑战，同时也创造出了难得的机遇，唯有具备高度责任感与领导力，才足以迎接新时代的到来。

从反面来看，尽管职业责任与领导力在中西方社会中都深受重视，但二者的缺失却也常见诸历史与现实，并且往往酿成严重的后果。如2008年波及全球的金融危机重创了世界经济，追根溯源便是由贪婪过度、责任缺失导致的。虽然这场金融海啸已经远去，但余波犹存，仍提醒着人们对责任与领导力缺失的问题时时反思，尤其是在互联网浪潮席卷下的今天，更是要对这些问题保持警醒与关注，这既是历史痛斥的教训，也是时代赋予的使命。因此，本书将关注点放在职业责任与领导力这两个主题上，通过对相关理论和实现方式的论述，加深人们对于责任与领导力的认识和理解，以期在能日常生活中通过实践将责任感内化并在此基础上磨练、提升自身的领导力。

2008年金融危机材料

## 1.2 责任概述

不同人对"责任"会有自己独到解读。这一理解随着个人经历的积累而加深巩固。在伦理学中，"责任是行为主体对在特定社会关系中定在[1]任务的自由确认和自由服从"。

首先，我们需要明确每个责任主体都是处在社会之中的。该主体不可避免地会与社会发生互动，并在此过程中与其他主体建立或维系种种关联。为了形象化理解，不妨把社会关系比作网络。任何一个行为主体作为网络中一个节点，与其他节点都存在着直接或间接的联结。节点在网络中的定位就反映了主体所处的社会关系，决定了该主体需要承担的任务，责任也就相应而生。由此可见，责任具体体现为主体自觉地识别、确认并完成任务。

上述是对于责任的理论性定义，然而不可否认的是，理解责任最好的方式还是形象而具化的描述。本书通过总结责任的不同维度、抽象出责任的基本原则，力求帮助读者建立对责任的立体、全面的概念性认识。

### 1.2.1 责任的维度

责任一词并不是单调刻板的概念，本书从空间和时间两个维度来探讨责任。

---

[1] "定在"是黑格尔逻辑学中的一个概念。黑格尔把存在作为第一个逻辑概念，但没有任何规定性的存在是纯粹的无。由存在过渡到空无是变异或生成，变易就成为第一个具有特定内涵的概念，即具有质的规定性。这样，存在就成为有特定规定性的存在——定在。

表 1-1 责任的时空维度

| 维度 | 内　　涵 |
| --- | --- |
| 空间 | 既研究个人的心理空间、生存生活空间，也研究一个集体、一个团体、一个组织的活动空间，还研究宏观的宇宙世界中责任的具体体现。 |
| 时间 | 立足现实，向上吸取历史教训，向下对未来负责，求得人类可持续的长远发展中责任的具体体现。 |

一方面，责任的空间维度是一个横向的概念，涉及人与人、人与人类社会，乃至整个大自然的生态的关系。另一方面，责任的时间维度是从纵向剖析责任，站在当下这一时点，往前追溯即对历史承担责任，所谓"前事不忘后事之师"便是从过去吸取教训；往后延伸是对未来负责，这要求我们采取行动时应当考虑到对自己未来的人生、对子孙后代以及整个未来世界的影响。

### 1.2.2　责任的原则

通过对时空两个维度的理解，我们在横向和纵向对责任构建了一个全局视角。在此基础上，我们进一步总结提炼出与时空二维紧密呼应的责任原则。责任的原则，顾名思义，是指理解责任、履行责任时最为根本、最重要的准则。本书列出了责任的四大原则，分别是作为根本性原则的共生共存原则和以人为本原则，以及作为方法性原则的和谐发展原则和竞争协作原则。其中共生共存原则承接了责任的时空观而来：一方面，人是生活在社会与自然中的，与人类成员以及其他生物在横向空间上是共生共存的；另一方面，人类文明传承发展，代与代之间在纵向时间上也是共生共存的。因此，共生共存原则具有普遍共通的价值，是责任观的动力和价值目标，指导人们的政治生活、经济生活、道德生活和文化生活，在四大原则之中居于核心和基础地位；以人为本就是以人的自由解放和实现人的全面发展为本，这一原则集中体现了责任的目的之所在；和谐发展追求的是全面协调的、文明和平的共同发展，此原则所追求的当代人类世界的和谐以及人类文明的延续发展正契合了责任时空观的要求；竞争协作则是在共生共存、以人为本、和谐发展的前提下主体之间进行互动的方式，为推动当代社会发展提供了动力。和谐发展原则与竞争协作原则都是实现责任过程中所应遵循的方法性原则。总的说来，责任的四大原则之间相互关联，共生共存原则起统领作用，指导和谐发展原则与竞争协作原则，体现以人为本原则。

以上概述是对广义的责任进行的一般性解读，后续内容将会从角色责任和职业责任展开论述，使读者对责任有更具体的认识。角色是责任伦理的起点，角色责任部分将从角色视角出发，基于责任主体是个体还是由个体组成的集合体，将责任分为个体责任和组织责任并分别阐述；在此基础上我们将责任具体落实到工作岗位中来，对职业责任进行深入而细致的讨论，重点探讨职业责任的相关理论和实现方式。

### 1.2.3　角色责任

在阐释责任的概念内涵时，我们提到了责任主体可以理解为社会关系网中的节点。每个节点所处的社会关系的定位决定了责任主体应承担的任务以及相应的责任。在此过程中，责任主体对于任务的自觉识别、确认和完成便是责任的具体体现，而其在社会关系网中的坐标定位被称为"角色"。

一般来讲，角色带来了社会的期望，比如，父母应当承担抚育子女的责任；老师应当言传身教、教书育人；国家的公民应当遵纪守法；等等。但应该注意到的是，现实中同一个主体可能由于所处的定位不同，会扮演不同的角色，从而承担不同的责任。以学生为例，作为学生应当遵守校纪、完成学业，同时作为子女应当孝敬父母，此外作为社会成员，也有责任为维护社会稳定贡献自己的力量。因此，"角色"充当了连接行为主体与角色责任的中介，角色与责任的关系是名与实的关系，是表与里的关系，是形式和内容的关系。角色是理解责任的逻辑起点。

然而，需要指出的是，上述所谓责任主体既可以指一个人的个体，也可以指多个个人集合形成的组织，但无论是个体还是组织，他们都是以"角色"的名义出现在社会这个大舞台上。由此而派生出的个体责任和集体责任都是角色责任的子类，以下将分别对这两类角色责任进行简要概述。

<u>个体责任</u>是基于个人的角色责任。个人是社会生活中的最小单位，既是责任的主体又是责任的客体。个体责任的存在与实现是所有责任存在与实现的基础。个体责任从低到高有三个层次：第一层责任为争取并获得个人生存的优厚物质条件和文化条件；第二层责任为获得个人事业上的成功；第三层责任为实现人生的崇高价值。

集体可以看作是个人的集合，也可以充当行为主体。在这样的情形下，<u>组织责任</u>就对应于以集体出面的角色责任。现实生活中典型的社会组织有政府、社会团体、家庭、企业，以及党派组织和各种宗教团体，它们均在社会生活中发挥着重要作用。站在人类社会的层面来看，家庭是社会中最小的组织单元，是构成人类社会的微观基础。从更宏观的角度来看，在现代社会中，国家和社会事务的管理是通过政府、非政府组织和企业三者共同实现的，而并不是由其中任何一个独立完成。其中，政府作为主导，非政府

组织往往作为补充，企业则作为活跃的社会成员承担生产、销售、服务等经济责任。因此，不同的组织需要承担各自相应的组织责任，并且也对应着不同的实现途径。

尽管我们把社会比作关系网，但是现实社会比网络更加错综复杂，不同的角色责任之间往往是相互冲突的，这既包括同一主体的不同角色冲突引发的责任冲突，也包括不同主体的分离、对立导致的角色责任冲突。为了解决角色责任的冲突，我们首先要认识角色的主次、大小，进行最理性的权衡，从而做出最优的选择；但是面对一些无法化解的冲突，只能运用智慧来巧妙地统合协调。

角色冲突小案例
曾树生：女性的多重角色与多重困境

## 1.3 职业责任

通常我们提到职业责任是指从业人员应该完成的本职岗位的工作职责，乍看起来这是工作岗位对身居其职的从业者提出的最基本要求，是职业责任的浅层次体现。然而在日新月异的今时今日，恪尽职守这一品质却变得愈发的稀缺可贵。我们看到了太多漠视职业责任的实例，由职业责任缺失导致的大小事故也屡见不鲜，如百度高管售卖疾病类贴吧用户信息、耽误了病人治疗时机，引致舆论哗然、群情激愤，这种行为严重漠视商业伦理、破坏商业文明，其背后正是职业责任的缺失。种种社会问题警示人们应当摒弃轻视傲慢的态度，对职业责任进行更多的关注和更为慎重的思考。

在人类社会发展的历史长河中，经过劳动分工与职业分化，职业责任已经涵盖了愈加丰富而深刻的内容。我们不能停留于上述职业责任的基本要求，应该深入挖掘职业责任的深层次内涵。在本书中，职业责任被给予了如下解读：

职业责任是在职场中，个人基于劳动合同这一契约的外在约束，在履行契约责任的基础之上，将企业的价值观和目标不断内化为自己的自觉意识和自觉行动，在付出职业劳动的过程中履行个体责任、协调个体责任与组织责任，进一步在更为广泛、深远的层面上履行对于人类社会的责任，最终实现人生价值。

结合上文给出的"责任"的定义（"行为主体对在特定社会关系中定在任务的自由确认和自由服从"），我们将"职业责任"的行为主体限定在职场。相应地，责任定义中所说的"特定社会关系"可理解为：在广义层面上体现为从业人员与组织、利益相关者以及与社会的关系，在狭义层面上可进一步具体化为从业人员与上级、同事和下属的关系。针对这两个层面，我们可以将职业责任分为广义职业责任与狭义职业责任。

### 1.3.1 职业责任的存在形式

在对职业责任的含义做出了清晰界定之后，我们从职业责任的载体、基本形式、价值目标和贡献这几个方面来全面阐述职业责任的存在形式。

首先，职业责任是以职业劳动为载体的。职业劳动指职业者对职业付出的劳动，它凝聚了个人的汗水与智慧。其次，职业责任的基本形式是合作共事。现代社会中越来越多的工作难以完全依靠个人的力量完成，往往需要多个主体通过彼此之间的协作共同实现。再次，职业责任的实现最终还是要落实到人类社会发展这个大方向。社会的发展推动了职业的分化并且丰富了职业责任的内涵，而反过来，职业责任最终是以服务他人、服务社会和服务人类为价值目标的。最后，我们应当立足当代、展望未来，职业责任通过职业劳动创新的途径来推动人类文明的发展和繁荣。

### 1.3.2 职业责任与契约责任

职业责任是以劳动关系为纽带的，其本质上是一种契约责任。契约责任的履行不可避免地涉及缔约双方。职业责任涉及的缔约双方往往就是用人单位和从业人员：一方面用人单位应当明确岗位职责，另一方面从业人员应具备强烈的职业责任意识并且拥有足够的职业技能。只有双方都履行好应尽的义务，才能保证职业责任的实现。

### 1.3.3 职业责任与个体责任

对于行动主体而言，从事某一职业意味着要扮演某一具体的角色，因而我们也可以从角色责任的视角来理解职业责任。职业是社会分工的定位，社会对于特定职业规定了相应的要求。从事这一职业的个人需要扮演相应的角色。在职业活动中，这些个人基于劳动合同承担特定的职责职务，恪尽职守地履行好角色所衍生出的责任，尽心尽力地扮演好这一角色。

根据职业责任的定义，职业责任是对个体职业者而言的，其行动主体是个人，但其与角色责任中的个体责任又有所不同。我们总结出以下层层递进的关联以揭示两者的关系：（1）职业是个人安身立命之本；（2）职业劳动是个人价值实现的主要途径；（3）人生价值体现在事业中。

对于个人而言，职业责任的实现意义重大，尤其当我们谈及人生意义这一最高层次时，应认识到个人职业责任的实现与个人价值的实现是一致的。

### 1.3.4 职业责任的职业化体现

在对职业责任的内涵和意义有了一定了解之后，一个很自然的问题就是：如何在日常实践中落实职业责任？我们在这里给出的答案是"职业化"。职业化在某种意义上是工作状态的标准化，涉及从业者知识、技能、观念、思维、态度、心理等方面。对从业者来说，职业责任是通过职业化实现的。

虽然在日常生活中我们常常听到职业化这一概念，但是并不一定都能深刻理解。不同人对于职业化有不同的解读。本书提供一种思路作为参考，以帮助理解何为职业化。在对应章节中我们将从使命引导、伦理体现、形象展示和技能要求这四大方面进行讨论，对每个方面分别从内容和落实两个角度互补论述，来具体阐述职业责任的职业化体现。

医生的敬业故事

## 1.4 领导力

自古以来"领导"就是一个颇受关注的主题。从古代君主的治国安民、将帅的运筹帷幄，到近代商界奇才打造出庞大的商业帝国，一位位鲜明生动的领导人物，书写出无数的传奇故事。但关于领导的科学研究却是直到20世纪才正式开始兴起的，此后越来越多的研究者一步步地推动了领导学研究的进程。

学者与业界人士已达成一个共识，即管理"既是一门科学又是一门艺术"，而领导学作为管理学领域中的重要议题，更是集中体现出了集科学与艺术为一身的特征。毕竟在实际经营管理中领导者需处理的问题是复杂多样的，领导者需要与人打交道，处理各种棘手问题，应对动态多变的环境，兼具理性思维与感性认知，因此"领导"这一主题值得我们深入探讨。

本书的第三部分首先明晰领导学中的基本概念，进而深入探讨领导力的含义、内容和实现形式。

### 1.4.1 领导

与前文论述过的"责任"类似，对于"领导"的解读同样因人而异，甚至在英文中，领导一词有着 lead、leader 或 leadership 等多个对应单词，词性上既有动词也有名词，意义内涵也各有不同。本书将"领导"界定为名词并作如下定义：

领导（leadership）是领导者对被领导者的一种影响过程，是为其努力赋予方向，并使其有意愿投入努力以实现既定目标的过程。

### 1.4.2 领导与管理

人们常常将领导与管理这两个词放在一起谈论，确实二者有很多相似之处，却也有很多不同。我们首先将这一组概念进行对比区分（图1-1）。

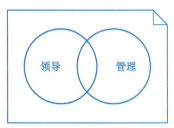

图 1-1　领导与管理的关系

图 1-1 简明形象地揭示了领导与管理这两个概念的关系。二者存在着交集但并不重合。具体而言，领导与管理之间存在七大方面的不同：

（1）目标不同：管理是通过计划、组织、控制等手段，合理地组织人力、物力等资源，进而提高组织的运行效率；而领导的本质就与管理不同，领导者是通过鼓励、教育和引导等手段带领被领导者实现共同目标。在领导的理念中，人是领导行为的本体，而组织共同的文化价值才是领导行为的工具。

（2）着眼点不同：管理强调维持目前的秩序，它的价值观建立在一个假设前提上：现存的制度法规是至高无上的；领导的精髓则在于对前景的关注和强调未来的发展。

（3）权力基础不同：管理者总是偏爱行使职位权力；而领导者更偏重于通过自己自身的因素对被领导者和情境施加影响。

（4）工作对象不同：管理的对象很宽泛，可以是人，也可以是财、物、信息、时间等；领导的对象往往只能是人或群体及其事业。

（5）对员工的态度不同：管理者倾向于控制员工，这一倾向是由他们追求的目标和其权力基础决定的；而领导者则会更多地激发员工，他们认为有才能和想法的员工具有更强的创新能力，能够更积极主动地实现共同的目标。

（6）思维方式不同：管理的思维方式属于分析型；领导的思维方式属于综合型。

（7）结果不同：管理者往往缺乏进取精神，更可能使得企业因循守旧、原地踏步；相比较而言，领导者则更具创新精神，他们对于企业的主要贡献并非利润，而是他们为企业创造出的难以度量和估计的"精神财富"。

领导者与管理者的区别

### 1.4.3 领导过程

领导本质上是一个动态的影响过程。本书进一步地将定义进行拓展，将领导过程解读为领导者在一定的组织形式下对被领导者产生影响，使被领导者向既定的共同目标方向努力的行为过程。

上述解读使我们认识到，领导过程是一个不同元素之间相互作用的动态化的过程，而这一过程包括了领导者、被领导者、领导情境和领导目标四个基本元素，每个基本要素在领导过程有各自的地位和作用：

（1）领导者是负责指引行为或者执行的人；

（2）被领导者是在领导者的指挥和带领下行事的人；

（3）领导情境是领导者及其被领导者所处的形势和情况——包括正式的和非正式的、社会的和工作的、动态的和静态的、紧急的和常规的、复杂的和简单的以及其他类似的情况；

（4）领导目标包含了领导者与被领导者、领导者与领导情境之间相互作用所产生的一切结果，例如对领导行为的支持、顺从或者反对，以及目标的实现等。

## 1.5 领导力经典理论

领导者可谓领导过程中最核心的元素，在很大程度上决定领导效能从而影响企业绩效，因此关于领导活动效率的研究经常着眼于领导者个人。对领导者个人的研究主要有两类：一类研究领导者的个人特质，称为领导特质理论；另一类研究领导者在日常工作中表现出的个人行为，被称为领导行为理论。

作为 20 世纪最流行的领导理论，领导特质理论最早对领导活动及其行为进行系统的研究，试图通过从优秀的领导者身上寻找共同的特质来回答"什么样的人能成为优秀的领导"这一根本性的问题。目前已经取得了颇为丰富的研究成果，包括斯托格蒂尔的六类领导特质理论，德鲁克的"五项主要习惯"，鲍莫尔的领导特质论等等。然而，领导特质理论本身并不完善，还有很多片面与局限之处，最致命的问题在于至今为止它仍然没能证明哪些特质是身为一个成功的领导者必须要具备的。鉴于此，目前普遍认为该理论仅能为选拔和培训领导者提供一定的指导。20 世纪 40 年代以后，学者开始将目光转向领导者行为，希望通过研究领导者的具体行为得出一些规律性的结论，例如领导者应该采取怎样的行为、何种领导行为能够实现有效领导等。

领导行为理论包括早期的领导风格理论，该理论概括出了专制独裁型、民主型以及放任型这三类不同的领导风格，指出不同风格领导各自的特点和优缺点；此外还有领导行为的四分图理论，主要是对"主导型领导行为"和"关心型领导行为"这两种行为的有效性问题进行分析和研究；在四分图理论基础上拓展出的管理方格论分别以"关心人的领导者行为"和"关心生产的领导者行为"作为两大分析维度，对每个维度上进行更细致的划分，从而呈现了多种不同风格的领导行为；PM 型领导理论也研究领导行为，将领导者分为 P（performance）型、M（maintenance）和 PM 型，而 CPM 理论则是 PM 型领导理论中国化的产物，即增加了一个维度 C（character and moral）个人品德，研究不同领导风格与其对应的领导绩效之间的关系；管理系统理论按照领导行为方式的不同，将领导者分为四类——严厉的专制独裁式领导、仁慈的专制领导、协商式的民主领导以及参与式的民主领导，分析比较哪种领导行为更为有效。

自 20 世纪 80 年代以来，领导理论在新的领域有了发展，研究者们认识到领导者在与被领导者建立关系的过程中，时常会通过情感依附、价值观形成、愿景吸引等一系列感性的途径施加影响。这一分支的研究关注领导者类型，其中吸引广泛关注的是领袖魅力型领导理论、变革型领导理论以及伦理型领导理论。这支理论的研究对象主要集中在中层管理者，而近年来随着全球竞争加剧、科技与社会快速变革，高层管理者的战略领导也引起了越来越多的关注。因此，战略型领导的相关研究也越来越多并且日趋成熟。

在领导过程中领导情境这一要素也非常重要，随着实务发展与理论演进越发受到关注。从 20 世纪 60 年代以后开始兴起的权变理论便聚焦于情境这一要素上，研究与领导行为相关的情境因素对领导效力的潜在影响。"权变"一词有"随具体情境而变"或"依具体情况而定的意思"，该理论的核心观点是，在不同的情境中不同的领导行为有不同的效果，所以又被称为领导情境理论。

权变理论的诞生标志着现代西方领导学研究进入了一个新的发展阶段。它统合了领导现象的复杂性，为人们提供了一套有效的领导方法，更切合领导者的实际需要。而在权变理论中至关重要的一个概念即为"情境"，它作为领导过程中的四大要素之一，不仅能够直接影响领导行为，还可以通过影响组织的绩效或替代领导者的影响效应对领导者的领导行为产生间接影响。权变理论具有较强的实践指导意义，领导者在实施领导行为时就能够有根据地运用情境理论，通过对情境的影响效应进行分析来提高领导行为的有效性。

权变理论学者论述了领导者、被领导者和情境变量之间的相互作用，并给出了不同版本的理论模型：规范决策模型，描述从高度独裁到高度民主的五种被领导者的参与模式；LPC 权变模型（least preferred coworker）从领导者的风格和情境类型这两个因素出发进行分析，将领导者风格与情境类型相组合，探究不同风格的领导者在不同的情境下的领导效力；情境领导理论则是基于之前我们介绍过的领导行为四分图理论，创建了一个三维结构的有效领导模型，以被领导者的个人性格的成熟程度和领导者需求倾向区分出不同类型的领导方式，再纳入情境因素进行综合考量；与此类似的，路径-目标理论也总结出了四种领导方式，指出领导者应根据被领导者的个人特点和需求以及其他情境因素的变化来转变自己的领导风格。

## 1.6 基于实践的新型领导力

前面介绍的经典领导力理论在实践中得到了很好的印证，但随着时代的日新月异，管理的环境、要素等也都发生了极大的变化，在一些新的情境下，经典的领导力理论的实际效力大不如前，领导力也应当采取新的思维角度与新的方式以响应时代的新要求。因此本书也将对近年来基于实践智慧兴起的新型领导力进行介绍。

### 1.6.1　积极领导力

积极领导力理论倡导活跃的工作环境、融洽的人际关系、符合道德的行为，以及积极向上的情感和富有活力的关系网络。在当今动荡、焦虑的环境下，非常需要积极领导力。

金·卡梅伦教授基于"向阳效应"提出了五种实现积极领导力的做法：(1)利用向阳效应；(2)以道德的方式应对低迷；(3)关注超常差距；(4)创造积极能量；(5)采取积极做法。

### 1.6.2　简约领导力

简约领导力理论认为，就领导活动本身而言，领导不应是越来越复杂，而应是越来越简约；领导者不是越来越重要，而是越来越"不重要"。简约领导力要不断减少领导工作的量，与此同时提高领导工作的质。

简约领导力在实践中表现为领导激励和管理决策方面的"四多四少"：少领多导、少激多励、少理多管、少决多策。

### 1.6.3 蓝海领导力

蓝海领导力理论源于 W. 钱·金和勒妮·莫博涅研究出的"蓝海战略"思维，其核心原理是将领导力视为一种"服务"，而组织内的员工可以选择"买"或"不买"。蓝海领导力可以改造蓝海战略中非客户转化为客户的概念和方法，帮助领导者提高员工敬业度，快速且低成本地释放员工潜力和能量的蓝海。

蓝海领导力的落实共涉及四个步骤：（1）洞悉领导力现状；（2）描绘理想的领导力画像；（3）选择理想的领导力画像；（4）将理想领导行为制度化。

### 1.6.4 谦卑型领导力

谦卑型领导力理论强调领导者如何运用"自下而上"的方式领导员工，即领导者不再把自己当成金字塔的最高点，而是扎根于基层，关注员工发展。要注意的是谦卑不同于谦虚，虽然谦卑的人会表现得谦虚，但表现得谦虚的人不一定内心谦卑。

谦卑型领导行为可被归纳为三个维度：（1）坦承自身的不足与过失；（2）欣赏下属的优点与贡献；（3）谦虚学习。并且总的来说，领导者的谦卑型领导力会对下属、领导者本人以及组织产生积极的影响。

### 1.6.5 分布式领导力

与传统领导学研究领导者个人特质或角色不同，分布式领导力理论认为领导力是分布的，并非只有首席执行官拥有领导力，领导力能够且应该渗透到公司的所有层级中。因而分布式领导理论主要探讨的就是由多人担任领导角色的领导模式。

时代迅速变革和全球一体化的浪潮下，领导力向外分布成为某种程度上的必然，再加上知识经济时代培养了越来越多的知识型员工，下属的全面提升对管理者提出了新的挑战，此外在现实中扁平化团队、跨职能团队、虚拟团队、自我管理团队等模式的兴起也为分布式领导的推广奠定了基础。基于上述种种原因，不难看出分布式领导这种新型领导模式具有极高的研究价值和学术前景。

## 1.7 责任与领导力的共生

责任作为伦理学的研究议题，而领导力研究则主要在管理领域中开展，为什么本书要将这两个主题放在一起探讨呢？第四部分就将着重讨论两者的融合与共生，从而回答这一问题。

### 1.7.1 融合

本书认为，职业责任和领导力之间密不可分、相辅相成：职业责任是一种道德伦理，领导力则是一种胜任能力。没有职业责任作为基础，领导力也就失去道德力量作为坚实根基，便如沙上城堡，经不起风吹浪打，再多华丽优美的理论模型也只能沦为空中楼阁；而领导力之于职业责任则是一种提升拔高，以高瞻远瞩、全局视野扩大了职业责任所能发挥的力量。本书将两者的关系总结为：

职业责任是领导力的基础，领导力是职业责任的升华。

需要注意的是，我们不能仅停留在表面，将二者间的关系理解为一种静态的关系，而应认识到职业责任与领导力内在本质上的契合。我们总结出使命、道德、感恩、信任、服务这五大桥梁联通了职业责任与领导力，搭建出一种良性的动态关系，实现了领导力和职业责任理论的有效沟通和整合，从而二者融合成不可分割的整体。

责任与领导力的历史继承性赋予了我们历史使命，向前回溯历史的同时我们不能忘记向后展望未来。大数据时代的到来对职业责任与领导力提出了新的要求，时代正召唤着新一代人才的崛起。

为帮助大家更好地理解职业责任与领导力在本质上的契合，我们围绕"共生"这一核心理念展开阐述：一方面，责任最基本的核心原则即共生共存原则，这一原则清晰地体现了"共生"的要求；另一方面，新时代的背景下共生理念的重要性也愈发凸显，共生作为新时代中生态观的精神内核，为领导力注入新的活力，对现代商业环境中企业的生存与发展、战略管理与竞争合作都具有重要借鉴意义。在这一层面上，这一章节提出的共生既是对责任与领导力二者的融合，更是点出了二者在精神层面上本质的契合。

### 1.7.2 共生

战略管理是指对一个企业或组织在一定时期的全局的长远的发展方向、目标、任务和政策以及资源调配做出的决策和管理艺术，是高级管理者或是企业领导者履行责任与发挥领导力的集中体现。现实环境的日趋复杂促进了学术理论的诞生与发展，商业环境的演变也促进了战略管理理论的发展更新，表1-2简要梳理了战略管理理论的发展脉络。现代商业环境中愈发强调"共生"理念，这一理念突破了传统静态观点，不单看到了企业与环境的内外部互动，更是引入生态视角来看待现代企业竞争，将商业生态圈视为复杂演化系统，在这其中，企业生态系统作为商业生态圈中的一种重要共生形式近年来引起了理论界与实务界的重点关注。表 1-2 总结了四种战略管理理论核心逻辑，突出展示了以企业生态系统为分析单元的复杂理论与其他理论的共性与区别。

**表 1-2  四种战略管理理论核心逻辑比较表**

| 理论类别 | 企业能力理论 | 动态能力理论 | 复杂理论 | 合作竞争理论 |
| --- | --- | --- | --- | --- |
| 对市场条件的认识 | 相对稳定、线性可测 | 无序、突变、不可预测 | 混沌、非线性、周期性 | 互动性、系统性 |
| 对竞争优势的能力 | 难于模仿的 | 不断创新的能力 | 进化的商业生态 | 有效地合作竞争 |
| 分析单元构成的价值链 | 企业内部 | 企业与企业经营环境 | 企业生态系统 | 博弈参与者 |
| 战略的特性、适应性 | 长期性、稳定性 | 短期性、不定性 | 周期性、互动性 | 动态性、互动性 |

美国学者詹姆斯·穆尔（James Moore）以生态学的视角看待现代企业竞争问题，最先提出企业生态系统这一概念，为战略管理研究提供了全新的思路，也提供了责任与领导力共生的基础。

<u>企业生态系统</u>是以相互影响、相互作用的企业与企业、企业和个人（主要指客户与消费者）为基础，以获得成员共同进化为目的的经济联合体，其构成要素包括处于不同生态位上的核心企业、供应企业群、销售企业群、竞争企业群、互补企业群、客户企业群和消费者群等。

企业生态系统的思维根基是企业的"生态观"，这是一种根植于生态科学的基本观念，强调企业与其生存的环境之间的密切关系。系统中的企业成员在很大程度上拥有共同命运，即所谓"共生共存"：它们合作竞争、共同进化，建立彼此间动态平衡的和谐关系，最终实现自身发展的同时也促进整个生态系统健康持续地发展。

在定义了企业生态系统这一基本概念之后，我们进一步分析，总结出企业生态系统具有特定的网状结构属性：在生态系统之中，企业作为成员占据了节点并且与其他系统成员之间存在着联系，进而搭建企业生态系统的网络结构。现实中也不乏网状结构的企业生态系统实例，如近年来阿里巴巴、海尔等大企业致力于打造平台从而构建企业生态系统，并在其中居于网络核心位置；与此同时，这些核心企业也带动了一大批物流公司、生产厂商在其构建的企业生态系统网络缝隙中找到匹配的位置取得发展；实际上，网络结构中还可能存在着一种支配主宰型企业，这类企业虽然也是商业网络的中枢，但往往规模较大并占据大量资源，倾向于榨取价值，几乎不给其他的成员留下发展的余地，对整个企业生态系统造成不良影响。总的说来，居于不同位置的企业通过采取相应的生态系统战略，在实现角色责任的同时发挥影响力。

我们已经认识到，现代企业更多地依托于企业生态系统来求得生存和发展，面对着的是更为动态复杂的竞争环境。正如生物的竞争关系是由自然环境决定的，类似地，现代企业的竞争关系是由商业生态系统决定的。现代企业的竞争关系取决于其所处的生态环境，企业领导者一方面要认识到竞争与合作的关系存在多种可能性，从共生理念出发采取全新的竞合思维，从"零和"转变到"共赢"，以"竞合"思维识别竞争对手、分析竞争格局，在此基础上制定策略展开行动；另一方面企业领导者还应当积极拥抱商业生态观，将"共生"理念融入自身的价值观与行动之中，发挥出兼容并蓄、彰显"共生"精髓的领导力，领导着企业应对动态复杂的商业生态环境与日趋无限的现代商业竞争。这两方面也是新时代中责任与领导力共生的要求。

基于上述内容的阐述，本章的最后给出全书各章节的框架，以便读者对本书内容建立起系统的理解（图 1-2）。

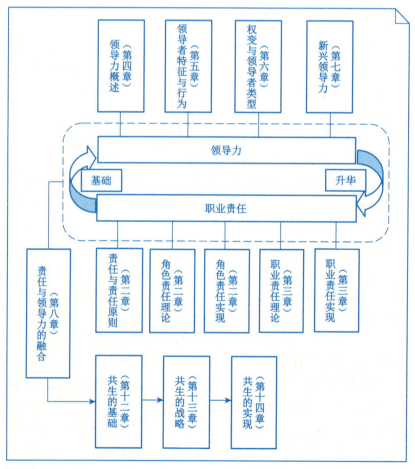

图 1-2　职业责任与领导力要点

## 本章小结

1. 职业责任与领导力都是优秀的个人素质,它们都具有历史继承性和未来发展性,对于人类社会的发展意义重大。

2. 责任是行为主体对在特定社会关系中定在任务的自由确认和自由服从。责任具有空间与时间两个维度。理解和实现责任需要认识到责任的四大原则,分别是作为根本性原则的共生共存原则和以人为本原则,以及作为方法性原则的和谐发展原则和竞争协作原则。

3. 角色是个体在社会网中的关系定位,它充当了连接行为主体与角色责任的中介。角色与责任的关系是名与实、表与里、形式和内容的关系。角色也是理解责任的逻辑起点。角色责任可以分为基于个人的个体责任和基于集体的组织责任。

4. 职业责任是一种以劳动关系为纽带的契约责任,也是个体责任的重要内容。职业责任是通过职业化实现的,职业化体现为使命引导、伦理体现、形象展示和技能要求这四大方面。

5. 领导是领导者对被领导者的一种影响过程,是为其努力赋予方向,并使其有意愿投入努力以实现既定目标的过程。领导过程是一个不同元素之间相互作用的动态化的过程,而这一过程包括了领导者、被领导者、领导情境和领导目标四个基本元素。

6. 早期关注于领导者个人的研究主要有两类:一类研究领导者的个人特质,称为领导特质理论;另一类研究领导者在日常工作中表现出的个人行为,被称为领导行为理论。后来的学者认识到领导者身上的一些感性因素对于领导者开展领导活动具有影响,由此发展出了不同的领导者类型理论。

7. 权变理论聚焦于情境要素上研究与领导行为相关的情境因素对领导效力的潜在影响。该理论认为不存在某种固定不变的最佳领导模式,有效的领导模式应随着情境的变化而变化。

8. 新时代的到来极大地改变了领导情境,领导力也应当采取新的思维角度与新的方式以响应时代的新要求。应运而生的新型领导力有:积极领导力、简约领导力、蓝海领导力、谦卑领导力以及分布式领导力。

9. 职业责任和领导力之间密不可分、相辅相成:职业责任是领导力的基础,领导力是职业责任的升华。在内容上,使命、道德、感恩、信任、服务这五大桥梁联通了职业责任与领导力。

10. "共生"理念作为新时代中生态观的精神内核,为领导力注入新的活力,对现代商业环境中企业的生存与发展、战略管理与竞争合作都具有重要借鉴意义。可以说"共生"点出了职业责任与领导力二者在精神层面上本质的契合。

11. "共生"理念指导我们以生态观视角来看待现代商业环境,其中企业生态系统越发成为一种企业间重要的共生形式,也是企业领导者实现责任与领导力共生的基础。企业生态系统呈现网络结构,在网络中居于不同节点的企业扮演着不同的角色,相应地采取不同生态系统策略以履行好角色责任、发挥影响力。

12. 商业生态环境决定了企业的竞争关系,企业领导者一方面要能够看到竞争与合作的关系可以存在多种可能性，以"竞合"思维识别竞争对手、分析竞争格局，在此基础上建立策略展开行动；另一方面还要能够发挥出强大的领导力，领导企业应对动态复杂的商业生态环境与日趋无限的现代商业竞争，这两方面也是新时代中责任与领导力共生的要求。

## 思考题

1. 如何理解责任的内涵与意义？角色与责任之间有怎样的相关关系？
2. 如何理解职业责任的相关理论与实现？
3. 如何理解领导过程的内涵？其中各个要素具有怎样的地位和作用？
4. 领导学理论有哪些主要流派？各支理论得出了哪些主要的研究成果？
5. 如何理解职业责任与领导力的相互关系？
6. 如何理解"共生"理念的内涵和重要性？
7. 责任与领导力的共生应如何实现？

# 第二部分
# 责任理论与实现

## 第二部分开篇

当我们提到"责任"时,指的并不是一个空泛的概念,而是关乎每一个个体乃至人类整体生死存亡的重大议题。责任伦理学创始人汉斯·约纳斯持有这样的观点:人类作为道德责任的承载者要"优先预凶",为了未来而负责任地活着,不负责任的放纵终将引致地球毁灭、文明消亡的灾难性后果。他的告诫并非杞人忧天,回望2008年的金融危机,正是顶尖名校培养出的精英们亲手掀起了这场波及全球的大风暴。这场至今余波犹存的大海啸里,我们看到的是贪婪无度以及这背后的责任缺失。现实惨痛的教训已经提醒了我们逃避责任盲目追求速度只会更快地奔赴毁灭的悲剧,而追根溯源,恰恰是肩负塑造灵魂之重任的大学教育本身就缺乏对学生的道德指引。因而,是时候稍稍放慢步伐来反思这个问题:究竟何为教育的本质?

哈佛学院院长哈瑞·刘易斯在《失去灵魂的卓越》一书中指出:大学教育宗旨是把年轻人培养成具有社会责任感

的成人；而我国古籍《大学》也开宗明义指出为学宗旨："大学之道：在明明德，在亲民，在止于至善。"教育的初心是为了培养出有道德、有责任感、有能力的人才。其中，培养责任感具有重要意义，比培养能力更为优先。本书第二部分就将带领读者深入探讨责任的相关理论并阐述如何实现责任。第二章将介绍责任的内涵并从不同维度对责任进行解读，总结出理解责任和实现责任的四大原则，我们将进一步地从角色的视角来分析责任，分别阐述个体责任与组织责任的相关理论与实现方式。第三章将着眼于职业责任，列出职业责任的理论框架，并从职业责任与契约责任、职业责任与个人责任的相关关系阐述职业责任相关理论，此外还指出职业责任是通过职业化实现的，而职业化又体现为使命引导、伦理体现、形象展示和技能要求这四大方面。

通过本部分的学习，希望读者能够掌握责任的内涵，学会从角色的视角理解责任，同时对职业责任有一定的认识与把握。在理解责任相关理论、掌握责任实现方式的基础之上，培养出高度的责任感，在做人、做事中以行动践行"责任"二字，实现人生价值，也肩负起对当代人类以及对未来社会的责任。

# 第2章

# 责任与角色责任

 **开篇案例**

**当幸福来敲门**

克里斯·加德纳是一个生活在旧金山的黑人男青年,与美国千千万万的普通男性一样,他与妻子、儿子过着普通的生活。然而,一次偶然的变故,把他的生活推向深渊。先是公司裁员使他丢掉了饭碗,随后,妻子因为难以忍受贫困的生活而离家出走,这便是电影《当幸福来敲门》里的故事情节。电影中主人公的经历取材自真实故事,这位失业的单亲父亲没有被残酷的现实打到,而是通过坚持不懈的努力重新赢得人生,最终成为了一位成功的金融投资家。

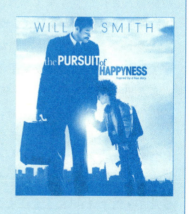

纵使面对的是再大的打击,主人公加德纳都绝不放弃作为父亲的责任,积极承担着自己的使命。他一次次的奋斗拼搏深深地打动了观众。影片中,在妻子离开之后,他独自承担起抚养儿子的责任,陪着儿子共度此后每一个艰难的日夜。微薄的收入使得父子二人的生活捉襟见肘,终于有一天加德纳无力支付房租,他带着儿子流浪街头,甚至在圣诞节当天无处容身只得流落在火车站。即便是在如此窘迫困苦的境地之中,他仍用自己的幽默化苦为甜，尽全力给儿子以最温暖的父爱。

　　加德纳没有放弃对职业的责任。故事背景是1981年的美国旧金山，全美经济不景气，与此同时种族歧视抬头。加德纳没有自暴自弃，在生活中积极寻找一切可以突破的方法和途径。他一边继续任职医疗物资推销员，一边积极寻找更好的工作机会。在实习期，他甚至不去饮水机喝水——所以也不用去上厕所，拼命地挤出每一分钟多打一个电话联系客户去，竭尽全力地争取留任机会。

　　加德纳更没有放弃教育责任。电影中有这样一个场景，父子两人站在空旷的篮球场上，加德纳认真地看着儿子说："不要让别人告诉你，你无法成才，即使是我也不行……如果你有梦想的话，就要去捍卫它。那些一事无成的人会告诉你，你成不了大器。但是，如果你有理想的话，就要去努力实现，就这样。"他不仅是这样教导儿子的，更是身体力行地去追求梦想，无所畏惧地勇往直前，进入了向往的证券行业并成长为一位专业的投资人。

　　生活常常就是这样，每个人即便在风平浪静的日子里都有可能遇到突如其来的困难或挑战，甚至遭遇巨大残酷的打击。这部电影用真实的故事告诉我们，即使是在最艰难的时候也不要放弃自身的责任，而应承担其责任并执着地坚持下去，才能像电影主角加德纳那样把悲惨遭遇改写为励志故事，等到幸福来敲门的一刻。

当幸福来敲门

　　在第二部分开篇论述中我们谈到了责任缺失引发的灾难性后果，由此可见责任对于人类个体以及整个人类社会而言意义巨大。我们不禁对自我进行客观反思：责任与我们每个个体的人生有何具体的关联呢？身处当今时代，我们该如何理解责任的内涵与意义？

　　现如今，人们所处的时代越发地推崇多元，倡导个性，鼓励个人对生命价值进行自主地探索与追求。每个人的人生都被赋予了无限种精彩可能。人生不再是一场马拉松，毕竟我们每个人从不同的起点出发、循着不同的人生轨迹、追求不同的终极目标。不同的个体对成功、价值、意义也有各自不同的解读与实现方式。然而，在一步步奔赴终点的途中，千姿百态的生命历程里也总有一些共通的本质，其中非常重要的一部分即为"责任"。责任贯穿了人生的始终，指引了人们前进的方向，也指导着人们迈出每一步。一个人对责任的理解在很大程度上决定了他在做人处事过程中体现出的责任感，也正是这份责任感决定了他的人生将走向何方、走出怎样的轨迹以及能走到多远。著名作家穆尼尔·纳素说："有了责任心，生活就有了真正的含义和灵魂。这就是考验，是对文明的至诚。它表现在对整体，对个人的关怀。"

　　至此，我们提到"责任"时还是将其作为一个笼统的概念。更为全面深入地理解责任，需要我们对这一概念进行细致剖析和深入解读。究竟何为责任，它具有怎样的内涵和分类，可以从哪些角度进行理解？更进一步，人们应当如何实现责任呢？

本章首先给出责任的定义，把责任界定为行为主体对在特定社会关系中的义务的承担。人作为社会成员，需要处理人与自然、人与人、人与自身的关系。责任就产生于行为主体处理这三类关系的过程之中。考虑到联系是普遍存在的，当我们谈到责任时，需要采取全局的观点并以一种长远的视角来解读责任涵盖的方方面面。因而，人们所应承担的既有对当代社会以及自然生态的责任，又有对子孙后代和未来世界的责任，这也恰恰对应了用时空二维视角切入所分析出的责任的内涵。在此基础上，我们进一步分析实现责任的过程，总结出实现责任的四大原则，包括共生共存原则和以人为本原则，这两者是实现责任的根本性原则。此外，还有和谐发展原则与竞争协作原则，它们是实现责任的指导性原则。

角色是行为主体在社会上出现和活动的身份印记，以此作为切入点将帮助我们更好地理解责任。我们认为责任起源于角色，二者互为表里，行为主体因所处的时间场合、社会关系不同而扮演不同的角色，从而承担与各个角色相对应的责任。基于责任主体是个体还是由个体组成的集合体，将责任分为个体责任和组织责任。个体责任是基于个体的角色责任，包含由浅入深的三个层次，从做人和做事这两个方面体现；组织责任是以集体出面的角色责任。组织伦理的构成决定了组织角色的行为模式以及组织责任的实现方式，在不同的组织责任中企业的组织责任最为典型并且引起了日益广泛的关注，我们将以此为例解读组织责任的内容与实现方式。

读完本章，你将了解：

1. 责任的定义和责任的维度；
2. 责任的根本性原则与方法性原则；
3. 角色与责任的关系；
4. 个体责任与组织责任的内容与实现方式。

## 2.1 责 任

### 2.1.1 责任的定义

责任一词贯穿于人类生活的方方面面，对人类而言意义重大，可以说人类道德意识的根本就是责任意识，道德行为的本质也即责任行为。有责任感，具备认同责任、承担责任、实现责任和责任评价的能力，是人区别于其他动物的根本特征。近代责任伦理学家汉斯·约纳斯（Hans Jonas）总结道，"人类是唯一能为其行为承担责任的生物"，担负责任之能力便意味着要去服从责任的命令。

道德意义上的责任是指人们对自己行为的善或恶的相应承担，具体表现为对他人或社会应尽的道德义务。凡是一切有理智、有能力的人都应对自己的行为负道德责任，任何个人也只有以高度的道德责任感来看待自己的行为选择，才能自觉地做出对他人和社会的道德行为。

为了更为深入地理解责任，我们必须先认识到责任主体是处在一种普遍存在的社会关系中的。任何个人或组织都是作为特定社会成员而存在的。该社会成员要在社会中生存和发展，就必然要与其他个人和团体发生一定的经济、政治、法律、思想、感情、生理等多方面的联系，产生对他人、团体和社会的使命、职责和任务，由此形成经济责任、政治责任、法律责任、道德责任等多种责任。在这一过程中，社会提出对行为主体的客观要求，与此同时行为主体自身也生发出对责任的心理体验。责任关系是和其他社会关系密不可分的，有社会关系就有责任。社会关系不同，责任也就不同。除了与外界的社会成员具有社会关系，行为主体对内在的主体自身也有一种责任关系，这种责任本质上也是由社会关系和社会条件最终决定的。

在此需要明确一点，本书所指的责任是广义的责任，主要以道义责任为讨论的重点但同时也会涉及法律责任，并且涵盖广泛的责任主体，既包括个人也包括组织。对于责任这一核心概念，我们借鉴《责任论》中程东峰教授的观点对其作如下定义：

**责任是行为主体对在特定社会关系中定在任务的自由确认和自由服从。**

责任具有历史继承性。回溯人类文明历程，不论是东方还是西方，自古以来就一直强调责任的重要价值。在我国，中华民族传统美德倡导主动担当责任。如孔子的"当仁不让"；孟子的"舍我其谁"；张载的"为天地立心，为生民立命，为往圣继绝学，为万世开太平"；范仲淹的"先天下之忧而忧，后天下之乐而乐"；顾炎武的"天下兴亡，匹夫有责"；林则徐的"苟利国家生死以，岂因祸福避趋之"。近代也涌现出的无数民主革命人士，如秋瑾、陈天华、谭嗣同、梁启超等，他们用切身行动担负起对中华民族的责任。在西方社会，人们也将主动担当责任作为美德传颂，并且从未停止过对责任的思辨。古希腊时期的波西多纽著有《责任论》；苏格拉底把责任看作是"善良公民"为国家和人民服务所应具备的本领和才能；亚里士多德认为"人应该为自己的行为负责任"；康德提出"责任就是由于尊重规律而产生的行为必要性"，认为"人们履行自己的责任，就是善的美德，违背责任就是恶行"。在当代，好莱坞科幻电影《蜘蛛侠》中，导演也借片中人物之口道出："能力越大，责任越大。( with great power, comes great responsibility. )"由此可见，担负责任也是美国主流价值观的重要组成部分。

　　古往今来，正是这样一批批具有高度责任感的杰出人物义无反顾地肩负起责任，为全人类的福祉脚踏实地、一往无前地努力奋斗，才描绘出一幅波澜壮阔的东西方文明画卷。在全球一体化与中国经济的高速增长下，我们的社会需要更多具备高度责任感的人才来推动发展、创造辉煌，这是时代赋予我们的使命。

　　责任应当面向未来、面向世界。国学大师马一浮曾说："靡革匪因，靡故匪新。何以新之，开物前民[1]。"即是激励青年学子们要树立远大理想，为国家、社会、全人类的美好未来而奋斗拼搏。我们身处于一个充满创新活力、孕育无限希望的时代，为响应时代呼唤、传承伟大使命，必须在观念中透彻领悟责任的真谛，让责任感落地生根于生活的点滴。在平时一言一行里履行责任，肩负起时代赋予的使命，续写这部恢弘浩大的人类文明史诗。

**案例**

### 在生命的最后一分钟，诠释责任的含义

　　一名公交车司机行车途中突发心脏病，在生命的最后一分钟里，做了三件事：
　　——把车缓缓地停在马路边，并用生命的最后力气拉下了手动刹车闸；
　　——把车门打开，让乘客安全地下了车；
　　——将发动机熄火，确保了车和乘客、行人的安全。
　　他做完了这三件事，安详地趴在方向盘上停止了呼吸。这名司机叫黄志全，所有的大连人都记住了他的名字。

#### 2.1.2 责任的维度

　　本章采用时空观，从时间和空间两个维度来探讨责任所具有的广泛而深刻的内涵。在空间维度上，我们的分析从个体向外辐射开来，既包含个人自身，也包含团队、集体、组织，并向外扩展到整个人类社会乃至整个地球生态的范围；在时间维度上，我们立足当下时刻往上下延伸，向上即为回溯历史吸取教训，向下即为展望未来，对未来负责。

---

[1] 国学大师马一浮 1938 年 11 月为浙江大学创作的校歌中的四句，意为"没有一项新的改革可以脱离继承，没有一件旧的事物不再需要更新。怎么做到创新知识、革新社会呢？要揭示事物的奥秘、要率先心怀人民。"

#### 2.1.2.1 空间

中国古代的先贤圣哲们总结出评判一个人的最高道德标准,即是看他能否正确处理好以下三种关系:一是人与自身的关系,具体而言是人对自我行为、语言、思想意识等的认知与接纳,涉及人的精神层面(倾情推荐[美]黛比·福特作品《接受不完美的自己》);二是人与人的关系,人除了是自然人还是社会人,在社会化的过程中人与社会中的方方面面发生联系;三是人与大自然(天)的关系,《老子》中说道"人法地,地法天,天法道,道法自然",人这一存在是自然的产物,受自然规律支配,依托自然而繁衍生息,故而对人而言最根本就是自身与自然的关系。这三种关系都是从个体出发,在空间维度上的展开,既向内挖掘自我内心,又向外辐射到社会与自然。

这一哲学思想体系作为中国传统文化的重要组成部分得到了不断地丰富与发展。儒家所倡导的责任观"修身、齐家、治国、平天下"[1]正是沿袭了这一思路,着重论述了第一、第二种关系:"《大学》中从知止的平静、安宁心态和理性思考开始,把积累知识与端肃性情当作人之为人的起点,从这一点起,才能正心修身齐家治国平天下,它不是个体生命在宇宙中的存在,而是个人价值在社会中的实现,没有社会作为个人坐标的参照系,个人是没有位置的。"[2]个人首先需要承担对自己的责任,通过学习实践,认识自我、修身养性;个人的生存离不开整个人类社会,所以个体不单要处理好与自己的关系,还应处理好与自身相关的各种社会关系,儒家提出的处世原则"穷则独善其身,达则兼济天下",正是要求个人在条件成熟的情况下对家国天下负起责任,以自己的知识才能奉献社会、造福人类。

但是空间维度的责任并不仅限于人类社会,而是涉及整个大自然的生态,这便对应于上述第三种关系,即人与自然的关系,由此衍生出自然责任。责任伦理学家汉斯·约纳斯对于自然责任给出了两种解释:一是基于人类中心主义来理解,人类命运受自然条件的影响,所以为了人类种族能够延续下去,人类应当对自然负责;二是从非人类中心主义来考虑,不仅人类的命运受到自然的影响,人类之外的其他生物同样依赖自然而生存,与大自然共存亡,所以保护自然不单是为了实现人类的长远发展,同时也是保证其他物种与自然共生共荣。总的说来,不论出于何种考虑,人类都应当自觉肩负起自然责任,尊重其他物种,保护自然环境。

---

[1]《礼记·大学》中讲道:古之欲明明德于天下者,先治其国;欲治其国者,先齐其家;欲齐其家者,先修其身;欲修其身者,先正其心;欲正其心者,先诚其意;欲诚其意者,先致其知,致知在格物。物格而后知至,知至而后意诚,意诚而后心正,心正而后身修,身修而后家齐,家齐而后国治,国治而后天下平。

[2] 葛兆光.中国思想史.复旦大学出版社,2001.

## 2.1.2.2 时间

站在时间轴上看，人类永远站在"今天"，回望"昨天"，并展望"明天"。因此，我们在时间维度上探讨责任时首先应当立足当下，但又不能仅仅局限于此时此地，而应将视野进一步延伸，既要向上追溯历史，又要向下推及未来。

**案例**

### 沉默的石碑

在柏林的市中心，德国国家标志性建筑勃兰登堡门的附近，有 2 711 座高低不同的石碑。从远处望去，这些石碑如同一片波涛起伏的石林，蔚为壮观。这就是德国欧洲被害犹太人纪念碑（Germany's national memorial for the murdered jews of europe）。纪念碑建于 2003 年 4 月 1 日，2005 年 5 月 12 日开始对外开放。

纪念碑是为了纪念在二战中被纳粹残忍杀害的犹太人而建立的。这样高低起伏的设计，营造出一种令人心神不安的悲伤气氛，代表了德国人对过去历史责任的思考与反思，也在提醒着新一代的年轻人谨记历史、避免悲剧再次发生。

近代历史上，第二次世界大战给人类带来的灾难是不可磨灭的。德国作为战争发起国，对这场巨大灾难负有主要责任。时至今日，半个多世纪过去，德国走过了分裂与统一，又重新以一个大国的形象出现在了世界舞台上。

面对历史责任，德国没有选择逃避，而是坦然承认过错，并以各种形式警示国民。其实，早在纪念碑树立起来之前，1970 年 12 月 7 日联邦德国总理勃兰特访问波兰时，在华沙犹太人殉难者纪念碑前的世纪下跪，更是震惊了全世界。这种面对历史责任勇敢承担的精神，不仅为勃兰特本人赢得了赞誉，更为整个德意志民族赢得了世界的尊重。正因如此，欧洲重新接纳了德国，世界也重新接纳了德国。

勃兰特下跪视频

未雨绸缪，防微杜渐，德国人不仅有对历史的反思，更有对未来的警示。在德语电影排行版上，《浪潮》的排名一直居高不下。这部电影以独裁政治为背景，讲述了一个在中学里发生的真实故事：老师、学生，所有人在模拟独裁政治的过程中，都不由得深陷其中，难以自拔。在这所中学里，激进、亢奋、麻木等独裁政治的特征逐渐显现出来。最后，几乎所有人都失去了理智，酿成了可怕的悲剧。这部电影以真实的事件警示世人，法西斯主义距离文明社会其实仅有一步之遥。因此，每个人都应承认历史、正视历史，时刻谨记历史的教训，才能避免历史悲剧的再次发生，担负起对子孙后代和未来世界的责任。

十几年过去了，高低起伏的纪念碑依旧沉默地坐落在柏林的市中心。石碑永远是沉默的，然而在它们的背后，我们看到的是一个国家对历史责任的勇敢担当。

浪潮

上述案例体现的是历史责任。古人言"以古为镜，可以知兴替"[1]，告诫世人当以历史中的成败得失为鉴戒。马克•吐温的名言"历史不会重演，但总是惊人的相似（history does not repeat itself, but it does rhyme.）"。也点明了历史的价值，它承载着人类文明的记忆，有警醒当世、指明未来的力量。因此，我们不能忘却历史，而应吸取其中的经验教训从而更好地走向未来。

责任在时间维度的另一个方向上的体现，即为未来责任。为了更深刻地理解未来责任，我们先来思考现在与未来的关系：时间的浪潮分秒不停地将曾经的未来推到了当下，现在是过去的未来，而未来又是现在的继续和延伸。现在与未来相互影响，并且二者具有共生性。

（1）现在与未来相互影响：一方面，现在决定了未来，这点不难理解；而另一方面，未来也影响着现在。对此我们不妨从经济学的角度来理解：每个理性人做决策时都是本着效用最大化的原则，这正是未来通过价值目标选择的方式影响了现在。未来对现在的影响不仅在微观个体层面发生，也在社会这一宏观层面发生。"历史就是'过去的事件与前进中出现的将来的目标之间的谈话'。当社会经济生活处于重大变化，社会结构处于系统调整时，这种价值选择所确定的价值目标对社会发展的作用就格外明显。社会发展的方向在很大程度上取决于价值选择的方向。"[2]

（2）现在与未来具有共生性：我们可以将"现在"和"未来"看作是一

---

[1]《旧唐书•魏徵传》，李世民："夫以铜为镜，可以正衣冠，以史为镜，可以知兴替，以人为镜，可以明得失。"
[2] 高兆明.制度公正论.上海文艺出版社，2001：74.

个有生命力的正在生长、延续和发展的彼此联系的事物属性。个体与其未来的共生，是一种纵向的共生关系；多个事物间彼此为对方的未来负责，最终也是为自己的未来负责，是一种横向的共生关系。纵向共生和横向共生的有机融合即为未来责任。

基于上述分析，我们总结出未来责任是一种未来导向的责任观，要求人们立足当下、着眼未来，肩负起对未来社会的责任。

### 2.1.3 责任的原则

责任的原则，是指理解责任、履行责任时最为根本、最重要的准则。基于上述从时空两个维度对责任内涵的论述，我们进一步总结出与时空二维密切呼应的四大责任原则，分别为：作为根本性原则的共生共存原则和以人为本原则，以及作为方法性原则的和谐发展原则和竞争协作原则。其中共生共存原则最为基本，起统领和核心的作用，指导和谐发展原则和竞争协作原则，体现以人为本原则。

**案例**

**海尔"生态圈"战略的责任原则**[1]

当今时代，移动互联网经济的快速发展对于传统制造业的商业模式带来了巨大的冲击：一方面，消费者话语权继续扩大，挑战制造端的主导地位；另一方面，电商渠道对传统渠道提出了巨大挑战。

中国家电企业海尔就清晰地认识到了环境带来的挑战，采取了一系列的变革措施，积极地肩负起时代使命、履行组织责任：首先，从"全球化"向"网络化"转变，适应移动互联网时代的经营要求；其次，打造"开放平台"，以开放式平台将各项业务推到一个新的阶段；最后，建造"共赢生态圈"，实现"企业无边界、管理无领导、供应链无尺度"。

这一系列变革的背后，是海尔长远的战略布局。海尔在规划布局共赢生态圈的过程之中，深刻地认识到了互联网给世界带来最大的影响是"零距离"，众多利益相关方彼此间的距离也因此被拉近。在这层意义上，互联网推进了利益相关者们在更深程度上以及更大范围内"共生共存"。此外，企业打造核心竞争力，"人"这一要素发挥着决定性作用，这既包括内部的员工，又包括外部的消费者，两者的重要性都愈加凸显。

正是基于这样的认识，海尔相应地进行战略调整，完美地实现组织责任。在共生共存原则的统领下，海尔构建了一个共生互利的"共赢生态圈"，将上游供应商、用户乃至全球范围内的白色家电行业厂商都吸纳进其中，通过竞合共享资源、优化资源，并且协同利益、创造价值，促进各方和谐发

---

[1] 王钦.人单合一管理学：新工业背景下的海尔转型.经济管理出版社，2016.

展。张瑞敏总结出海尔生态圈具有"三生"的特征："一是共生，所有人都可以分享到生长的利益；二是互生，即大家互相依赖，共同成长；三是重生，可以再去产生一个新的生态圈，这个意义更大一点。"共生、互生与重生这三大特征在本质上都与责任的原则相契合，体现了海尔采取战略行动时深层次、原则性的考虑。

此外，海尔还探索出了"人单合一"的运作模式与"倒三角式"组织结构，更是集中体现出了以人为本的原则："人单合一"中的"人"即为员工、"单"即为用户需求，这一创新模式将员工与用户融为一体，促使员工在为用户创造价值的同时体现出自身的价值；"倒三角"的组织结构打破了传统企业由上至下分别是高层、中层、基层的正三角架构，将员工置于最上层，相应地将领导放在最下层。在倒三角结构中，员工首先感受到市场变化，而后要求下面中高层、高层提供资源以应对市场变化的需求，由此，这一创新结构将员工摆在组织的关键位置，充分调动了员工的感知力以捕捉市场动向，体现了以人为本的管理理念。

### 2.1.3.1　共生共存原则

共生共存的观点来自于人类生态学。人类生态学认为，人既具有生物生态属性又具有社会生态属性，从人的这两大基本属性出发可以全面地理解共生共存原则。

首先，来看人的生物生态属性。一方面，人作为自然体系的一部分，每时每刻都在同地球环境进行物质、能量和信息的交换，地球环境保证却也制约着人类社会的存在和发展；另一方面，人类构成了食物网中最重要的一环，是生态系统中最活跃的因素，与其他所有因素处于动态复杂的平衡之中。因此不论是为了自身种族的繁衍，还是为了所有生物的共同延续，人类必须同地球环境协同发展、与其他物种共生共荣。

其次，人还是社会化的人，具有社会生态属性。现代人的社会化可以总结为使自然人、生物人具有人类社会所需要的共生共存的能力，从而行为主体得以成为在人类社会能够独立承担责任的人或组织。而共生共存原则反映出的是正是人对生活方式的选择，也即选择了弗洛姆提出的"重生存"的生存方式，这是一种追求爱、奉献、牺牲、创造性地发挥自己能力以及与世界融为一体的人与世界的关系。[1]人的社会生态属性要求人选择"重生存"的生产方式，以共生共存为行动的最高准则，与人类社会其他成员和谐相处，对子孙后代以及未来世界负责。

这两大基本属性决定了人在行动之中应当以"共生共存"为指导。因此，共生共存原则在责任的四大原则之中居于核心和基础地位。同时，共

---

[1] 徐艳，吴德勤．真正自由地选择真正的生活——弗洛姆的生存思想与自由观的关联分析．社科纵横．2010（04）：111-113、127．

生共存原则也是责任观的动力和价值目标，指导人们的行为与活动。

### 2.1.3.2 以人为本原则

以人为本原则是对共生共存原则的深化和落实，这一原则本身既是崇高的理念，也是具体的行为指南。人类追求与自然共生共存，归根结底还是为了掌握自己的命运，实现物质财富的极大丰富和人的全面发展，使得人类文明能够延续并繁荣发展。因此以人为本是人类行动中一项重要的责任原则。

"以人为本"有着悠久的历史根源，最早明确提出这一理念的是我国春秋时期齐国名相管仲，他对齐桓公陈述霸王之业时说道："夫霸王之所始也，以人为本。本理则国固，本乱则国危。"[1] 强调"以人为本"对于国家的稳固兴盛而言意义重大。此后，"民为邦本，本固邦宁"作为我国传统文化中以人为本的理念集大成者，揭示出了人是人类社会的根本。

具体说来，以人为本应以人的生存发展为本，反对剥削、压迫、欺凌与掠夺，尊重每一个人的生存权和发展权，尊重生命的权利与自由，并调动人的积极性、发挥人的能动性来实现所有生命的和平共处和持续发展。在现实中，我们应当倡导节制、宽容、公正、平等，用以人为本的原则统率社会生活的方方面面，把以人为本的理念切切实实地落实到日常行为之中。比如说在现代组织管理中应当实施"人本管理"，重视成员的需要，以鼓励引导为主，注重对成员的培养，并且以人为中心进行组织设计，"人本管理"是以人为本理念在现代管理中的具体化，要求组织应当以实现人的全面发展为目标进行管理。

《习近平治国方略：中国这五年》，第一集，《人民情怀》

### 2.1.3.3 和谐发展原则

和谐发展是全面协调的、文明和平的共同发展，其目的在于促进个人乃至全人类的全面发展，它在本质上契合了共生共存的理念，也呼应了以人为本的要求。在四大责任原则中，和谐发展属于操作层面上的方法性原则。

和谐发展包括的两个部分"和谐"与"发展"是相互促进的：一方面，社会生产力的发展水平很大程度上决定着社会的和谐，发展为社会和谐提供了坚实的物质基础；另一方面，只有关系和谐才能实现共同发展，和谐的社会为发展创造了良好的氛围和环境。和谐与发展的二者有机融合即为和谐发展。它既明确了目标，是要实现相关事物和谐发展而非自由发展，又明确了实现目标的途径，是通过相辅相成、互助协作、互促互补、互利互惠的和谐关系来实现共同发展，体现出的是社会法则——共生原理。

在和谐发展原则的指导下，我们应当以发展巩固和谐，同时以和谐促

---

[1] 管子·霸言. 商务印书馆.

进发展。一方面通过科学发展提高社会生产力，为社会和谐创造雄厚的物质基础；另一方面消除暴力冲突、解决发展不平衡问题，营造出竞争协作的大环境以推动经济社会协调发展。在此过程中，坚持以人为本，充分调动社会成员的积极意愿、发挥人的主观能动性推动建设和谐社会，实现个人的全面发展，也实现社会乃至整个自然生态的协调发展。

#### 2.1.3.4 竞争协作原则

竞争协作是人际关系的基本原则，是推动当代社会发展的动力之一。作为责任基本原则之一的竞争协作原则，与和谐发展原则一样都是属于操作层面上的方法性原则，它是以推进社会发展为最终目的指导人们的现实生活和实践的。

竞争协作中包含的两个部分"竞争"与"协作"看似对立：竞争指为了自己的利益而与对手斗争，而协作则是多方互相合作配合以达到共同的目的。竞争与协作都是社会互动形式，是人与人、群体与群体之间对于目标的实现方式，并且竞争协作原则中的竞争与协作并不是对立冲突的，而是在共生共存、以人为本、和谐发展的前提下进行的竞争与协作，二者彼此相互融合、相互促进：一方面在协作中竞争，团体的通力协作也应鼓励各个成员间相互竞争，成员间相互竞争将促进团体竞争力的提高；另一方面在竞争中协作，竞争本身并不是目的，而是达到更高的目标的手段，因此在共同目标的协调统一下可在竞争中引入协作从而实现双赢。此外，竞争与协作的结合是对我国传统文化"中庸致和"的突破，引入竞争意识为现代社会注入了活力，现代社会中的个人和组织能够通过积极参与竞争协作，从而更高效地创造社会财富、推动整个社会的繁荣发展。

竞争协作原则要求我们在日常实践与社会互动中将协作与竞争二者有机地结合起来。一方面以竞争促发展，通过向竞争对手学习从而取长补短，实现共同进步；另一方面不排斥竞争对手，从单纯的对抗竞争走向了一定程度的协作，通过适当的合作发挥协同效应从而实现"共赢"。

## 2.2 角色责任

下面我们将从角色的视角出发，循着角色理论的思路来解读责任。**角色**是行为主体在社会上出现和活动的身份印记，社会根据主体所处的社会关系赋予其与此关系相适应的角色，它是"与社会地位相一致的社会限度的特征和期望的集合体"。现实中无论是集体还是个人,他们都是以"角色"的名义出现的,角色是行为主体在特定社会关系中的坐标定位,是责任的逻辑起点。

**案例**

### 智慧女神的美丽人生

哈佛大学有一个始于1968年的Class Day活动,每年邀请一位杰出的校友来给当年的毕业生做演讲。2015年,他们邀请的是著名女演员——娜塔莉·波特曼。

任何人翻开娜塔莉·波特曼的履历,都会深深折服于她的美丽与才华。13岁以来,她就开始了一边读书一边拍戏的生活,此后陆续拍摄了诸多优秀的影视作品。除了演艺事业外,娜塔莉·波特曼的学业与生活也顺风顺水,她于2004年获得哈佛大学心理学学士学位,2012年与法国编舞师本杰明·米派德组建温馨家庭。不仅如此,她还热心公益事业、关爱动物、提倡环保。

这位智慧女神不单出色地诠释了影视作品里一个个鲜明的角色,更是几近完美地扮演着生活中的角色并尽心尽力地履行责任,从而演绎出精彩的人生。

娜塔莉·波特曼是位出色的演员。她13岁时,因出演《这个杀手不太冷》而一炮走红。18岁时,她出演了美国传奇电影系列之《星球大战·幽灵的威胁》,饰演年轻的女王——阿米达拉。2010年,娜塔莉凭借电影《黑天鹅》获得了奥斯卡最佳女主角奖。这期间,过重的学业使她愈发繁忙起来,但是她始终坚持着自己作为一个演员的责任,慎重挑选剧本,认真诠释角色。因为在她看来,电影是自己热爱的事业,演员是自己选择的职业,再苦再累都应当坚持下去。

令人难以相信的是,在电影事业之外,波特曼同样也是一位高智商的"学霸"。1999年,她进入哈佛大学攻读心理学学位。从任课教授们对于她的评价可以看出,她是一位智商、情商都极高的优秀学生。她不仅在专业的心理学课程中几乎以全A通过,甚至还在十分难学的跨学科课程上取得了好成绩。波特曼没有因为自己是一个著名的演员就放松学业上的要求,反而更加严格地要求自己,尽力履行好一个学生的责任。

此外,波特曼还拥有一个温馨的家庭。与编舞师本杰明·米派德相识相恋,婚后生下了二人爱情的结晶。在工作之余,她同样扮演着一个好妻子、好母亲的角色。

更为难能可贵的是,波特曼还十分热衷于社会公益事业。她是一位素食主义者,特别提倡关爱动物,并且从来不穿有动物皮毛的衣服;波特曼提倡环保,不仅为知名品牌设计纯素材质环保鞋系列，还拿出自己设计的品牌系列收入捐给慈善团体以支持公益事业。

从智慧女神娜塔莉·波特曼的身上，我们看到了她在人生的各个角色上都几近圆满地承担了自己的责任。人在一生之中都需要扮演多个角色，对于我们每个人而言，唯有认真选择人生的角色，努力扮演好生活赋予自己的每一个角色、承担好相应责任，才能在生活的舞台上完美地演绎出精彩的人生。

娜塔莉·波特曼2015年哈佛演讲视频

### 2.2.1 角色与责任

角色是行为主体在社会上出现和活动的身份印记，它所象征的特定身份是主体在社会关系中的定位。我们的社会是由一个个行为主体组成的，既包括单个人的个体，也包括由个人集合组成的集体。无论是个体还是集体，他们都是以"角色"的名义出现在社会中的。行为主体社会关系的形成决定了与其相关的社会角色，而角色又衍生出了相应的责任。

近代西方学者对于角色有过一系列研究，揭示出**角色是责任的逻辑起点**：比德尔（Biddle）认为角色是"某既定位置占有者特定的行为模式"，通俗来讲也即"在其位、谋其政"；帕森斯（Parsons）提出"社会期待"的概念可以帮助我们理解：特定的地位角色（Status Role）被赋予了社会期待，处于其位之人以这些期待指引自身的行动从而得到社会认可。由此我们总结出"角色"即是在既定位置中的某些行为，而这些行为与"期望"有关。社会对其成员按照其在社会关系中所处的位置而有不同的期待，这些期待构成了社会成员所应遵循的行为规范。因而个人在其行为社会化的历程中，要在不同情境中符合社会规范，要做到"在其位、尽其职"，恰如其分地演出其角色行为，充分到位地履行好角色责任。

总的说来，角色的本质是行为主体的社会责任的分配和实现，是社会责任在各主体之间的交接和传承。但要注意的是角色只是连接行为主体与角色责任的中介，与角色紧密相连的角色责任才是连接、维护、巩固关系的实质性内容。角色与责任之间是名与实、表与里、形式与内容的关系：角色只是一种关系的确立和认证，行为主体能否名副其实地真正成为这一角色，还得看其是否能正确认同这一角色的责任，并尽职尽责地履行角色责任。

### 2.2.2 个体责任

基于单个个人的角色责任即为个体责任。个人是社会生活中的最小单位，既是责任的主体又是责任的客体，个体责任的存在与实现是所有责任存在与实现的基础，而个人又是通过人生选择来对自己的人生负责的。

#### 2.2.2.1 个体命运的决定因素

个体命运是个体存在随着时间推进的走向和走势，体现为人生历程中动态演进的复杂变化。个体命运受多方因素的影响，这其中最为重要的两大影响因素是心态和时势：心态是决定命运的内因，而时势则为决定命运的外因。内因是变化的依据，外因是变化的条件，二者共同作用决定了个体命运。

（1）心态决定命运。心态作为一种人生态度，体现为个体怎样面对他人、自己，怎样对待生活、工作，以及怎样看待顺境、逆境。对于人类而言，在物质条件基本满足的情况下，心态发挥着根本性的作用，深刻影响个人的人生并在关键时刻左右命运。美国心理学家马斯洛曾总结道："心态改变，态度跟着改变；态度改变，习惯跟着改变；习惯改变，性格跟着改变；性格改变，命运就跟着改变。"这条影响链指出"心态决定命运"这一人生规律。

那么，如果循着这一影响链往前追溯，又是哪些因素影响了心态的改变呢？一般而言，影响心态的因素是复杂多样的，如个人的理智、情绪以及切身利益等因素都会左右个人的心态。但决定心态的最深层因素还是人的价值观。价值观是个人对周围客观事物的意义、重要性的总体看法和总体评价。这种对诸事物的看法和评价在个体心目中的主次、轻重的排列次序就构成了价值观体系。基于价值观体系，个人对行为、事物进行评价并从各种目标中进行选择。因此，价值观是决定人的态度和行为的心理基础，是决定心态的最根本因素。

（2）时势造就英雄。"时势造就英雄"，点出了培养英雄要有成就英雄的土壤。乱世是天赋异禀者逐禄驰名的猎场，战争是将帅之才建功立业的平台，社会转型舆论自由是造就思想家的摇篮，社会稳定经济繁荣是培养商业巨子的社会条件。个人的心态固然重要，但外部条件熏陶、选拔和造就等都是影响命运的重要机遇。好的心态固然能促进人成就事业、实现人生追求。但是，心态仅仅是个人内部的因素，还需要结合外因共同作用。否则，没有适合的外因，任何优越的内在条件都不能保证人生目标的实现。

那么，个人在情境之中如何调整心态以引导人生走向正确光明的方向呢？基本上，个人应当以正确的价值观为指引，秉持平常心，以自信、乐观和豁达的态度迎接人生，冷静面对形势并充分利用环境提供的有利条件，尽量克服左右心态的不良因素，做到无论身处顺境还是逆境都心平气和地认知角色、履行责任、把握人生，在与命运的对弈中获胜。

#### 2.2.2.2 个体责任及其存在形式

（1）**个体责任的三个层次**。苏格拉底说"没有经过审视的人生是不值得过的"。而人是通过理智思考和主动选择来对自我这一存在负责的，因此唯有经过审慎判断、反思、主动选择、担当的人生才是有价值的人生，相反，放弃思考、盲目选择则是对己、对人、对社会不负责任的表现。

总的说来，个体责任从低到高有三个层次：第一层责任为争取并获得个人生存的优厚物质条件和文化条件；第二层责任为获得个人事业上的成功；第三层责任为实现人生的崇高价值。这三层责任只是涉及的层次不同，并没有固定的先后顺序，并且对于每一层责任的实现与否每个人都有各自的判断标准。这三层责任既相互独立又层层递进、密切联系，都可统一理解为个体对幸福的追求。其中，最为基础的物质条件保证了人的基本生存，在生存得以保障的基础上，每个人投身于个人事业来实现理想抱负，历经一生的跋涉与追寻以实现人生的终极价值。

（2）**个体责任的存在形式**。回到现实中来看，作为人类社会中的一员，大千世界中的单个个体，我们每个人的个体责任是在做人、做事这两方面体现的。

**做人**——"事情做坏了可以重做，但人做坏了就很难从头再来"，这句话道出了做人是做事的前提。做人是人之为人的基本要求，个人以做人的原则为指导来处理具体事务，并在做事的过程中体现其做人的原则，故而做人是个体责任中极为重要的一个方面。具体说来，做人方面的个体责任包括：人道地对待他人和陌生人、人道地对待自己、人道地对待社会，以及人道地对待自然。

**做事**——做事和做人都是个体责任的重要方面，二者是密不可分的：做人是做事的基础和前提，做事是做人的具体体现。在做事这一方面个体责任包括：树立正确的事业理想、积累知识与磨练能力、处理好劳动关系等内容。

总的说来，做人的责任可以总结为行"人道"，即用人的道德来规范自己的言行，人道地对待自我与外物。而做人决定了做事，一个人在多大程度上行"人道"往往体现出此人的器量大小并决定其事业成就乃至人生境界的高低。

## 案例

### 中国民营企业家的个体责任——王石

在几千年儒家文化中"大学"价值观的影响下,当今中国社会诞生了一大批具有"正心、修身、齐家、治国、平天下"的人生理想的企业家,在他们身上闪耀着"利他主义"的光芒,他们人生的终极理想是服务于社会大众而非单纯的为企业自身谋利。

这样一批企业家在坚定履行个体责任、实现人生理想的同时,也成为了正能量的表率,为我们的社会注入信心与动力。其中,万科的创始人王石尤其具有典型性。他的行动体现出了一位民营企业家对于个体责任的解读与落实:以人本主义理念做人、恪守规范原则做事,功成名就后兼济天下。

在企业内部,王石以人本主义理念对待员工,进行人本管理。"如果我做企业,如果我有能力,我绝不会让年轻人像我那时在机关一样,什么都要逆来顺受,什么都要委曲求全。如果我做企业,我就要按照西方的人本主义理念和行动去做。""我希望我受到尊重,我希望我的能力能发挥出来。所以,一定要给年轻人营造环境,让他们也受到尊重、也能把自己的能力发挥出来,不能再走我以前的老路"。

此外,万科坚持不行贿,因此王石有了个"不行贿者"的头衔,这也体现了王石做事的原则。因为不行贿,所以公司早年拿不到市中心的优质地块,只能以较高价格在比较偏远的城郊地带搞开发,甚至被调侃为"城乡结合部开发商",然而王石并没有为形势所迫放弃原则,而是通过打造出优秀的设计团队、营销团队,钻研市场的同时提供更好的产品、配套更好的服务,以正当的手段培养出了核心竞争力,走在了行业的前端。

对于"不行贿"王石是这样理解的:"第一假定人是丑陋的,有丑陋就有制度的约束。第二就是透明管理。第三就是讲规范和道德。我行贿怎么可能还有尊严呢?显然不能把赚钱当作唯一目的。我觉得中国现在最大的问题就是以赚钱为唯一目的,都已经发展到以刨祖坟来赚钱了,实在太可怕了。任何理想都没有了。我做事就是遵循这几个基本的逻辑。"

2014年王石在辞去总经理职务时提出对万科做事的期待:"做简单不做复杂,做透明不做封闭,做规范不做权谋,做责任不做放任。"

作为成功的企业家,王石功成身未退。20世纪90年代中期以来,王石积极推动中国企业社会责任,领导在包括野生栖息地保护、垃圾分类回收、热带雨林保护和气候变化等方面的环境保护行动。2004年他参与发起了中国最大的企业家环境保护协会——阿拉善SEE生态协会。此后还应邀担任了世界自然基金会美国理事会和世界经济论坛可持续治理全球议程理事会成员。他将视线从经营企业转向了全球可持续发展,在更大的范围内实现着个体责任。

#### 2.2.2.3 个体责任的实现

人生舞台上，生旦净末丑，每个人都在扮演着各自的角色，演绎着一幕幕的人生故事。那么如何才能将角色演出得更加到位，从而更完美地演绎出自己的人生故事呢？

个体责任的实现既是一个人生命价值的体现，也是个人生命存在延续的形式。在人生这场大戏中，责任是精神主旨，而履行个体责任则是贯穿一生的线索，其在很大程度上决定了人生的脉络。前面我们总结出影响个人命运的内因和外因，基于此我们来探讨个体责任应如何实现。

（1）**历史机遇与现实条件**。先从外因来看，无论是责任主体凭自己的实力实现责任还是借助别人的帮助来实现责任都要依赖于客观条件。首先是历史机遇，这一条件也对应于前面所讲的"时势"；其次是现实条件，指个人已有的积累及所处的现实环境，是用以实现责任的准备和基础。

具体说来，历史机遇是指社会发展客观规律的当下需要。所谓"顺势而为"就是倡导个人应顺应历史潮流、抓住历史机遇，使自己的选择和追求同历史的需要相呼应。这样，个人更可能获得时代大环境的助力支持，相应的个体责任的实现过程也更可能水到渠成。

然而，仅有历史机遇而没有现实条件是不可能实现个体责任的。外因的另一部分即为现实条件。一方面，现实条件包括个人的知识、能力和经验积累，所谓"博观而约取，厚积而薄发"，说的正是个人为了实现责任所做的深厚积累。机会青睐有准备的人，没有智慧把握不住机遇，没有能力实现不了机遇赋予的责任；另一方面，现实条件还包括个人所处的现实环境，即：家庭环境、工作环境以及社会的政治经济环境。常言道"英雄跃自草莽，良相起于书香"，在一定程度上每个人都身处客观存在的外部环境之中，受现实条件限制。从经济学观点来看，这些现实条件构成了经济人做决策时的预算约束线。正确理性的决策者在它的限制内最大化自身效用。因此，个体也应当识别现实条件的存在，在条件约束之下尽可能完美地履行个体责任、最大化自我的人生价值。

（2）**主观愿望与个人理想**。实际生活中真正地去履行责任时往往并不轻松，需要克服困难、付出辛劳。因此，有一部分人就会逃避责任、放弃责任，以消极懈怠、偷工减料地方式应付任务，最终浑噩苟且度日。因此为了更好地履行责任，我们需要对实现责任时可能遇到的问题进行一个客观预估，有针对性地采取措施。

实现个体责任的过程中，种种困难和阻挠层出不穷，个体需要保持良好的心态，客观冷静地认识环境、分析问题。同时，还需要秉持坚定的信念，作为实现责任过程中强有力的支撑，去解决大大小小、繁琐复杂的实际问题，处理人为问题时尤其需要个体能正确认识自己、对待他人，从容协调人际关系，才能最终妥善完成任务，履行好个体责任。

认识实现责任的困难并采取措施应对困难，能够帮助我们在日常工作生活中保持自觉履行责任的主观意愿。而个人理想却为我们实现责任提供了源源不断的动力。"生活不止眼前的苟且，还有诗和远方。"所谓"诗和远方"正是个人的理想，它激励着平凡庸碌甚至痛苦煎熬中的人们心怀诗篇的美好、风雨兼程地奔赴远方。

个人理想是指处在一定历史条件下和社会关系中的个体对自己的未来物质生活、精神生活所产生的种种向往和设想。包括个人具体的职业理想、生活理想和道德理想。怀揣理想的人更能超越小我、追求大我，更有勇气与魄力打破现状、肩负起时代赋予的使命。我们树立个人理想时应将社会发展需要和自身实际结合起来，抓住机遇顺势而为，依托客观条件拼搏奋斗追寻理想。在攀登理想顶峰的过程中，稳扎稳打地实现责任，不失时机地争取更多、更大的责任，最终站在更高的平台上领略非同一般的人生风景，在更大的人生格局中实现责任。

新东方创始人俞敏洪于 2010 年在同济大学所作的主题演讲《度过有意义的生命》，可以帮助读者们加深对人生理想的理解。

**案 例**

### 俞敏洪——只有被自己感动的生命才会精彩

最精彩的人生是到老年的时候能够写出一部回忆录来，自己会因曾经经历过的生命而感动，会感动别人继续为生命的精彩而奋斗，这时候我才能说我的生命很充实。

我 10 年前就碰到一个特别令人感动的故事：有一个大学生来找我，因为非常贫困，却想出国，因而想上新东方的班，但是他没钱，所以跟我说他很想上新东方的课，但没钱，能不能暑假在新东方兼职做教室管理员，并且安排他到班查完学生的听课证扫完地后就在后面听课，我说当然可以。没想到这个学生又提了个要求，如果两个月的兼职真的做得很好的话，能否给他 500 元工资让他买个录音机，我说没问题。结果那孩子做了两个月，所有接触过他的人都说这孩子刻苦认真，所以到了两个月后，我给他一千块钱的工资让他买录音机。他买好后，边听着录音机边流着泪。我知道他被自己的行动感动了，以后肯定有大出息，果不其然几年后他被耶鲁大学以全额奖学金录取了，现在在美国有一份不错的工作。所以说只有被自己感动的生命才会精彩。

其实我也有一些让自己感动的故事，比如说我高考落榜。当时想着一定要考进大学，但没想过进北大，所以就拼命读书。有的时候你会发现你低着头一直往前走，目标就会在你的后面。所以当我拿到北大录取通知书的时候，真的是仰天大笑然后嚎啕大哭，跟范进中举一模一样。但如果当时没有坚持的话，也许我现在仍然只是一个农民的儿子。比如，当时我们村有个人跟我一样考了两年，他总分还比我高三分，当时我跟他说一起考第三年吧，但他的母亲说别考了，找个女人结婚算了，但当时我跟我妈说你让我再考一年，结果第三年我真的考上了。所以我得出两个结论：(1)人必须往前跑，不一定要跑得快，但是要跑得久；(2)不能停下来，你不能三天打鱼两天晒网，要持之以恒……

还是我的老话：把生命活得精彩一点。我的比喻就是大树与小草的比喻，还有另外一个比喻：人的生活就像溪流一样，总有一个梦想——流进大海。有的人这一辈子没有流向大海，这条河就是不完整的。长江流向大海，黄河流向大海，但长江、黄河以自己不同的方式流向大海。长江开山劈石穿过大山流向大海，黄河没有开山劈石，结果绕过九曲十八弯。但是不管怎么样，生命再弯最后目标不变。我们唯一要记住的就是要像黄河、长江一样不断地向前流，但是不能变成黄河、长江里面的泥沙，最后自己沉淀下去，把生命给沉淀没了。总而言之，生命的精彩只靠自己不靠别人。从来没有什么救世主，想要活得精彩、幸福，只能靠我们身边的每一个朋友的共同努力！

只有被自己感动的生命才会精彩

**（3）个体责任与人生价值。**前面我们总结出个体责任的三个层次紧密相连，从打好物质基础以保障生存到成就事业、追求理想，再到实现人生价值，三层责任都可统一理解为是个体对幸福的追求。

追求人生幸福，这是每个个体生而为人的本能，但不同人对于幸福的理解和定义又各有不同，因而才有了各式各样的人生轨迹与千姿百态的人生风景。无论世上的幸福有多少种，首先要由个体作为一个独立自主的行为主体去追求，这就要求我们对自己的人生负责从而确保这一个体存在；其次，个体在追寻幸福的过程中，不仅要对自己负责，还要对生活中相关的人和事负责，才能在生活的酸甜苦辣、波澜起伏中有所收获，最终得到人生幸福。由此可见，个体责任的实现既是个体获得幸福的条件，也是个人幸福的重要组成部分。因此，无论追求何种幸福，人都必须承担起应负的责任。

然而，追寻个人自我的幸福并不是终点，实现全人类的幸福才应该是更终极的诉求，才真正构成生命的意义。前文案例中的故事主角克里斯·加德纳也好，智慧女神娜塔莉·波特曼也好，他们都是在追寻人生幸福、追求人生意义的驱动下履行着个体责任，推动着人类社会与整个世界向着更美好的方向前进。

下例中被誉为大学生"精神教父"的李开复也对生命意义有着自己的理解。

**案例**

## 李开复——生命的意义是什么

生命的意义是什么？我只能告诉你：(1) 我不能帮你回答，因为每个人生命的意义是不一样的；(2) 如果一个人没有生命的意义，每天只是追逐金钱、名利，或者是打发时间、虚度光阴，那么他会活得非常痛苦；(3) 在找到生命意义之前，其实生命的意义就在于寻找意义的过程。

下面我举几个"生命意义"或"理想"的例子。

我的理想是"最大化我的影响力"，也就是希望当我离开这个世界的时候，世界因为有我而更好。如果两个世界中一个有我一个没有我，那么希望有我的那个世界能够变得更好。这就是我找到生命意义后的感想。有个别同学误以为"影响力"代表的是个人的势力或权力，或要做惊天动地的事请。其实，我所说的"影响力"与势力或权力毫无关系，只要人的一生对这个世界有些许贡献，就对这个世界施加了"影响力"。人生在世，如白驹过隙，转瞬即逝，每个人都不想虚度此生，如果在即将离开这个世界的时候，回首往事，心里能够有一种"世界因我而更美好"的欣慰和自豪，人生就具有了足够的"影响力"，就是一个有价值的人。

这个理想是我在大学时一位教授诠释"make a difference"这句话时所受到的启迪。他说 make a difference 就是要 make 有我的世界 different from 没有我的世界，这就是人生的意义。

当然，每个人的意义都可能不同。

我有个朋友认为"人活着是为了幸福"。他觉得只要你幸福了，那你就是一个充实的人、活得有意义的人。毕竟在现实生活中，注定只能有少数幸运的人拥有权力、地位、财富、鲜花和掌声。但是，这并不意味着只有他们才能够品尝到幸福。事实上，他们中有相当一部分人过得算不上幸福，每个普通人都有权力也能够拥有自己的幸福！我另一个朋友，他小时候便立志为改变人类而努力。结果，他发现自己没有能力做到，就转而为改变自己的国家而努力。但他仍然没有做到，就又更改成为自己的城市、为自己的小区、为自己的家庭谋求改变，直到"为改变自己"而努力，他才认识到，只有从改变自己入手，才能改变家庭，进而改变小区、城市、国家，乃至改变整个人类。努力使自己生活幸福，然后努力感染周围的人，使他们也都感到幸福。这是每个人都可以做的，也是世界上最伟大、最可贵的事情。

我还有一个朋友认为人生的目标是"让家人快乐"，也有朋友希望"创立中国立足世界的国际品牌"。

我的母亲认为人生的目标是"让七个子女都成为良好的世界公民"。我的父亲的理想是"为历史留下真实的记录"。

> 也许你找到的生命意义是"体验人生",我觉得很好,很真诚,也很有意义。人生苦短,让自己走过这一生的每一天都能够感恩,感谢得到机会每天都能学习、进步,感谢能够享用美好的食物,欣赏美丽的景色,认识要好的朋友。
>
> 这些都是好的理想,合适的人生目标,而那些抽象的目标是没有用的,因为"人生目标"的意义在于它能帮助你做出人生重要的决定。如果你只有抽象的目标,那怎么能帮你做决定呢?
>
> 我们的人生目标必然随年龄、人生阶段的不同而不断地修正,我认为如果你确定,你就应该义无反顾地去追随着这个目标而行动。当然,如果有一天你改变了你的想法,那你当然应该具备足够的弹性去修改、完善它。

总的说来,倘若我们将人生比作航船,那么时代是烈烈长风与滚滚浪潮,而主观态度便是控制方向的舵,个人能力是托起航船的水,理想则是高高挂起的风帆。个人应当把握历史机遇、辨识现实条件,以良好的心态投身于时代洪流,依托客观条件、发挥主观能动性,直挂云帆、乘风破浪,驶向远方去探索人生,这过程中要不骄不躁、稳扎稳打地履行个体责任,最终收获到人生的幸福并实现生命的意义。

### 2.2.3 组织责任——以企业责任为例

**组织责任**是集体的角色责任。无论是政府、社会团体,还是家庭、企业,无论是党派组织,还是各种宗教团体,均属社会组织,在社会中扮演着角色,因而也承担相应的角色责任。

集体是个人的集合,所以组织责任往往比个体出面的角色责任更加重大且更具影响力;同时,个体责任与组织责任紧密相关。组织责任的存在渗透于社会生活的方方面面,无时不在、无处不有。生活在社会中的个人往往与组织有直接或间接的关联,在实现个体责任的同时也推动组织责任的实现。

在现实社会中存在着各种形式的社会组织:从微观层面来看,家庭是社会中最小的组织单元,是构成人类社会的基础;从宏观层面来看,现代社会中是政府、非政府组织和企业三者共同实现对国家和社会事务的管理的,其中政府是主导,为非政府组织和企业定政策、指引方向,并且实施监督、评估和控制。而非政府组织往往是政府组织的补充,企业则承担依法从事生产、销售、服务的经济责任。这些基本的社会组织履行好自身的组织责任,是维护社会有序发展的关键。下面我们将以企业这类最为典型的社会组织为例,重点阐述企业责任的存在与实现。

#### 2.2.3.1 企业责任的存在

企业一般是指以营利为目的，运用各种生产要素（诸如土地、劳动力、资本、技术和企业家才能等）进行生产，通过向市场提供商品或服务来获取利润，进而满足社会需要和自身利益的实行自主经营、自负盈亏、独立核算的社会经济组织。

从利益相关者的视角来看，企业所追求的目标应同时包括企业经济效益和社会效益的提高，这正对应了共生共存的理念指导下的企业责任。因而企业应当承担起对股东、消费者、员工的责任，以及对社区、国家、资源环境的责任：追求利润最大化是对股东责任的体现，这是传统意义上企业的目标；满足消费者的物质和精神需求，既是企业的基本职能，也是企业对消费者的社会责任；若将员工视为内部利益相关者，企业则应当关注员工的福利、生活和心理满足感；企业也是社会的组成部分，是所在社区的组成部分，与所在社区建立和谐融洽的相互关系是企业的一项重要社会责任；企业还扮演着社会公民的角色，应该自觉按照政府有关法律、法规的规定，合法经营、照章纳税，承担政府规定的其他责任和义务，并接受政府的监督和依法干预；在生产经营过程中，企业很可能污染自然环境、消耗自然资源，故而企业还应保护环境、合理利用资源，致力于建立可持续发展的全球经济，对全人类以及地球的未来负责。

#### 2.2.3.2 企业责任的实现

履行好组织责任对企业的发展有着非常重要的意义，关乎企业的存亡与发展。尤其是近年来商业发展对于企业社会责任的重视程度与日俱增，要求企业的商业运作必须符合可持续发展的原则，积极履行对广大利益相关群体的责任。我们总结出企业可以从以下几个方面来实现组织责任：

（1）树立正确的经营观念，增强企业道德责任感。企业的生产经营活动最终都是为了保障企业自身及其相关的利益主体的生存和全面发展。因此，企业在开展经营活动时应从社会大众的利益出发，以遵守国家法律、法规为底线，在伦理道德的指引下将社会责任纳入经营理念之中，以道义为根本，创造财富与价值。

（2）将社会责任目标明确引入企业的战略规划中。这一步是将经营理念和道德责任感落实在具体的战略规划上，已经从认知层面进入到了操作层面。新华网对于2014年《企业社会责任蓝皮书》的解读也指出：从相关方参与的角度来看，企业对相关方及重要性的识别较多，但通过适当的渠道和形式让相关方参与进企业社会责任活动和报告中较少，利益相关方参与沟通须进一步加强。在这一方面，美、德企业的做法值得我国企业借鉴学习。例如美国孟山都化学工业所制订的战略规划中包括三项基本内容：一是"股东目标"；二是"社会责任目标"，它包括环境保护、员工安全、节约能源、教育基金、社会救济等；三是"劳资关系目标"。此外，德国企业的决策往往要顾及多方利益，体现出浓厚的社会色彩：在企业的决策过程中，股东、顾客、债权人、雇员、政府和社会都是企业进行目标选择的重要的参量，因此，企业经营目标的确定通常是企业所有的利益相关方共同作用和妥协的结果。

（3）建构企业伦理规范体系，努力规范企业的各种行为。企业伦理规范体系是一个由企业道德原则、规范和范畴等组成的完整体系，在这个体系中，企业道德原则居于核心或主导地位，贯穿于企业道德活动始终以及企业道德现象的一切领域，具有普遍性、稳定性与一贯性。在日常经营管理过程中，企业只有以这样一套切实可行的伦理规范体系作为行动指南，才能有效地约束自己的行为。

（4）加强道德教育，提高企业道德素质。这是对履行道德行为的正向激励：企业是由人组成的，企业的活动实际上就是企业员工的活动。因此，企业员工的道德素质直接影响企业的道德素质。企业要树立道德形象、建立道德型企业，必须加强对企业员工的道德教育，提高企业员工的道德素质。这也是一个企业能否自觉主动地履行道德责任的前提和关键。

（5）重视监督，加强对非道德行为的限制。这要求企业对违背道德的行为进行威慑和打击。企业的生产经营活动涉及生产、流通、消费等各个方面和领域，影响广泛而深远，因此，企业必须建立科学的监督系统和严厉的惩罚机制，加强全方位的监督管理和对违背道德行为的打击力度，从而减少和消除违法行为和不道德行为，以保证企业责任的实现。

### 2.2.4 个体责任与组织责任的协调

基于理论部分的分析我们知道，组织是集体出面的角色，集体是个人的集合，个人往往通过融入组织来发挥更大的力量，在实现个体责任的同时也推动组织责任的实现。因此，个体责任与组织责任是可以协调一致的，而个体对个体责任与组织责任的协调本质上就是个人理解责任、实现责任并通过融入组织从而加深对责任的理解、更好地实现责任的过程。并且在很大程度上，个人协调个体责任与组织责任之间关系的过程也正是其充分理解、内化并履行职业责任的过程。

下面案例中企业家柳传志对责任的解读将帮助我们更好地理解个体责任、组织责任以及责任之间的协调。

## 案 例

### 柳传志：记住肩上的责任和义务

联想的掌舵人柳传志回顾了自己的创业经历以及"中国梦"大背景之下个体责任、企业责任的诠释。

1. 创业——时代召唤、梦想感召

柳传志走上创业之路，是因为"憋得不行"，他这样说道："我们这个年龄的人，大学毕业正赶上'文化大革命'，有精力不知道干什么好，想做什么都做不了，心里非常愤懑。"

然而在这样的历史大环境下他并未放弃梦想随波逐流。1984年40岁的柳传志走上了创业之路。联想一开始没有资金，也只能替人家卖机器。到1987、1988年，联想代理的ASTPC，一个月能销好几百台。打通了销售渠道以后，柳传志要自己生产。"因为我们是计算所的人，总觉得自己有这个能力做。"30多年来柳传志致力于高科技产业化的探索和实践，不断引领企业开展自主创新，走出了一条具有中国特色的高科技产业化道路，使联想集团的技术实力和市场份额都跻身世界同行的前列。

柳传志自己总结道："我想，实业界的艰苦卓绝的奋斗是其中一个重要的原因。我作为一个企业家阶层的代表，我特别想说明的是，成功的企业家一定要知道改革开放这个大环境是企业成功的基础。……应该讲，整个的人类历史是时势造英雄，但是我在看中国这一段历史，也确实看到了英雄造就时势。小平这位中国近代史上的英雄说，不改革开放中国就没有出路，这句话到了今天依然正确。"

2. 责任——企业家与企业的担当

下面几段柳传志本人所说的话体现了这位企业家自身的担当，也体现出他所率领的联想所肩负的组织责任，更体现出他基于对层层责任的深刻理解从而将个体责任与组织责任相互融合，从而完美地协调了组织责任。

"为什么干活？我画了三个圈，最里面的圈是我和我的家庭，我最亲密的朋友等，我得把他们护好；第二个圈，就是联想旗下的员工，我得把他们护好；第三个圈才是更广泛的责任。所以第一个圈出了事多累也得做，第二个圈出了事也得做，第三个圈，把一二圈做完了，再做第三个圈，这是真情告白。"

"现在在中国，企业家阶层、精英阶层应该说是先富裕起来的，但是这时候确实要牢牢记住弱势群体，记住肩上的责任和义务，如果忘记了这些，不仅是良心上说不过去，而且也会破坏我们今天生存和发展的环境，空气就会干燥，干燥就会着火，一着火以后不要说企业的发展、经济的发展，整个社会都会化为乌有。"

"中央电视台财经频道曾经播过我的一句话：困难无其数，从来不动摇。那是什么力量支撑着我不断克服困难，接着往前走呢？我想很重要的一个原因就是责任。在联想办公室的走廊上，挂着一幅标语——为股东负责、为社会负责、为员工负责。我想这是企业家的基本责任。……一个优秀的年轻人到企业来，我想他们绝不仅仅是为了能过好生活，而是更需要一个能充分施展他们才能的舞台。企业做得更好了，年轻的员工、优秀的员工就有了更多的舞台，更大的舞台，就有了发展的方向，就有了完成成就的一种自豪感。这个就是联想为员工负责，这应该归结为一句话，就是把个人的追求融入到企业长期的发展之中。

……

"说了这么一些，我们企业界要做这几个事情，第一是把自个儿的企业管好，要多缴税，多提供就业机会，给国家财政收入有更大的增加，政府才能做更多的、好的有利于老百姓的事。同时我们还要诚信经商，要以人为本、善待员工，这时候企业本身和社会本身风气才会和谐、才会上升。同时呢，也要关注社会，多做公益事业，整个社会的空气就会湿润。只有这样，中华民族才有继续发展、创造明天更美丽梦想的基础。"

从柳传志对个体责任的理解我们看到他首先自己有责任有担当：这位企业家看得清时代浪潮，勇于肩负起历史使命，通过创业创新推动行业发展；进一步结合联想提出的"责任员工、责任产品、创新公益"这三个发展方向，我们还看到了这位企业家将个体责任与组织责任完美地协调、融合起来：他以核心价值观凝聚全体员工，以自身的责任理念统领整个企业履行组织责任，突破了片面股东至上、追求短期利润的经营理念。在企业内树立社会责任意识，对各方利益相关者负责，追求企业长远可持续发展，在更高的层面、更大的范围内实现着责任。

## 本章小结

1. 责任是行为主体对在特定社会关系中定在任务的自由确认和自由服从。

2. 责任具有空间和时间两个维度。在空间维度上，责任包括对个人自身负责、对他人负责，对整个人类社会负责，以及对整个大自然的生态负责；在时间维度上，责任体现为对历史负责，也对未来负责。

3. 四大责任原则：作为根本性原则的共生共存原则和以人为本原则，以及作为方法性原则的和谐发展原则和竞争协作原则。

4. 角色是行为主体在社会关系中的坐标定位，是责任的逻辑起点。角色与责任之间是名与实、表与里、形式与内容的关系。

5. 个体责任是基于单个个人的角色责任。个人在认识到影响个人命运的内外因素基础上，应当把握住历史机遇、利用好现实条件,保持积极的意愿、树立远大的理想,从而努力实现个体责任。

6. 组织责任是集体的角色责任。任何企业要获得可持续发展,必须履行应尽的社会责任。不仅要追求利润最大化,还要对所有的利益相关群体负责。

7. 个人往往通过融入组织来发挥更大的力量,在实现个体责任的同时也推动组织责任的实现。因此,个体责任与组织责任是可以协调一致的,而个体对个体责任与组织责任的协调本质上就是个人理解责任、实现责任并通过融入组织从而加深对责任的理解、更好地实现责任的过程。

## 思考题

1. 从时空观出发如何解读责任的内涵,责任对于人类的发展有何重要意义?
2. 何为责任的原则?各项原则有何要求,彼此之间有什么关联?
3. 如何理解角色?角色与责任有何相互关系?
4. 如何从个人自身出发理解个体责任以及应从哪些方面来实现个体责任?
5. 如何理解组织责任?组织伦理与组织责任之间有何关系?企业责任包含哪些方面的内容,应如何实现?
6. 如何协调个体责任与组织责任?

# 第3章
# 职业责任理论与实现

 **开篇案例**

**职业经理人契约精神的缺失**

2010年前后,中国资本市场见证了一场轰轰烈烈的国美之争:

2006年7月,国美并购永乐家电,时任上海永乐家电董事长的陈晓开始担任国美电器总裁,到2009年他又出任国美电器董事局主席。

2011年3月,陈晓辞去董事局主席一职。在同年4月底,陈晓爆料国美存在财务漏洞,称国美的股价已经涨到顶端,很多投资机构已经撤出,宣称国美的股票不具投资价值。

2011年5月10日,《国美事件再露面 陈晓大爆国美财务漏洞》的一篇财经文章更是详细地列出了陈晓"爆料"的内容。这位前国美高管认为:国美内部情况不稳定;国美电器股票毫无价值,没有前途。此外,他还透露了很多内部信息:国美大到总部,小到分公司,甚至是门店店长都大肆收回扣;国美电器的产品在同行业内价格最高;国美电器和供应商的关系紧张。

随后,国美电器公司以违反离职协议为由对陈晓提起诉讼,认为陈晓违反离职时与国美签订的《协议》约定,公开发表对关于国美不真实或误导的言论,对国美的企业声誉、经营活动等造成了不良影响和经济损失。

> 这场控制权之争具有典型的公司治理与股权争夺的商业属性，本质上是商业利益的博弈，究竟谁是谁非难下论断。但通过简要回顾事件始末，我们认识到这样一个不容置疑的事实，即陈晓作为一位职业经理人其契约精神是缺失的。
> 
> 站在法律角度来看，《刑法》第219条规定第三点：违反约定或者违反权利人有关保守商业秘密的要求，披露、使用或者允许他人使用其所掌握的商业秘密的，都可视为侵犯商业秘密罪。如给商业秘密的权利人造成重大损失的，处三年以下有期徒刑或者拘役，并处或者单处罚金；造成特别严重后果的，处三年以上七年以下有期徒刑，并处罚金。陈晓这种针对前东家国美的"爆料"严重损害了国美的声誉及未来的发展，既暴露出他个人职业操守和职业责任的缺失，也在法律意义上构成了侵权行为。
> 
> 不单如此，陈晓的言论也违反了《离职协议》的约定。陈晓于2011年3月9日签订了《离职协议》且作出了不损害国美利益的承诺。然而《协议》上的笔墨还未风干，陈晓就弃之于不顾，公然爆料，这一行为与契约精神背道而驰，更是体现出他个人职业责任的匮乏。

职业责任规定了人们在一定的职业活动中应当承担的职责和义务。不同的职业对应着不同的职业责任。例如：教师应当教书育人，医生应当救死扶伤，公务员则应为人民服务……职业责任渗透生活的方方面面，通过每个从业人员的言行体现出来。

然而，当今时代社会环境并不理想。在此大环境下，职业责任的缺失问题愈发严重：学术研究抄袭，工程设计纰漏，政府高官贪腐……各种令人震惊的事件无不暴露出当事人责任意识的薄弱以及责任精神的缺失。我们不能只在重大问题发生之后才意识到职业责任的缺失，而应预先认识到职业责任的重要性并在全社会倡导提高责任意识。只有当越来越多的从业者，在自己的工作岗位中以更高的职业责任感和更强的职业精神为指引，才能从根源上解决责任缺失的问题，社会环境也才能真正得到改善。

本章首先给出职业责任的定义，即：个人在职场中基于劳动合同这一契约的外在约束。在履行契约责任的基础上，个人需将组织的价值观和目标不断内化为自觉意识和行动。在付出职业劳动过程中，每个个体需履行个体责任、协调个体责任与组织责任之间的关系，进一步在更为广泛、深远的层面履行对人类社会的责任，最终实现人生价值。在此基础上我们构建出职业责任的理论架构图，包含狭义和广义两个层面的职业责任。职业责任本质是一种契约责任，我们将分析职业责任与契约责任的内在关联，列举出几种主要契约责任的现实存在形式；此外职业责任也是个体责任的重要组成部分，我们还将分析职业责任与个体责任的内在关联，指出职业是个人安身立命之本，个人通过职业劳动来实现人生价值，并列举出职业责任的现实存在形式与对责任主体提出的要求。

职业责任的定义揭示出职业责任涵盖了由浅入深的两大层次。浅层的职业责任是由劳动合同这一外在契约规定的职责义务，而深层的职业责任则涉及价值观认同，需要从业人员投身于职业、融入到职业角色中去，用心对待工作、付出职业劳动，并通过职业活动这一社会实践形式实现自我与外物的互动与磨合，沉静自我、里外兼修，逐渐加深对职业责任的体会和认知，从而在履行职业责任的同时收获到内心的满足与喜悦，实现人生的价值。由此可见，职业责任的实现过程伴随着从业者对职业责任领悟的逐步深化，同时也是职业者对个体责任的履行过程以及将个体责任与组织责任协调一致的过程。从业者实现职业责任的情况将会决定一个人事业成就的高度，更能够体现出一个人生命的高度。对于责任主体的从业者而言，要在认识客观环境的同时发挥主观能动性，端正职业态度，修炼职业能力，才能更好地履行职业责任。具体说来，职业责任是通过职业化实现的，职业化又体现为使命引导、伦理体现、形象展示和技能要求这四大方面，我们将阐述每个方面所涵盖的内容并分析如何落实其要求，从而为职业责任的实现提供指导。

> **读完本章，你将了解：**
>
> 1. 职业责任的理论架构；
> 2. 职业责任与契约责任的关系；
> 3. 职业责任与个体责任的关系；
> 4. 职业化的四大方面。

## 3.1 职业责任理论

### 3.1.1 职业责任的理论架构

回顾本书对责任所下的定义："行为主体对在特定社会关系中定在任务的自由确认和自由服从"，基于此认知，本章重点探讨的职业责任便将行为主体限定在职场之中，由此"特定社会关系"便可做相应的进一步解读：从广义上看，社会关系体现为从业人员与组织、利益相关者以及与社会的关系，其中从业人员与组织的关系又可以进一步分解为在组织内个人与上级、同事以及下属的关系，这对应于狭义上的社会关系。对"社会关系"的不同解读便分别框定了广义的职业责任与狭义的职业责任。

我们还可以从角色责任的视角来理解职业责任。职业是社会分工的定位，因而居于特定职位上的个人应该依此定位来扮演特定的角色。社会对于职业又给出了种种具体的要求，因而从事某一职业的个人应基于劳动合同在职业活动中承担特定的职责职务，也即履行好相应的角色责任。

总的说来，职业责任是从业人员应该完成的本职岗位的工作职责，它是契约责任的一种，也是个体责任中的重要组成部分。下面我们总结出职业责任更为全面、深刻的内涵：

职业责任是个人在职场中基于劳动合同这一契约的外在约束。在履行契约责任的基础上，个人需将企业的价值观和目标不断内化为自觉意识和行动。在付出职业劳动过程中，每个个体需履行个体责任、协调个体责任与组织责任之间的关系，进一步在更为广泛、深远的层面履行对人类社会的责任，最终实现人生价值。

在此基础上，我们给出如下职业责任的理论框架以帮助读者对职业责任建立起清晰的认识（图 3-1）。框架图的上半部分是本章论述的主要内容，既在广义层面上理解职业责任，又在狭义层面上认识职业责任；框架图的下半部分是职业化的四大方面，即使命引导、伦理体现、形象展示和技能要求，职业化是职业责任实现的途径，本章后半部分将会对这一部分内容作具体论述。

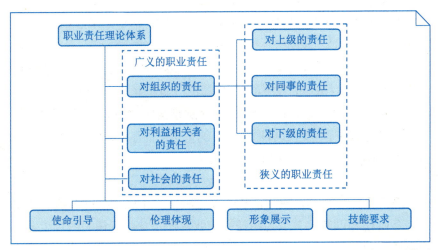

**图 3-1**　　　　　　　　　　　　　　　　　　　　　　　　　职业责任的理论体系

### 3.1.2 职业责任与契约责任

#### 3.1.2.1 契约及契约责任

职业责任本质上是一种契约责任。因此，为了理解职业责任，我们先来探讨契约责任的基础——契约。

"契约"源于拉丁文，原义为交易。最初是指多方经过平等协商订立的有关买卖、抵押、租赁等关系的文书，这对应的是契约的文字合同形式。此外，"契约"本质上还包含契约自由的理念，对应的则是契约的另一种形式——精神契约。提到精神契约就不得不提在西方文明社会中占据主流的契约精神。它是指存在于商品经济社会的契约关系与其内在的原则，是一种自由、平等、守信的精神，也是契约在精神原则层面的表现形式。

契约在人类社会发展的历程中一直发挥着巨大作用。随着商品经济的繁荣,契约愈发作为一种有效的经济手段融入了进现代经济社会,成为我们生活的有机组成部分。"真正的自由,源于对自由的约束"[1],契约作为一种对缔约方行为的限制,看似约束了人的自由,实则以"同意精神"保障了各方自由不被侵犯,最大化整个经济市场乃至人类社会的自由,进而保证了各方利益的实现。因此,契约维系着现代社会中人类日常生活的运转,推动整个人类社会更加有序、高效地发展。

契约责任基于契约产生,既包括文书形式的契约所规定的责任与义务,又包含理念、原则形式的契约所尊崇的契约精神。本章定义的职业责任也同时包含职责职务和价值观两个层面,分别与契约责任的两层内涵相契合。这进一步说明了职业责任本质上是一种契约责任。

追溯我国历史不难发现,契约早已有之。在西周、秦汉时期,中国就出现了刻于铜鼎、竹简的契约,并且有担保、违约罚等民间契约习惯。同时,中国的熟人社会与亲族伦理网络以及中国传统的礼俗文化观亦是履约的重要保障。契约精神在我国传统社会中也一直发挥着关键作用。然而当代中国这一新兴市场中却普遍存在着对"契约"的不尊重,背信毁约的现象屡屡发生,并且司法对契约的救济不力更是加剧了此问题。本章开篇的国美之争,便是中国职业经理人缺乏契约精神的典型案例。我们在这里强调职业责任其实也是在呼唤契约精神的回归,为全球化进程中我国市场经济能取得长远发展奠定精神基石和构建必要前提。

东北特钢债务困局:
多次违约推倒东北
违约风险多米诺

#### 3.1.2.2 契约责任的存在形式

契约责任贯穿于现代生活的方方面面。其中以商务和劳务为纽带的商务责任和以劳动关系为纽带的职业责任是契约责任的两种主要存在形式。

(1)以商务和劳务为纽带的商务责任。商务和劳务是一种自愿的等价交换活动。等价交换讲究公平交易,而所谓公平交易强调愿买愿卖与诚实守信。愿买愿卖指的是买卖双方处于平等状态下达成的交易,而不是一方强迫另一方的不平等的交易;诚实守信则要求交易的对象货真价实,交易双方恪守条款兑现合同、自觉履约。例如:销售商与生产企业之间签订的订货合同、个人与旅行社签订的旅游合同等都属于商务契约,理论上来讲都应当是基于平等自愿原则签订的。

(2)以劳动关系为纽带的职业责任。职业责任与商务责任、劳务责任紧密相连,是商务、劳务责任的具体化,职业责任的实现能保证商务、劳务

---

[1] 刘瑜.自由社会就是责任社会.民主的细节.上海三联书店,2009.

责任的有效落实。现实中最为典型的就是劳动者与用人单位之间的劳动合同，这类协议确立了劳动关系、明确了双方权利和义务，也即以劳动关系为纽带的职业责任。

职业责任是从业人员应该完成的本职业岗位的工作职责。实现职业责任要求三点。第一，岗位职责明确。一方面管理者、领导者要明确分工，确保职责界限分明、奖惩额度明晰。另一方面从业者要自觉自愿领受职责，履行职责时既不推卸逃避责任，也不逾越职位干扰他人工作。第二，从业人员自身要有强烈的职业责任意识，具备高尚的职业操守，思想明确、态度端正、认识到位，不仅把职业看作是个人安身立命之本，更将其视为个人生命价值的载体。第三，从业人员要有过硬的职业技能。前一条要求是从业者的意愿，但仅仅愿干事还不够，还要能干事、会干事才能真正干成事。因此，员工只有具备了一定的职业技能和职业智慧，才能做好自己的工作，履行好职业责任。

### 3.1.3 职业责任与个体责任

对于社会人而言，职业在其扮演的众多角色中往往居于重中之重，因而职业责任是个体责任的重要组成部分；对于人类社会及其成员而言，履行好职业责任对于社会和个人的发展有积极推动作用，实现职业责任在本质上与个人价值的实现是一致的。下例中法官邹碧华对职业与生命的诠释将帮助我们更好地理解职业责任与个体责任的关系。

**案例**

#### "燃灯者"邹碧华对职业与生命的诠释

邹碧华生前是上海市高级人民法院副院长，投身司法事业26年，2014年12月，他突发心脏病经抢救无效因公殉职，终年47岁。邹碧华去世后，中宣部追授其"时代楷模"荣誉称号，最高人民法院追授其"全国模范法官"荣誉称号。

作为一个敬业的法律人，他不仅被誉为司法改革道路上的燃灯者、布道者，还被赞为怀着济世情怀的学者型法官、法律系统最优秀的产品经理。邹碧华生前白天奔波、晚上钻研、假日加班，竭尽全力地履行着一个法律人的责任。

1. 好学不倦——提升自我能力

"我只是比别人多花一些时间在理论思考上罢了，没什么特别的。"

邹碧华生前主管法院的信息化工作。这是一项既没有先例可循，又必须履新适时、知难创新的

开拓性工作。他深深意识到作为一名现代化法院院长,信息化能力必不可少。用他自己的话说:"信息化的大趋势,云计算、大数据、可视化技术已扑面而来,深深改变着我们身处的时代。作为一名现代法官,不懂得应用信息化手段办案是落伍的,作为大都市的法院,不开发或没有能力应用最新科技服务进行审判实践,将无法与世界接轨。"

"不懂就学"这是邹碧华一贯的人生和事业态度。他如饥似渴抓紧点滴时间学习最新信息技术。上下班途中,邹碧华的公文包里常常放着沉甸甸的书籍;休假的时候,他更是集中时间研究平时积累下的"信息化难题",仅仅关于大数据专题,他前前后后就啃完了近50本书籍;此外,邹碧华还总结出一条"快学"捷径,就是虚心向各方面专家请教,既包括高校的教授学者,又包括业界公司的领域专家。

### 2. 亲力亲为——投入本职工作

"当你下定决心把职业变成自己的理想和追求以后,就会想要用这个理想或追求来指引你;觉得这个是为理想付出的代价,你就会很有耐心地接待当事人,就不会觉得这是难以忍受的东西,因为这是你本来应该承受的。"

"每个人在这个世上都是过客,只有做些事情才能留下永恒。"

"活着就是为了改变世界!"这是邹碧华的座右铭。他具有卓越的创新意识、开阔的眼界和前瞻性的思维,热衷于运用最新的科技手段来解决法院工作和管理中的现实难题,希望利用信息化技术建立一套规范的审判程序和审判体系,从而彻底地改变传统办案模式,打造出公正高效、廉洁为民的现代化法院。

他亲自指导了上海高院互联网站改版,并主导推出了"上海法院互联网律师服务平台",极大地解决了司法公开难题;他主导开发的"裁判文书智能分析系统",利用大数据分析技术对裁判文书进行智能评查,以解决人工不易查出的逻辑推理及论述严谨性问题,深受办案法官的欢迎;他还主导推进"法官业绩数字化评价",在晋升条件中加大工作实绩的权重,为能干事想干事的法律工作者提供了舞台。

### 3. 勤奋敬业——奉献法律事业

"工作当中要给自己理想和信念,因为它能带来无穷的力量。我们要意识到,工作本身能给我们回报,艰难的任务能锻炼意志。"

"人的一生,都有一个需要坚守的价值。理想的完满人格,应当是破除自我,将自己融入到人民中,融入到祖国的法治中。"

"勤奋是可以感动人和带动人的",他以身作则、爱岗敬业,以"5加2,白加黑,24小时工作制"全身心地投入到工作中。高院信息指挥中心改造时,他亲自把关,设计图纸前后修改11稿;施工时,为考查施工质量,他亲自爬上楼梯确定通风口及各种管道设施是否按设计施工,如此这般的敬业程度让施工人员都大吃一惊；开发裁判文书智能分析系统时，专业技术人员不懂法律理解不了思路框架和专业术语，他就每个周末利用自己的空余时间为他们讲解系统涉及的法律知识，这样的讲解沟通一谈就是两三个小时。正如他家属所说，"邹碧华真的把自己的一生都献给了自己热爱的事业，献给了司法系统"。

**4. 心怀理想——背着"黑锅"司改**

"我们做法官的，一定要让自己的心中有一个梦。不管遇到什么困难，经历多少困苦，都不能把心中的理想磨灭了。当一个人的心中有了宏大的理想之后，所有遭遇的挫折都会变得微不足道。"

"每一代人有每一代人的使命，我们做得好一点，社会就更进步一点。司法改革的事情很多，我所写的每一句话，后面都要有一大堆数据、事实来支撑，需要不断讨论。在我这里，只要有一条意见更完善些，也许就对中国的司法改革事业有更大的推动。"

当被问及司法改革最大的难题是什么，邹碧华语气坚定："当然是避免搞'一刀切'，不能为了图省事、求便利，就欺负年轻法官，将助理审判员'就地卧倒'转为法官助理，一定要有一个科学的考核标准，让真正胜任审判工作的优秀法官进入员额。"

邹碧华坚定不移地推动司法改革，在他看来，"做改革，怎么可能不触及利益，怎么可能没有争议。对上，该争取时要争取，该顶住时要顶住；对下，必须要有担当，无论如何，都不能让那些在一线辛苦办案的老实人和年轻人吃亏。我让人搜集了微信上所有吐槽'司改'的文章和段子，既报给领导参考，也时刻提醒自己，避免犯那些文章中提到的错误。背着'黑锅'前行，是改革者必须经历的修行"。

然而这位优秀的法律人敬业奉献的一生在 2014 年年末画上了句号。他在朋友圈留下的最后一句话是："希望让律师的执业环境越来越好。"

### 3.1.3.1 个人与职业

职业与人类社会的发展密不可分。一方面，它是人类生存发展催生出的产物，也是人类劳动分工的结果；另一方面，职业在人类社会中发挥着重要作用。它作为社会构成的基本要素，在维护社会稳定、推动社会进步方面发挥着巨大的力量。对个体而言，职业既提供了个人实现社会化的途径，又满足了人的社会需求，实现了人的社会化和社会需求客观化的有机统一。总的说来，职业对于社会和社会成员的发展意义重大，而它的推动作用要靠从业者对职业责任的履行来实现。

职业是分工定位，基于社会分工从事特定职业的个人应当完成的工作任务即构成了职业责任最基本的内容。对于每一个社会成员而言，职业责任是其个体责任的一部分。在个体的种种责任中居于基础地位，它的存在与个体责任的存在是一致的，是人生价值的集中体现。

但要注意的是，任何职业责任都是对某一职业的所有从业者的共同要求。只要个体从事了某一职业，就应当遵从这一职业的责任要求。同时，职业责任不仅体现为遵从外在的约束，还包括个人对职业使命的内化。个人接纳、认可自己从事的职业，在自觉意识和自觉行动中履行职业责任，这是职业责任的深层次体现。

职业责任与个体责任之间紧密相关，我们可以从以下几个方面来理解二者的关联：

(1) 职业是个人安身立命之本。按照马斯洛需求层次理论，人在社会上的第一需要是生存，也即通过衣食住行来满足生理上的需要。而在现代社会生活中，衣食住行的物质资源需要通过职业劳动的成果进行交换得来。此外，人们基本生产需要以外的发展需要，如读书学习、成家立业等活动也都依靠物质资源进行支撑，同样需要职业劳动的成果来进行交换。可见，职业是个人安身立命之本，职业责任也是个人生存发展的责任，在个体责任中居于基础地位。

美国哲学家、心理学家弗洛姆总结出人是通过自我决定、自主行动以及自我实现来获得积极自由的，"人的自发性活动主要表现为爱和工作。人通过爱和工作来实现自我，从而获得积极的自由"。[1]通过工作，个人这一主体充分发挥主观能动，与社会发生互动，创造价值与财富，获得了"积极的自由"。这样，既实现了个体责任也追寻到了人生的意义。从这一层面理解，职业责任的实现既是全面实现个体责任的起点，又与更深层次责任相契合。

但是，职业责任有时也会与个体责任发生冲突，这种冲突主要表现为职业劳动同个人兴趣爱好的冲突、职业劳动的强度同个人身体素质或心理素质的冲突、职业劳动的付出同个人收入愿望的冲突，以及职业劳动的要求同个人价值目标的冲突。面对冲突，就需要运用智慧来判断权衡、沟通协调。比如在现实中职业责任与个体责任的冲突往往导致了职业选择问题，究竟是去是留？这一难题归根结底是个人对人生道路的选择、是对新生活的追求与尝试，本质上也是个人对自我人生价值的选择，是个体履行个体责任的行为。我们在这一选择过程中应当长远谋划、全局考虑，慎重理智地权衡各项选择的利弊得失，同时，我们也要坚持职业道德，尽自己所能履行好职业责任，本着对自己负责的态度做出职业选择与人生抉择。

---

[1] [美]弗洛姆著，陈学明译. 逃避自由. 北京工人出版社, 1987: 261.

> **案例**

> **职业选择与人生抉择**
>
> 　　影片《穿普拉达的女王》中，女主角安迪初入职场就被同事提醒道："当你穿上那双吉米周的鞋，你就已经出卖了自己的灵魂。"之后，安迪获得了旁人梦寐以求的职位，她的态度也从一开始的得过且过、不会为工作而改变自己，到后来主动换上了在时尚圈子里的衣服，忍气吞声地经受种种考验、力求完美地完成"女魔头"上司交代的一项项任务。安迪处理起工作来越发得心应手，她在光鲜夺目的时尚界里正顺风顺水地走向一个光明的前途。然而，她渐渐发现自己与家人、朋友渐行渐远，最可怕的是自己以工作为借口，逃避了对生活的审视与选择。这时，当初同事的话提醒了她重新思考与抉择。在经过彷徨、煎熬与苦苦思索之后，她终于鼓起勇气，毅然决然地辞去工作，选择了自己想要的人生。

穿普拉达的女王

　　（2）**职业劳动是个人价值实现的主要途径**。我们对工作的理解需要经历一个从"谋生"到"人生"的转变：职业不仅是个人谋生的手段，还是个人施展才华、展现价值的平台。一方面，职业劳动是人的主要实践形式，人们通过职业劳动学习知识、锻炼能力、施展才华、建功立业。在实践过程中，人在价值观的支配下进行自主选择，并在职业劳动中贡献出自己的智慧、体力、理想、信念。这一实践过程使人得以极大地发挥自身的主观能动性去追寻人生意义、实现人生价值。因而，人的社会实践活动过程就是实现人生价值的过程。另一方面，职业是人类生存发展需要催生出的产物，因而人的职业劳动是为了满足社会需要的，职业劳动的成果作为人类社会创造出的财富进一步推动了社会的进步与发展。"人生的价值在于奉献"，个人通过职业劳动服务他人、奉献社会，在创造社会财富的过程中实现个人的社会价值。

　　（3）**人生价值体现在事业中**。人生是短暂的，事业是不朽的。人在职业劳动中积累的财富与智慧，在所建之"功"所立之"业"之中得以凝练与升华。在人类发展的长河里，先人们在崇高理想的指引下投身于事业之中，事业超越个人的生命得以代代传承，影响后世的千秋万代。这也与责任的时间维度相呼应，个人通过建立事业履行了对未来的责任。教育事业是最典型的例子，当然教书育人、培养人才的并不仅限于教师，凡是以自身言行影响年轻人形成良好的思想道德和行为习惯，在塑造年轻一代的高尚品格中起到了关键性的作用的人，都可被誉为"人类灵魂的工程师"。"春蚕到死丝方尽，蜡炬成灰泪始干"，他们以短暂的人生投入到灵魂塑造的不朽事业中，对人类社会、人类文明的发展繁荣起着奠基性作用。

> **案例**
>
> **乔布斯的奋斗动力**
>
>
>
> 苹果掌门人史蒂夫·乔布斯提出的口号"活着就是为了改变世界"固然振奋人心，但其背后却是为了通过改变世界而服务全人类：
>
> "我的激情所在是打造一家可以传世的公司，这家公司里的人动力十足地创造伟大的产品。其他一切都是第二位的。当然，能赚钱很棒，因为那样你才能够创造伟大的产品。但是动力来自产品，而不是利润。
>
> ……
>
> 我的动力是什么？我想大多数创造者都想为我们得以利用前人取得的成就表达感激。我并没有发明我用的语言或数学。我的食物基本都不是我自己做的，衣服更是一件都没做过。我所做的每一件事都有赖于我们人类的其他成员，以及他们的贡献和成就。我们很多人都想回馈社会，在这股洪流中再添上一笔。这是用我们的专长来表达的唯一方式——因为我们不会写鲍勃·迪伦的歌或汤姆·斯托帕德的戏剧。我们试图用我们仅有的天分去表达我们深层的感受，去表达我们对前人所有贡献的感激，去为这股洪流加上一点儿什么。那就是推动我的力量。"
>
> ——乔布斯自述：真实的我

#### 3.1.3.2 职业责任的存在形式

职业责任是由职业派生出来的，是岗位职责、岗位职业标准、岗位职业意识、职业道德和岗位责任赏罚的统一体。契约责任既包含书面条款规定的责任与义务，又包含倡导自由、平等、守信的契约精神，职业责任作为一种契约责任，同样包含两层内容：一是具体的岗位职责内容，此为职业责任的基础部分；二是恪守的原则与尊崇的精神，此为职业责任包含的职业使命成分。爱因斯坦对科研工作者提醒道："为使普通人的生活更加美好是科学的主要目的。"哈佛大学终身教授丘成桐谈到学术研究中的创新时说："从人类生存和人类文明的高度出发进行的研究，才有可能真正达到文明意义上的创新，进而实现有益于民族与世界的成就。"学者们应当秉承追求真理的崇高理想，坚守道德底线，通过严谨的科学研究解释未知、发明创造，进而改善生产方式、推动生产力发展，改善人类社会和自然世界，这便是科学家的职业使命。

职业责任具有丰富的内涵，它是职业实践和职业精神的统一，是从业人员的社会价值和生命价值的统一，既有物质层面的存在形式，又有精神层面的存在形式。以下文字节选自稻盛和夫的《干法》，他质朴的"创造"之道包含着深刻的人生哲理，将有助于我们理解日常工作中职业责任的内涵。

科研工作者的职业责任

> **案例**

## 稻盛和夫——"扫地"改变人生[1]

从京瓷创业到今天，半个世纪中，我充分利用新型陶瓷的特性，从各种产业用陶瓷零部件到各种半导体电子封装零部件，从太阳能发电系统到复印机、手机等，向广泛的事业领域持续地发起挑战。而且，后来又投入跨行业的通信事业，涉足宾馆事业等。

这并不是因为我具备各行各业的技术，而只是"每天不断进行创造性的工作"，半个世纪以来持续不断，如此而已。

每天每日，哪怕很少一点，也要在"创造性的工作"上下工夫。即使一天的进步微不足道，但若经过十年的积累，就一定可以孕育巨大的变化。

为了说明这一点，我常用"扫地"做例子。比如，到昨天为止，打扫车间总是用扫帚从右到左扫。那么，今天从四周向中间扫扫试试会怎样呢？

或者，光用扫帚打扫不干净，用拖把试试怎样？用拖把效果不好，向上司建议，花点钱买台吸尘器如何？买吸尘器要花成本，但从长期看，可以节省时间精力。再进一步，自己改良一下吸尘器，让它扫地又快又干净，如何？

就这样，扫地这么一件小事，只要开动脑筋，就可以想出许多又快又好的办法。

这样天天钻研创新，积累一年，你就成了扫地专家，你的经验就会受到车间全体人员的好评。

这样的话，整幢大楼的清扫工作可能就会委托你负责。再后来，你就可以干脆成立清扫大楼的专业公司，并让它发展壮大。一切亦非不可能。

如果有另一个人，认为自己"不过是扫地而已"，懒于改进，天天都漫不经心，那么这样的人就

---

[1] 稻盛和夫，《干法》第六章："扫地"改变人生。

绝不会进步,绝没有发展,一年之后还是老样子,仍然磨磨蹭蹭,还是扫地而已。

这样的事,不只限于扫地。

对工作和人生也完全一样。

无论多么渺小的工作,都积极去做,抱着问题意识,对现状动脑筋进行改良。能这么做的人和缺乏这种精神的人,假以时日,两者之间会产生惊人的差距。

不满足于现状,总想做得更好,总想不断提升自己,有没有这种"想法"或许就是产生"成功"与"失败"之间差距的根源。

每天一点的钻研创新,日积月累,今天比昨天进一步,希望做得更好,这种"上进心"是工作和人生中最重要的,也是进入真正的"创造"之门的秘诀。

下面我们将从职业责任的载体、基本形式、价值目标和贡献这几个方面来全方位地解读职业责任的实质内涵(图3-2)。

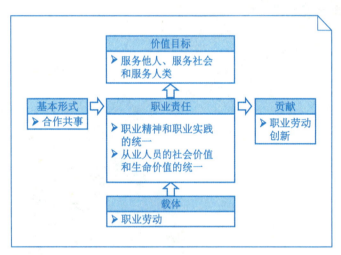

图 3-2
职业责任的存在形式

职业责任以职业劳动为载体。职业是个人参与社会实践的主要活动,个人通过职业劳动来实现职业责任。"青春作赋,皓首穷经",职业劳动是职业劳动者整个生命的凝聚,是其全部人生的缩影。它承载了个人履行职业责任的全过程。从一个人的职业劳动中不仅可以看出其工作态度、能力水平,还能看出他的价值追求和精神状况;人生短暂,事业不朽,职业劳动凝练了个人的智慧与努力、承载了个人的成就与价值。个人通过职业劳动建立事业,并借助事业这一形式实现继承和创新的统一,立足现实履行历史责任与未来责任。

职业责任存在的基本形式是合作共事。当今社会,随着知识经济时代的到来,各种知识、技术不断推陈出新,竞争日趋紧张激烈,社会需求越来越多样化,这使得人们在工作学习中面临愈发复杂多变的情况,单靠个人能力往往很难处理各种错综复杂的事情并采取切实高效的行动。这就要求人们组成团体,并要求组织成员之间协作共事、发挥团队优势。由此可见,协作共担责任已经成为当代社会的重要特点。职业责任存在的基本形式是合作共事,这也与责任的竞争协作原则相吻合。

职业责任的价值目标是服务他人、服务社会和服务全人类。职业的出现是社会劳动分工的结果,但不论何种分工,职业的存在根本上都是源于社会的需要，是为了满足人类生存发展需要而诞生的。正如角色的大小主次是一种辩证关系，类似地，职业的分工也是一种相对定位。无论是清洁工还是科学家，无论是普通工农还是国家领导人，都共生共存于人类社会之中，无一不是依托社会而存在的，每一职业者既享受着他人提供的服务，同时也都应当为他人、为人类社会提供服务。每个岗位上的从业者都应当付出劳动以服务他人、服务社会和服务全人类，这是不同的职业责任共同的价值目标，也是对责任的共生共存原则的呼应。

职业责任的贡献体现在职业劳动创新中。贡献是超出以物易物、以劳换劳的层面，通过发明新的职业劳动或是对已有职业劳动工艺和职业劳动成果的发展，也就是说，职业劳动的贡献存在于职业劳动的创新之中。创新，无疑是探索精神、革新精神的集中体现，在创新意识的指引下，职业者从干活、劳动到创造、发明，从精于"术"的"匠"变为深谙"道"的"家"。"创新"充当了放大个人力量的支点，使个人能够对人类发展做出巨大贡献。

"工匠精神"托起
中国梦

#### 3.1.3.3 职业责任的要求

职业责任本质上是一种契约责任，因而在分析了契约责任的实现基础上，不难推知实现职业责任也需要内外两大方面的力量支撑。职业责任的实现作为一类综合性的社会实践活动，是一个受到多方面制约的社会实践问题，牵涉到社会的制度安排、社会风气、职业伦理意识，用人单位的岗位职责、人事制度、组织文化和从业人员的认识能力、责任能力和责任心等问题。

在此我们仅对职业责任主体实现职业责任时要注意的问题做分析，同时也是基于个体责任进一步探讨职业责任的实现。

（1）关注时代、顺势而为。在论述个体责任实现的部分，我们已经总结出责任主体应当分别从影响个人命运的外因和内因出发，也即把握历史机遇、利用现实条件，同时调整人生态度、树立个人理想，更好地实现个体责任。

职业责任是个体责任的重要组成部分，不论是选择职业、更换职业还是日常的从事工作、付出职业劳动，都是个体实现职业责任的体现，同时也都是个体在履行个体责任。因而，个人在实现职业责任时也要关注外界与自身，既要关注时代、顺势而为，也要端正态度、提升能力。

当我们思索个体生命、选择职业、开展工作时，关注时代、顺势而为尤为重要。我们应当将自己的职业生涯放在时代的转盘里拟定前路，纵观历史激流，俯看时代浪潮，抓住机遇、顺势而为，建功立业、实现抱负，更好地实现职业责任。以下对话节选自《全球商业经典》对雷军的采访对话，这位小米科技的创始人讲述了自己对于"顺势而为"的理解。

## 案例

### 雷军——顺势而为，看起来不够有情怀，但这是成功的真谛

问：……其实杂志到今天还用传统的方式，是为一些还享受传统阅读习惯的人去提供的一个产品，我们也把这称为阅读发烧友。

答：但是这个人群越来越小了，尽管不会消亡，但你偏要逆势而为。人家四十不惑，我不惑的那一点就是顺势而为。这是我在40岁那一年悟出的最重要的一个道理。我小时候干了很多逆天而为的事情，今天我们岁数大了，顺势而为就好。往往越能干、越有才华的人越有自己的观点，越喜欢标新立异，越喜欢逆天。当我们经过这个社会的很多坎坷以后才知道，其实有时候反而一般的人可能更容易成功。滚雪球总是从坡上往坡下滚，容易啊！我们原来说这个不惧挑战，一定要从山下运石头到山上，其实你完成的东西是一样的。你得跟着大势走，不要试图逆天。势不对的时候能不能成？也能成，容易小成。你付了一百倍的努力，获得了一个小成，你的内心会很纠结，势头不对是很痛苦的一件事情。"台风来了，猪都会飞"，我们看了这么多成败，觉得最最核心的原因是大势，它看起来不够情怀，不够有英雄气概，但这是成功的真谛。

问：你说过创新要靠不惧失败的勇气，当然你也提到了中国创新少是因为社会缺少包容失败的氛围。这也是一个"势"。那你怎么去对抗今天中国这种扭曲的价值评判体系，你也顺势而为？

答：顺势而为跟创新是两个话题，是两个不同的角度。顺势是战略，创新是你在某一个领域里干了别人没干过的事情，或者你干了别人没干成的事。在智能手机的大势已成、外部条件已经具备之时，小米第一个干了自有品牌网上销售，这是小米第一个干成的。小米还第一个发动了"人民战争"，做了MIUI系统，这是完全颠覆性的想法。

采访全文

（2）职业态度和职业能力。"态度决定人生。"职业态度是指从业者在从事职业活动中在职业选择和完成职业任务时具备的工作取向和价值观念，对从业者对待与职业活动相关的利益群体都有显著而深刻的影响。通用公司的人力资源负责人曾经这样说："我们在分析应聘者能不能适合某项工作时，经常要考虑他对目前工作的态度。如果他认为自己的工作很重要，那么他就会给我们留下很深的印象。即使他对目前的工作不满也没有关

系。为什么呢？这个道理很简单，如果他认为他目前的工作很重要，他对下一项工作也可能抱着'我以工作成就为荣'的态度。我们发现，一个人的工作态度跟他的工作效率确实有很密切的关系。"

职业态度是职业责任的精神体现，良好的职业态度是有效地承担职业责任的基础。知名媒体人刘同告诫年轻人，"工作不是用月薪买断生命，而是用错误纠正人生"。诚然，职业态度也是人生态度，我们唯有沉下心来，视每日的工作为修行，一点点的试错、反思、感悟，以正确的工作态度在日积月累的工作中修炼自己的责任心，才能积跬步以至千里。

> **案例**

### 责任态度的修炼

湛如法师在讲述他对责任心修炼时，举了日本中京帝国饭店中一个厕所清洁工的例子：

有一位出身名门的大学生，假期到帝国饭店工作，分配给她的任务是洗厕所。正当她不知所措，感到恶心因而想放弃这个工作的时候，身旁的一个老职工在洗完马桶后从中舀起一杯水喝了下去。

她顿时惊呆了，而这强烈震撼也使她醒悟过来。于是，她下定决心，要在生活当中修行，就算是一辈子洗厕所，也要做一个出色的洗厕所的人。当这位女大学生再进到厕所打扫时，她就把这里当作是一个自我修炼、自我提高的道场，每次工作结束后她总是问自己，我是不是也像那个老职工一样从这个马桶里舀一杯水喝呢？最后当经理验收考核的时候，她当着众人的面从新洗过的马桶里舀起一杯水喝了下去。

这位女大学生就是野田圣子，大学毕业以后顺利地进入到帝国饭店工作，因工作出色而成为获提拔最快的员工，后来成为小泉时代内阁的大臣、日本首相麻生太郎内阁消费者担当大臣，现任安倍新内阁总务相。野田圣子对别人作自我介绍的时候说："我就是一个最敬业的厕所清洁工和最忠于职守的内阁大臣。"

反观我们每个人自身，大多数人所做的工作也都是由一件件小事构成：作为饭店的一名服务员，每天的工作就是对顾客保持微笑、不厌其烦地回答顾客提问、打扫房间、整理床单等琐碎小事；作为一个士兵，每日做的是队列训练、战术操练、扛枪巡逻、擦拭枪械等例行操练；作为公司的一名职员，每日的工作可能是接听电话、整理报表、绘制图纸之类的平凡事务……日复一日，很多人都会开始对此感到厌倦、觉得毫无意义而提不起精神，甚至心生懈怠因而敷衍应付，但这时一定要提醒自己，这是自己的工作，是自己的人生选择。工作之中无小事，要想把每一件事做到完美，就必须付出你的热情和努力，这才是对自己负责、对工作负责的体现。

一个人对待工作的态度固然重要，但实际的工作能力也不可忽视。职业能力是个体将自身的态度以及所学的知识、技能在特定的职业活动或情境中进行类化迁移与整合所形成的能完成一定职业任务的能力，是职业技术、职业技巧和统筹协调能力的总称。现代社会是以能力为本位的社会，职业能力是职场的硬通货。个人唯有具备足以胜任工作的职业能力才能实现职业责任。

前面我们强调了关注时代、顺势而为的重要性。但是，在时机到来时一个人能够抓住机遇、有所作为则是由其能力决定的。"台风来了，猪都会飞"这句话是说，机遇来了谁都可以有所作为。当今时代确实见证了小米等企业"乘风起飞"的成功案例，然而台风中并不是所有顺风奔跑者都能飞起来，即便成功起飞，之后还面临着如何飞得更高、更远、更快、更好的诸多问题。从现实中比比皆是的失败案例我们总结出是一个人能力决定了事业的成败：如果前期热身做得不够好，那么很有可能会跑不快、被绊倒或者肌肉拉伤；相反，准备充分、能力过硬的人能跑得更稳、更快、更有节奏，从而更有可能达到自己的目标。能力的磨练是一个长期的过程，个人需要前期深厚的积累才能在时机到来时一鸣惊人。

信息时代的到来加速了知识、技能的折旧，对从业人员的职业能力提出了更高的要求。日常工作之中，从业者在端正职业态度的基础上，还需要不断地学习和实践以提升职业能力，注重增强自身的学习能力与适应能力，才能在机会到来时牢牢把握住，乘风而起、一飞冲天。

## 3.2 | 职业责任的实现

**职业责任是通过职业化实现的。** 具体说来，职业化是一种工作状态的标准化、规范化、制度化，要求职业者在合适的时间、地点，以合适的方式，说合适的话、做合适的事。职业化具体体现在使命引导、伦理体现、形象展示和技能要求这四大方面。

### 3.2.1　职业责任的使命引导

#### 3.2.1.1　使命引导的内容

所谓使命，字面义为"使者所奉之命令"，而从使命的英文单词 mission 的词源来看，指的是"派遣到异国国土传教或经商"，也颇具宗教、政治及商业意义。因此，我们不难推知"使命"一词意味着重大任务以及由此而生的重大责任。职业使命是一种工作价值导向，是一种促使个体追求特定职业的激励力量。学者将"职业使命"定义为"人将自身的同一性与职业联系在一起，将工作和个人及社会意义结合在一起，希望自己的工作能为社会做出有价值的贡献，并在工作中体验到内在的乐趣和自我实现"。[1]

随着时代发展，社会对个人从事职业时具备的责任感提出了更高的要求，"职业使命"的内涵也在不断地演进。我们对"使命"一词溯源并参考了学者对"职业使命"的定义，在此基础上这里给出本书对于"职业使命"的解读：从业者应以职业使命为引导，在特定的职业活动中，肩负起任务与职责的同时寻找与实现个体的人生意义，并且在这两个目的之间寻找平衡并最终使得两个目的趋同。

职业使命促使个人身心健康，有追求、有理想，过着丰富充实的生活，从而全面提升他（她）的幸福水平和生活满意程度。在现实中，职业使命对于个人的塑造及对社会的发展都有着深刻的影响。我们以华人管理学家徐淑英教授为例，帮助读者加深对于职业使命的理解。

## 案例

### 当代学者的职业使命

徐淑英教授在很多学术领域上都有突出贡献，在全世界范围内的商业与经济学术领域享有崇高地位。此外她还非常关心中国企业管理的发展，致力于推进中国的组织管理研究。1998年，她在香港科技大学创立了恒隆企业研究中心，先后举办了多期"中国企业管理研究方法培训班"，为我国培养了几百名组织管理研究学者。其后，徐淑英教授又创办了中国管理研究国际学会，创办了 Management and Organization Review 期刊，为国内组织管理学者搭建了一个学术研究平台。

徐教授对学者的学术使命有着深刻的理解，她在"科学精神和对社会负责的学术"[2]一文中指出了当前我国学术界思想纷呈、学术研究迅猛发展的大环境下广大学者们忘却了学术使命的问题，并呼吁研究人员在做学术研究时追求和弘扬科学精神，倡导学者们真正承担起学术的社会责任。

徐教授说：

"探索行为"（the conduct of inquiry）涉及"探索自由"（autonomy of inquiry）原则，这意味着科学家具有从事任何他认为有兴趣或重要的主题的研究自由。

---

[1] Bellah R N, Madsen R, Sullivan W M, Swidler A, Tipton S M. Habits of the Heart: Individualism and Commitment in American Life. Los Angeles: University of California Press, 1985.
[2] Tsui, A. S. The Spirit of Science and Socially Responsible Scholarship. Management and Organization Review. 2013, 9(3): 375-394.

> 个人价值观影响了我们对研究主题的选择。例如,研究公司社会责任的学者的价值指引,与另一个致力于研究公司如何才能实现利润最大化,并且将所有者认为是公司唯一的合法的利益相关者的学者的价值指引是不同的。学者享有探索的自由,因此他们可以选择任何他们认为有趣或重要的主题。
> 
> 最好的建议是坚持你的信念。既然你有选择的自由,科学工作又要求全身心的投入,只有让兴趣来指引研究选择才有意义。即便要成为工作的奴隶,我们也要做所热爱的工作的奴隶。
> 
> 在你投身于科学研究事业的汪洋大海之前,我们邀请你首先仔细思考为什么想成为一位研究者?为了金钱?为了名声?还是为了思考的自由和能为人类社会做出贡献的机会?你所拥有的价值观会影响你的职业生涯的意义和你所能做出的贡献。
> 
> 学术生涯不会让你发财。是的,中国学者的薪水每年都在增长,成为科学家能够为你提供一种体面的生活。然而这些收入与管理咨询、投资银行或者股票市场投资的从业者的收入无法相比。但是,学者的财富是具有思考的自由以及有机会满足他们的好奇心。从事学术工作,我们不会每天受到严格的监控。除了教学时间外,我们可以随时随地从事自己的工作,自由地思考以及满足永无止境的好奇心,这些都是学术生涯的重要回报。

#### 3.2.1.2 使命引导的落实

职业使命引导着个人将履行职业责任与实现个人价值更好地结合在一起,对个人的职业生涯有着非凡的意义。我们在日常生活中应该如何培养自身的使命感从而落实使命对职业责任实现的引导呢?

就个人而言,使命感是对其天生属性的寻找与实现。每一个人都有天生属于并适合自己的特定角色。在社会实践过程中,个人对于自我的认同会随着对社会文化及人类经济乃至哲学宇宙等整体的认知而逐渐加深。随着自我认同的加深,人寻找到自我的"天职"并肩负起使命,自身的使命感也相应地逐步加强。基于上述认识,我们总结出落实使命指引的两大重要方面,分别是关注自我的内在诉求,以及投身到现实工作。

(1) 关注内在诉求。在日常生活中我们可以通过各种方式,如阶段性反思、周期性冥想等,对自己保持觉察,从而把握自我本有的个体属性和灵魂的内在诉求。这样,当我们转换到某一个特定职业角色时,内心将会做出正确与否的判断。

人们进行职业选择时,只有以内心对使命感的认同为准,尽可能寻找与自我契合的职业使命,才能在职业活动中实现人生意义。伯特兰·罗素在自传序言"我为何而生"中写到:"我的一生被三种简单却又无比强烈的激情所控制:对爱的渴望,对知识的探索和对人类苦难的难以抑制的怜悯。这些激情像狂风,把我恣情吹向四方,掠过苦痛的大海,迫使我濒临绝望的边缘。"这位大学问家对自身的"天职"了然于心,才能在哲学、数学、历史学等众多领域尽情施展才华，并且持续不断地追求人道主义理想和思想自由。新东方创始人俞敏洪在《为梦想出发》写道："从牧羊少年圣狄雅各[1]，我好像看到了自己的影子。从一个农村少年出发，日夜兼程，还在路上就已经遇到了很多意想不到的挫折和痛苦，也得到了很多超越期待的收获和喜悦。冥冥之中我似乎触摸到了我的'个人神话'，但认真想想依然一片模糊。我也许只走了一半的路，后面一半的路会遇到什么？最终会有什么样的结局？我不知道，也不希望知道。我只是按照心的指引向前，追寻生命的宝藏。也许走向远方再无归途，也许回到原点云淡风轻。我唯一知道的是：路会一直在脚下延伸，只要生命在就没有尽头。"同样地，这位教育家、企业家也是在内心的指引下找到了自己的使命，走出了自己的朝圣之路。

（2）切身融入职业。在向内探索自我的同时决不能完全隔绝外界、自我封闭，而应通过阅读、交流等等方式与外界互动，既要接受他人积极的指导与有益的反馈，也需要对工作进行深入的反思与总结。唯有在实际工作中经受磨砺，才能真正接纳与自身契合的企业使命，并且进一步深化对职业使命的理解。

下面的文字节选自世界著名实业家、哲学家稻盛和夫的演讲《拼命工作是上天赋予的使命》，他从经营者的角度解读了个人应当如何培养职业使命。

**案例**

### 稻盛和夫——拼命工作是上天赋予的使命

首先，理所当然，经营者必须将他的事业引向成功。无论是创建风险企业，还是继承原有的事业，让事业走上轨道，促使它成长发展，乃是经营者的第一要务。

这个出发点，就是要抱着"无论如何也要让事业成功"这种强烈的愿望去工作，在这一点上做到极致。这种强烈的"意识"类似于格斗时必须具备的"斗争性"。缺乏这种"斗争性"的人，首先就不适合当经营者。相反，只要具备这种"意识"，哪怕资金、技术、人才不足，都可以靠热情和执着的信念加以弥补，就有可能让事业获得成功。

大家或许认为，仅仅依靠"意识"，事业不可能成功。然而，在"意识"里秘藏着巨大的力量。一般认为，逻辑演绎、推理推论、构思战略，就是说使用头脑"思考"最重要。心中"意识"到什么，

---

[1]［巴西］保罗·柯艾略,《牧羊少年奇幻之旅》的主人公。

> 不是多么了不起的事情。但是我相信，心中的"意识"的重要性，要远远超过用头脑进行的思考。在我们的人生中，"意识"所具备的强大的力量是其他任何东西都无法比拟的。
>
> ……
>
> "你说你也想让自己的经营有余裕，但怎么做经营才能有余裕，方法千差万别，你的公司一定有适合你公司的做法。因此我没法教你，但经营企业绝对要有余裕，你自己必须认真去想，这个'想'才是一切的开始。"
>
> 就是说，"如果可以的话就好了！"凭这种程度的、轻浮的想法或愿望，要达成高目标，实现远大理想是根本不可能的。经营要有余裕，你是不是发自内心、真正这么想？这是关键。如果你真心这么想，你就会千方百计、拼命思考具体的办法，水库就一定能建成。松下先生想说的就是这个意思。
>
> 前面已说过，"无论如何非如此不可"。人如果强烈地祈愿，那么他这种"意识"一定会化作行动，他就会自然而然的朝着这种意愿实现的方向去努力。当然，这种"意识"必须非常强烈。
>
> 不是漫不经心，而是"不管怎样、无论如何都要这么干！""非如此不可！"，必须是这种强烈的意念支配的愿望和梦想。要获得事业的成功，其前提就是要具备这种强烈而持久的愿望。
>
> 抱有了这种强烈的愿望，接着就只有"付出不亚于任何人的努力"这一条了。努力的重要性众所周知。另外，如果问："你努力了吗？"几乎所有的人都会回答："是的，我努力了。"
>
> 但是，普通程度的努力不管你如何持续，你也不过是付出了与普通人一样的努力，你只是做了理所当然的事。这样的话，成功是没有把握的。只有付出不同寻常的、不亚于他人的努力，才能在竞争中脱颖而出，期待获得巨大的成果。

### 3.2.2 职业责任的伦理体现

#### 3.2.2.1 伦理体现的内容

伦理在英文中对应的是"ethics"，指"一套在人们中形成共识的理念，这种理念可以控制人的行为，尤其指建立在道德基础上的理念"。它强调了人处于人际关系中遵守道德的重要性。在日常生活中，伦理与道德这两个概念常常放在一起使用，这里我们对这两个概念进行简单的辨析：伦理是指人们在社会中处理人际关系的道理与准则，是一种外在客观的标准；而道德则指个人对天理的把握，强调个人的认识和修养对道德实现的重要性，与伦理相比更具内在主观的意味。

虽然伦理与道德有细微的差别，但是两者在本质精神上是一致的。它们都构成了非强制性的价值体系约束着社会成员的言行。此外，二者之间也是紧密相连的，伦理需要通过道德来发挥作用，道德则应当体现伦理的内容。本章是讲述从业者如何理解实现职业责任的，因而我们这里也将从个人层面的职业道德来透视职业伦理。职业道德指的是与人们的职业活动紧密联系的符合职业特点所要求的道德准则、道德情操与道德品质的总和。

它既是对本职人员在职业活动中的行为标准和要求，同时又是职业对社会应负的道德责任与义务。职业道德作为约束职业活动领域的基本规范，对从业者起着基本的约束作用，可被视为从业者对于职业伦理的接纳与理解。

职业道德的内容与职业实践活动紧密相连，反映着特定职业活动对从业人员行为的道德要求，在现实中因行业的不同或是职业的不同而有着多种多样的标准。职业道德是人类社会长期实践过程中形成并被作为经验与传统继承下来的，已经成为了社会道德体系的重要组成部分，调节着职业交往中从业人员内部以及从业人员与服务对象间的关系，此外还发挥着维护和提高行业信誉、推动行业发展的作用，甚至有助于提高全社会的道德水平。

从业人员通过在职业实践过程中的职业行为体现出自身的职业道德水准，良好的职业道德与职业素养是每一个优秀员工必备的素质与基本品质，这是企业对员工最基本的规范和要求，同时也是每个员工担负起自己的工作责任先决条件。

#### 3.2.2.2　伦理体现的落实

职业伦理对从业者的要求主要包括以下几方面的内容：爱岗敬业、诚实守信、办事公道、服务群众、奉献社会。

（1）爱岗敬业。这一点通俗地说即为"干一行爱一行"，它是人类社会所有职业道德的核心规范。爱岗就是热爱自己的本职工作，忠于职守，对本职工作尽心尽力；敬业是爱岗的升华，就是以恭敬严肃的态度对待自己的职业，对本职工作一丝不苟。结合这两方面，爱岗敬业要求从业者对自己的工作要专心、认真、负责任，为实现职业上的奋斗目标而努力，这是职业道德的基础，是社会主义职业道德所倡导的首要规范。

（2）诚实守信。诚实就是实事求是地待人做事、不弄虚作假；守信则要求讲求信誉，重信誉、信守诺言。因而诚实守信要求职业者诚实劳动，在工作中严格遵守法纪规章，做到秉公办事、坚持原则，不以权谋私；还要做到实事求是、信守诺言，对工作精益求精，注重工作质量。

（3）办事公道。所谓办事公道是指从业人员在办事情处理问题时，要站在公正的立场上，按照同一标准和同一原则办事，做到公道正派、不偏不倚、客观公正、公平公开，对不同的服务对象一视同仁、秉公办事，不因职位高低、贫富亲疏的差别而区别对待。

（4）服务群众。服务群众是指听取群众意见、了解群众需要、为群众着想，端正服务态度以改进服务措施、提高服务质量。这点是从以人为本的理念出发的要求，也是履行岗位责任的必然要求。

（5）奉献社会。奉献社会是职业道德的最高境界和最终目的，是职业

郭美美引发红十字会信任危机

道德的出发点和归宿。奉献社会就是要履行对社会、对他人的义务，自觉地、努力地为社会、为他人做出贡献。当社会利益与局部利益、个人利益发生冲突时，要求每一个从业人员把社会利益放在首位。对于从业者而言，奉献社会是一种对事业忘我的全身心投入，不仅需要有明确的信念，更需要有崇高的行动。当一个人任劳任怨投身于某一事业时，他在履行职业责任的同时也履行了对人类、对社会责任，更是实现了最高层次的人生意义。

### 3.2.3 职业责任的形象展示

#### 3.2.3.1 形象展示的内容

职业形象是指职业者在职场中公众面前树立的印象，主要体现在外在形象和内在修养这两个方面。外在形象指的是职业者的仪容仪表、言谈举止，职业者应根据场合的不同穿戴得体、言行合宜，从容自信地展现出专业风貌；内在修养则是个人的道德修养以及专业能力，包括职业道德、人格魅力以及知识素养等方面的展示。

借助信号理论我们将更好地理解职业形象的价值。职业形象作为一种可被直接识别或感知到的信号，是职业者向对方传达信息的一种重要途径。它能够传达一个人的审美品位、学历修养、诚信品质、协调能力、工作效率等信息，有利于增加双方的信任感，便于工作业务的开展，对于个人的职业发展意义重大。与此同时，职业者个人展示出的职业形象也是企业形象和声誉展示的重要方面。对于组织而言，组织成员个体的形象也代表着组织的整体形象，在一定程度上反映着组织整体素质、管理规范程度和组织文化，甚至会影响他人所感知到的组织产品和服务的质量和信誉，从而影响组织的社会认可度和美誉度，最终影响到组织目标的实现。因此，现实中许多大公司、社会组织及政府部门都非常注重设计和培养员工的职业形象，通过员工个体的职业形象传递信息从而塑造良好的组织形象。

**案 例**

### 空中"彩虹"——新航空姐[1]

1993 年，新航空姐的蜡像进驻世界著名的伦敦杜莎夫人蜡像馆，成为馆中展出的第一个商业人像。蜡像馆方面表示，新航空姐中选的原因是她们的着装仪态大方，反映了日渐普及的国际旅游趋势。

优雅的新航空姐是新航乘客服务标准的典范：她们身着巴黎著名女装大师皮耶·巴曼 (Pierre

---

[1] 根据发表于 2007 年第 12 期《中国新时代》的文章《空中"彩虹"新航空姐制服》改编。

Balmain）设计、采用蜡染面料制作的美丽的制服，以热情友好的服务向全世界的游客传达了亚洲传统文化中的好客精神。

在这一道道空中"彩虹"的背后，体现出的是新加坡航空公司卓越的业务能力。1972年马星航空公司拆分成马来西亚航空公司和新加坡航空公司，刚刚独立出来的新航仅仅拥有10架飞机，空服人员全部为女性，公司称这些空中小姐为"新加坡女孩"（Singapore Girl）。自那时起，身着富有地域色彩制服的新航空姐便一直担当着新航国际市场开拓活动和广告推介活动的形象大使。如今，新航已成长为国际航空业的楷模，新航空姐得体的着装、体贴细致的服务展示出的职业形象对于享誉国际的新航品牌可谓功不可没。

#### 3.2.3.2 形象展示的落实

展示职业形象要"得体"二字为目标，而"得体"具体体现在"契合"上：职业形象要与个人职业气质、年龄身份相契合，也要与行业要求、工作特点相契合。在遵循了"得体"的基本原则之后，每个人可以自由发挥，在职业活动中树立起良好、得体的职业形象，并通过这一形象彰显出个人魅力、构建起个人品牌。

"得体"的基本要求如下：

（1）与职业契合。良好的职业形象都需要诸如专业、诚信、自信等基本素质和要求，但是由于职业差异，不同职业在外在形象方面有所不同。不同的职业反映在从业人员的服饰、气质、语言等外在形象方面一定要有所不同，塑造职业形象首先要明确所从事职业的特点和评价标准。例如销售人员，他们作为公司形象的代表直接面对客户，应以整洁、干练的专业人士形象与客户充分交流，确保给客户带来信誉体验和安全感；再比如说信息技术人员，与销售人员直接面对客户不同，他们不需代表企业经常面对客户，但是他们的工作常常需要长时间的程序开发、技术攻坚等等，因此休闲着装能让他们在繁重的技术工作中尽量缓解工作压力，从而更好地完成任务。

（2）与身份契合。即使从事同一种职业，由于各人年龄、性别等个体上的差异，在职业形象设计上也要与个性因素相吻合。另外，由于职务位于组织科层的不同位置，人的身份地位有了差异，其职业形象也要匹配自己的职位。尤其是高层管理者，要能够统帅整个组织并影响和带动组织内的其他成员，因而其职业形象就要有一定影响力和感召力。

（3）与时代要求契合。时代背景对于社会生活有着极大的影响，比较典型的是不同的时代有不同的审美标准，因而，职业形象的塑造应当随着时代的不同而相应变化，要能体现出时代风貌与人文精神。尤其是对于即将成为职场新人的大学生而言，昂扬的精神风貌能展现出蓬勃的时代朝气，也能传达出自身积极努力的意愿，是自身职业形象的重要组成部分。

（4）与组织目标契合。组织也是一类行为主体，有着各自不同的组织目标。组织目标承载了组织的使命与宗旨，反映了组织创立者、管理者的理念和价值标准。它是组织开展各项活动的依据和动力，而对于组织成员来说，这一组织层面的共同目标是其职业行动的依据与目标。而职业形象作为职业化的重要方面，自然也受到组织目标的影响。个体要想融入组织之中，其外在形象和行为标准就要与组织目标相一致，才能得到组织接纳和认同，个人更容易获得归属感，从而在日常工作中将个体责任与组织责任协调起来，履行职业责任的同时实现人生价值。现实中比较典型如银行，是以严谨与专业赢得用户信赖从而开展业务的金融企业，因而银行职员应展示出稳重大方、精干利落的职业形象，给客户留下良好印象进而建立起信任。

### 3.2.4　职业责任的技能要求

**案　例**

**15.8 秒的价值**

2006 年"感动中国十大人物评选"花落天津港码头工人、蓝领专家孔祥瑞。

2001 年，孔祥瑞主持创新"门机主令器星形操作法"，使门机每一次作业可节省 15.8 秒，当年创收 1 600 万元；2003 年，他主持"门座式起重机中心集电器"技改项目，被授予国家级实用型发明专利；2009 年，他主持完成的"降低皮带机万吨故障时间"攻关项目，把皮带万吨接卸故障时间降低近六成，填补了中国港口系统设备接卸煤炭的一项技术空白。

孔祥瑞参加工作三十多年来，几十年如一日，把岗位工作当作课堂，把技术改造当作课本，在生产实践中注重学习与摸索。为了尽快掌握设备性能与操作技术，他每天都把技术资料带在身边有空就背，背完再到设备前对比了解。他坚持边干边学，学以致用，把"死"知识变成"活"知识，把"活"知识变成真本事，逐渐由一位初中文化的工人成长为生产一线的"蓝领专家"。经过不懈努力，他不仅克服了自身的"知识屏障"，而且练就了"听音断病"的技术绝活，成为"门机大王"和"排障能手"。孔祥瑞主持的技术创新项目多达 180 多项，不仅为企业节约增效过亿元，更是推动了我国机械设备领域技术的革新与发展，朝着世界先进水平一步步迈进。

孔祥瑞不断创新的「蓝领专家」

#### 3.2.4.1 技能要求的内容

在这个能力本位的社会中，市场竞争归根结底是人才竞争，人才是最核心、最强大的竞争力。所谓人才，需德才兼备，既会做人又能做事。"德"的方面我们在职业伦理部分已经详细讨论过，这里我们着重探讨"才"的部分。

"才"最重要的体现就是职业技能，职业能力是一个人所具有的有利于其在某一个职业中获得成功的能力素质的总和，既包括有效地进行某类特定活动所必须具备的特殊能力素质，也包括经过适当学习或训练后或被置于一定条件下时，能完成某种职业活动的可能性或潜力。职业技能与胜任力紧密相连，"胜任力"这个概念最早由哈佛大学教授戴维·麦克利兰于 1973 年正式提出，是指能将某一工作中有卓越成就者与普通者区分开来的个人的深层次特征，它可以是动机、特质、自我形象、态度或价值观、某领域知识、认知或行为技能等任何可以被可靠测量或计数的并且能显著区分优秀与一般绩效的个体特征。基于胜任力开发出的胜任力模型在现代企业人才选拔、培训中已经得到广泛使用，发挥着越来越重要的作用。

在上述定义的基础上我们进一步将职业能力分为三个层次：特定能力、通用能力和核心能力。特定能力指与我们的专业学习或工作内容直接相关的知识；通用能力指工作之外得到发展，可以在工作之间通用；核心能力可分为方法能力和社会能力两大类：方法能力指独立学习、获取新知识技能、处理信息的能力，它主要是基于个人的，一般有具体和明确的方式、手段的能力。社会能力是在职业生涯中不断获取新的技能、知识、信息和掌握新方法的重要手段，它是劳动者的基本发展能力。

能力的重要性不言而喻，而这里职业技能作为一种个人特质更是人才自身的核心竞争力。个人唯有具备一定的职业能力才能胜任职业岗位的要求，这是实现职业责任的基本要求与先决条件。此外，个人还应通过不断的学习与锻炼从而提升与精进职业技能，才能在工作中脱颖而出、取得卓越的成就。

#### 3.2.4.2 技能要求的落实

特定能力与通用能力的培养是对广大职业者一般适用的,而第三层核心能力的培养则依据个体的不同而有较大的不同。总的来说,职业者在提升职业技能应以适应未来职业要求为根本方向,在对自身准确把握的基础上制定长远计划。

下面我们总结出落实职业技能要求的三大方面,涵盖了前两层次职业技能的培养以及贯穿职业生涯的培训计划。

(1)基本技能提升。基本技能主要包括团队合作能力和人际沟通能力。团队合作能力指的是在职业活动中,从业者灵活地扮演好自己的角色并与其他角色配合协作,在团队层面发挥角色的作用,促使整个团队高效率地完成组织目标;人际沟通能力则指人与人之间有效地交换信息的能力,从业者应当充分地与其他组织成员进行充分的沟通交流,从而形成良性竞合的内部氛围,有助于推动组织目标的实现。个人基本技能的提升应同时从团队合作和人际沟通两大能力入手,缺一不可。

(2)专业技能提升。从业者专业技能的提升可以通过参加教育和培训的方式加以实现。现代职业体系的显著特点就是知识技术更新速度加快,世界范围内的优秀企业将新技术、新方法引入企业管理的势头迅猛,全新的管理思想和方法不断涌现,企业的管理水平不断提高,这种种新态势也使得培训越来越被视为企业基业长青的一剂良药,越发为企业所重视。职业者应当根据自身的专业特点,积极申请和争取企业提供的相关培训机会。此外,职业者也要通过自学来提升专业技能,树立起终身学习理念,通过行业最新的专著、杂志、网站等渠道关注行业前沿动态,积极主动地更新自我的专业知识和技能。

所谓学无止境,知识的学习、能力的提升是一个持续终身的过程。个人在已经具备相应能力的基础上还应有侧重地继续学习,将学习贯穿于整个职业生涯乃至一生的人生历程中。这就引出了落实职业技能要求的第三个重要方面,即职业者应为自己设定能力提升的计划。

(3)制定计划。个人在进入职场后,应当为自己设定科学的培训计划,不断提升自己的职业技能,跟上职业发展的要求。制定计划时要注意这几点:合理选择受培训内容,使之与自身职业和岗位要求相契合;制定长远的受培训计划,系统地提升自身职业技能;树立终身学习的理念,在职业生涯中不断探索、自我更新。随着个人的不断成长,以及岗位职责、工作内容的变化,这份自我培训计划也应当调整以适应新阶段具体情境的要求,从而更好地指导我们的职业生涯,在各个时期都能达到职业的技能要求,切实地履行好职业责任与个体责任。

## 本章小结

1. 职业责任是个人在职场中基于劳动合同这一契约的外在约束。在履行契约责任的基础上，个人需将企业的价值观和目标不断内化为自觉意识和行动。在付出职业劳动过程中，每个个体需履行个体责任、协调个体责任与组织责任之间的关系，进一步在更为广泛、深远的层面履行对人类社会的责任，最终实现人生价值。

2. 契约是社会秩序的基本内容，已日益渗透社会生活的方方面面。契约所规定的责任即为契约责任，契约责任是社会秩序的枢纽，它的实现直接关系着社会的稳定与和谐。其中以商务和劳务为纽带的商务责任和以劳动关系为纽带的职业责任是契约责任的两种主要存在形式。

3. 职业责任是个体责任的重要组成部分，两者之间紧密相关：职业是个人安身立命之本，职业劳动是个人价值实现的主要途径，并且人生价值体现在事业之中。

4. 职业责任是由职业派生出来的，是岗位职责、岗位职业标准、岗位职业意识、职业道德和岗位责任赏罚的统一体。它是职业实践和职业精神的统一，是从业人员的社会价值和生命价值的统一，既有物质层面的存在形式，又有精神层面的存在形式。

5. 职业责任的存在形式包括职业责任的载体、基本形式、价值目标和贡献，通过这几个方面的内容可以全方位地解读职业责任的实质内涵。

6. 个人实现职业责任首先应当关注时代、顺势而为，端正职业态度、提升职业能力，从而为实现职业责任做好充足的准备。

7. 职业责任是通过职业化实现的，职业化是一种工作状态的标准化、规范化、制度化，体现为使命引导、伦理体现、形象展示和技能要求这四大方面。

8. 职业使命是一种工作价值导向，是一种促使个体追求特定职业的激励力量。从业者应以职业使命为引导，在特定的职业活动中，肩负起任务与职责的同时寻找与实现个体的人生意义，并且在这两个目的之间寻找平衡并最终使得两个目的趋同。

9. 职业道德指的是与人们的职业活动紧密联系的符合职业特点所要求的道德准则、道德情操与道德品质的总和。良好的职业道德与职业素养是每一个优秀员工必备的素质与基本品质，这是企业对员工最基本的规范和要求。

10. 职业形象是指职业者在职场中公众面前树立的印象，主要体现在外在形象和内在修养这两个方面。职业形象不仅是职业者个人的形象，它也代表了组织的形象。从业者展示职业形象要以"得体"二字为目标。

11. 职业能力是一个人所具有的有利于其在某一个职业中获得成功的能力素质的总和，可被分为三个层次：特定能力、通用能力和核心能力。职业技能是人才自身的核心竞争力，因此个人应通过不断的学习与实践提升自身的职业技能。

### 思考题

1. 请简述职业责任的理论体系各部分的内容。
2. 职业责任与契约责任有何相关关系？职业责任与个体责任有何相关关系？
3. 可从哪些方面理解职业责任的存在形式？
4. 职业责任对责任主体提出了哪些方面的要求？
5. 如何理解职业化？职业化有何具体的要求？如何理解职业化四大方面的内容？

# 第三部分
# 领导力理论与实现

### 第三部分开篇

提到"领导"一词，人们可能会想到骁勇善战的拿破仑、指点江山的毛泽东，或是不屈不挠的丘吉尔、坚贞执着的甘地，还可能是崇尚信誉的张瑞敏、高瞻远瞩的马云……古今中外不乏优秀杰出的领导者，围绕着这些人物展开的无数传奇故事广为流传。不仅如此，在现实生活中也总有人希望学到领导者夺目光环下的卓越品质与成功秘笈，梦想着自己有朝一日也能够成为智慧勇敢、书写传奇的领导者。运筹帷幄之中，决胜千里之外。无论是领导者本人或他们的事迹，还是领导的诀窍技巧，只要是"领导"这一主题相关的内容，历来都吸引着人们浓厚的兴趣。此外，领导相关的问题也吸引着社会科学家尤其是管理学研究者的关注。领导是管理者应承担的角色，领导行为与管理行为联系紧密，而且从历史角度追溯可知领导科学脱胎于管理科学，因此对领导力的研究有助于人们更加全面、深刻地理解和把握管理学的精髓。因此，自上世纪初以来一批批学者孜孜不倦地探寻着领导的奥秘。然而，实际的领导过程往往复杂又神秘，领导的真谛绝非轻而易举就能领悟。

领导力因而值得我们深入探讨与分析。本书第三部分就将进入领导力相关内容的介绍。首先需要明确领导是一个复杂的动态过程，这是领导活动的本质，基于这一认识，第三部分展开具体的论述：第四章阐述了领导的定义，领导与管理之间的关系以及领导过程中领导者、被领导者、领导情境和领导目标四个基本元素之间的相互作用。第五章讨论了领导者个人的特质和行为对其领导活动有效性的影响。第六章从静态经典理论过渡到动态理论，论述了随着情境的变化，领导行为是如何做出相应改变以达到有效领导的，以及不同情境和现实条件下，多种不同类型的领导者是如何产生有效影响的。第七章从传统经典理论过渡到新兴领导力理论，介绍了积极领导力、简约领导力等五种源于实践的领导力理论。

通过本部分的学习，希望读者能够掌握领导的相关定义，了解领导活动和管理活动的联系与区别。认识到领导的本质是一个动态过程，其中包含领导者、被领导者、环境这三大要素的互动。作为领导过程主要元素之一的领导者会表现出不同的行为和风格，读者要学会根据这些行为和风格区分不同类型的领导者，并了解与领导力实现相关的理论。在此基础上，还希望读者能够初步把握领导学研究的发展历程并掌握其中的重点理论。

# 第4章 领导力概述

 **开篇案例**

## 一句话拉来一个高管

1983年3月20日,乔布斯在美国纽约大都会艺术博物馆内欣赏古希腊雕塑,在他身边的是百事公司首席执行官约翰·斯卡利。两人离开博物馆后,步行穿过中央公园往圣雷莫公寓走去,随后来到了公寓西边的阳台上,面前就是哈得孙河。就在那一刻,乔布斯说出了成功吸引斯卡利加盟苹果公司的名言——"你是想一辈子卖糖汽水呢,还是希望拥有一个机会来改变世界?"

这句话,与"狂热的卓越"和"换一种思维",都是乔布斯一生中最著名的言论。而斯卡利之所以会被这句话所打动,不仅是因为这句话包含着令人难以拒绝的诱惑,更是因为当时年仅28岁的乔布斯已经做出诸多改变世界的举动,在这个年轻人的身上斯卡利看到了他继续创造新奇迹的潜质。

果然,乔布斯逐渐成长为商界和电脑技术领域乃至文化领域最具影响力的人物之一。他提出让工作成为生活的意义,激发出了商务和工作也可以成为创新源头的理念;他还让企业推动文化变革，同时也改变了工程师和高管的惯有形象，让他们像艺术家一样思考问题。此外，乔布斯在全球竞争最激烈的行业领域真正实现了实用设计和美学的完美结合。

乔布斯无疑是一位优秀的领导者。他的成功不可复制，但他的精神品质以及一些做法却很值得我们学习和借鉴。在如今这个竞争激烈的社会中，成千上万的年轻人都怀着获得成功的美好愿望，渴望成为诸如乔布斯、马云一般叱咤风云的时代领袖，以杰出的领导才华成就一番事业。然而，自古以来这些出类拔萃的领导者只是凤毛麟角。真正成为一名成功的领导者远远比说出这个梦想复杂得多、也困难得多，这一过程本身就是一场漫长的修炼，需要个人对自身心性品行、素养能力等多方面的提升。

时代的车轮滚滚前行，人类社会马不停蹄地跨入了新的世纪，也迎来了一个又一个崭新的时代。在这样一个日新月异的大环境中，上至经济、社会结构，下至生产、生活方式都在发生着深刻的变革。作为企业竞争力核心要素的领导者该如何应对、又该如何施行领导之道，是关系到一个企业生死存亡的重要议题。

回望历史长河，人类文明诞生、延续的历程中从来不缺"领导"的传奇身影：华夏的炎黄、犹太的摩西、马其顿的亚历山大、法兰西的拿破仑、通用的斯隆、京瓷的稻盛和夫……而现如今，我们在日常生活中更是常常听到"领导"一词。它既可被理解为一个名词，也可以被当作一个动词，那么领导究竟是什么呢？这个看似普通的问题，回答起来却并不简单。可以说有一千个读者就有对"领导"的一千种解读。在领导学的主流研究中，学者们对"领导"的定义也是浩如烟海。

事实上，**领导**是一个涉及领导者、被领导者和情境的复杂现象，它超出了身份或职位的范畴，是一个复杂的动态过程。**领导过程**是领导者为实现预定目标，通过一定的组织形式来率领和协调被领导者，共同作用于领导情境的一种行为过程。由此看来，领导过程不仅包含领导者影响下属的单向行为，也包含领导者、被领导者、情境这三个主要元素之间的多向互动关系。正因为领导过程的复杂，"领导"这一概念涵盖了相当丰富而广泛的内容，并且这些内容与我们所能观察到的社会现象有着紧密的联系。在现实生活中，各种不同的组织内部都存在着领导过程，这一过程进展的好坏直接关系到组织效率的高低。

需要强调的是，实际的领导过程归根结底还是人的行为，其中包含着极大的不确定性，加之经济环境瞬息万变，使得"领导"的"艺术"属性愈发凸显，吸引着众多业界人士和多个领域的学者对它进行探讨与研究。如何从错综复杂的领导过程中总结出规律、提炼出有效的领导之道，从而推动社会经济乃至整个人类文明的繁荣发展，正是领导学的意义所在。

在这一章中，我们循着领导学研究的发展脉络来展开论述。首先我们列举出主流研究对"领导"的几种定义；其次，我们辨析管理学与领导学各自的两大核心范畴——"领导"与"管理"的区别和联系，使得领导的概念更立体、饱满。最后，我们介绍领导过程的涵义、内容和阶段性特点，在此基础上进一步对领导过程的四元素及各元素间的相互关系进行论述，为后续章节介绍领导行为、领导者类型、领导力实现等相关内容做好铺垫。

读完本章，你将了解：

1. 领导以及领导过程的定义；
2. 领导活动与管理活动的区别和联系；
3. 领导过程四要素及其相互作用；
4. 领导者在领导过程中的权力与影响力。

## 4.1 领导的定义

### 4.1.1 对领导的再认识

一名优秀的领导者不是一朝一夕可以成就的，领导力的修炼往往是一条漫漫征程，通往成功的道路也常常布满荆棘。但领导学的研究可以帮助我们更清晰、透彻地理解"领导"的内涵，也更系统、全面地把握"领导"的规律，从而更好地指导自身领导力的修炼。

所谓万丈高楼平地起，我们首先就从基石开始，正确认识"领导"这一最基本的核心概念究竟是什么，进而我们才能知晓作为领导者应如何开展领导活动。

近年来，领导的概念也不断变得更加立体饱满，但尚未出现一个统一的定义版本。每个人对于"领导"都有着各自的理解。据美国学者统计，学界已经对"领导"这个术语给出了 350 多项定义，甚至有一位权威人士将领导定义为"地球上最容易观察到的，但最不容易理解的现象"。[1]他看似调侃的话道出了正是因为领导本身的复杂难解，所以给领导下定义才会如此困难。

在对领导的诸多定义中，有一些比较有代表性的[2]：

① 领导是"个人指导群体朝着一个共同目标而努力的行为"（Hemphill & Coons, 1957, p.7）[3]。

② 领导是"对组织日常指令的机械服从之上的增量影响"（Katz &

---

[1] Warren Bennis and Burt Nanus. Leaders: The Strategies for Taking Change. New York: Harper & Row, 1985, 4; James MacGregor Burns, Leadership. New York: Harper & Row, 1978, 2.
[2] 加里·尤克尔. 组织领导学. 中国人民大学出版社，2004.
[3] Hemphill, J. K., and Coons, A. E. Development of the Leader Behavior Description Questionnaire. In R. M. Stogdill and A. E. Coons (Eds.), Leader behavior: Its description and measurement. Columbus, OH: Bureau of Business Research, Ohio State University, 1957.

Kahn, 1978, p.528)。[1]

③ 领导是"影响一个有组织的团体朝着既定目标活动的过程"(Rauch & Behling, 1984, p.46)。[2]

④ 领导是"阐明愿景、赋予价值，并创建有助于获得成就的环境"(Richards & Engles, 1986, p.206)。[3]

⑤ 领导是"一个对集体努力赋予目标(有意义的方向)并使人们有意愿投入努力以实现该目标的过程"(Jacobs & Jaques, 1990, p.281)。[4]

⑥ 领导是"脱离现有文化、触发更具适应性的演化变革过程的能力"(Schein, 1992, p.2)。[5]

⑦ 领导是"为人们共同从事的活动赋予意义，使人们理解并作出承诺的过程"(Drath & Palus, 1994, p.4)。[6]

⑧ 领导是"一个人影响、激励和推动他人为组织效力和成功做出贡献的能力"(House et al., 1999, p.184)。[7]

在英文中领导一词对应着 lead、leader 或 leadership，既可以是动词也可以是名词，因而对领导的定义既有以名词为核心定义的，也有以动词为核心定义的。通过对上述领导的经典定义进行总结，我们发现这些定义大多涉及了某个人对他人有意识的影响过程，而这势必是一种动态过程，故而本书以过程为核心来定义领导：领导(leadership)是领导者对被领导者的一种影响过程，是为其努力赋予方向并使其有意愿投入努力以实现既定目标的过程。图 4-1 总结了这个定义中的各个要点，包含了领导者、被领导者、共同目标以及这整个影响过程。本书给出的定义与以往学者们的多种定义虽然各有侧重，但有三个基本因素是相通的：

---

[1] Katz, D., & Kahn, R. The Social Psychology of Organizations (2nd ed.). New York: Wiley, 1978.

[2] Rauch, C.F., & Behling, O. Functionalism: Basis for Alternate Approach to the Study of Leadership. In J.G. Hunt, D.M. Hosking, C.A Schriesheim and R. Stewart (eds) Leaders and Managers: International Perspectives on Managerial Behavior and Leadership. Elmsford, New York: Pergamon Press, 1984:45-62.

[3] Richards, D., & Engle, S. (1986). After the Vision: Suggestions to Corporate Visionaries and Vision Chapmions. In Gray, J.H., & Densten I.L., & Sarros, J.C. (2003). Profiling Australian Small Business Leadership, Working Paper Series, ISBN 1327-5216, www.buseco.monash.edu/mgt/research/working-papers, 13.9.2011, 14:16.

[4] Jacobs, T. O., & Jaques, E. Military Executive Leadership. In K. E. Clark & M. B. Clark (Eds.), Measures of Leadership. Greensboro, NC: Center for Creative Leadership, 1990.

[5] Schein, E. H. Organizational Culture and Leadership (2nd ed.).San Francisco, CA.: Jossey Bass, 1992.

[6] Drath, W. H., and Palus, C. J. Making Common Sense: Leadership as Meaning-making in a Community of Practice. Greensboro, NC: Center for Creative Leadership, 1994.

[7] House, R.J., Hanges, P.J., Ruiz-Quintanilla, S.A., Dorfman, P.W., Javidan, M., Dickson, M., Gupta, V. & 170 Country Co-investigators. Cultural Influences on Leadership and Organizations: Project GLOBE, in W. Mobley, J. Gessner, & V. Arnold (eds.), Advances in Global Leadership, 1999, 1: 171-234, JAI Press, Stamford, CN.

① 领导是一个群体现象，没有被领导者就不存在所谓的领导者。换言之，领导是一个包含人与人之间相互影响与服从的过程；

② 领导以共同目标为导向，在某个群体或组织中发挥着积极的作用。领导者作为核心要素通过一系列特定的行为去引导他人为达成组织的共同目标而努力；

③ 领导的存在以群体或组织内等级的存在为前提。某些情况下，等级是正式的、规范的、界定清晰的，这时领导者位于组织内部等级的顶层；但在另一些情况下，等级又是非正式的、灵活多变的，这时领导者的定位可能并不固定。

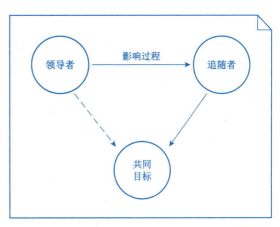

图 4-1
领导的要点

综合以上三方面因素，领导者可以被定义为"对一个组织内部的个人和群体施加影响、并引导他们为达成共同目标而努力的人"，而领导描述的就是这样一个领导者施加影响的过程。因此，领导的范畴比领导者的范畴更为宽泛，领导者是领导过程中的一个关键要素。

### 4.1.2 领导的相关界说

虽然传统领导理论中对领导的定义并不统一，但是对这些理论进行梳理后，还是能发现各种版本的定义中存在着一些规律，即在界定领导这一概念时大致是从如下四个不同的角度出发的[1]：

1）**领导中心说**。领导中心说围绕"领导就是领导者依靠由权力和人格所构成的影响力，去指导下属实现符合领导者意图和追求的目标"这样一个视角，对领导进行定义。这一视角关注的是领导的能力。例如潘宁顿（Pennington）、霍夫（Hough）和凯斯（Case）认为"领导是通过命令获取他人顺从、信赖、尊敬和忠诚合作的方式，是把个人意志加于他人的艺术"。他们认为领导是由权力和他们的领导地位所带来的影响力构成的，是一种声望和权威的结果。

2）**领导互动说**。领导互动说围绕"任何领导活动都是在领导者和被领导者的互动过程中共同实现符合他们双方所追求的目标的过程"的视角，对领导进行定义。这一视角关注的是领导者与被领导者双方的互动关系，领导者的个人品质与追随者的个人品质在某种特定的环境中互动。在这个互动过程中，双方相互影响。而他们都处在一个特定的环境之中，又会共

---

[1] 陈树文. 领导学第1版. 清华大学出版社，2011.

航天任务到雪山探险，感知"积极追随者"的力量

同受到环境的影响，反过来他们对环境也能施加一定的影响。例如，巴斯于 1990 年在他与斯托克蒂尔合著的《领导手册》一书中将领导定义为："组织内部两人及两人以上彼此之间的相互作用，这种相互作用通常涉及建立或重建一种架构，也涉及组织成员的意见和期望。"学者皮格斯也认为："领导是相互刺激的过程，这一过程通过有关个体差异的相互作用在追求共同事业的过程中控制人际力量。"

3）领导角色说。顾名思义，领导角色说是从领导者扮演的角色出发来定义领导的。该视角认为"领导是在一定组织结构中开展的一项特殊活动，领导们是这一结构中的特殊角色，通过角色权力的运作实施对组织活动的控制"。这一视角关注的是领导者在组织中扮演的角色，突出强调了领导者在组织中的不可替代性。例如斯托克蒂尔就持有"领导是基于期望的相互作用来开创和维持组织结构的角色"的观点。此外，西方学者们还从不同的角度对领导者扮演的角色进行划分，主要有以下两种观点：

（1）亨利·明茨伯格从人际、信息、决策三个方面将领导者划分为十种不同的角色，这十种角色彼此间高度相关：

① 人际角色——产生于领导者的权力基础。领导者在处理与组织成员、其他利益相关者的关系时，就在扮演人际角色。人际角色包括：挂名首脑、领导者和联络者。

② 信息角色——负责确保周围一起工作的人获得足够的信息能顺利完成工作。领导者既是组织中的信息传递中心，也是组织内各个工作小组的信息传递渠道。信息角色包括：监听者、传播者和发言人。

③ 决策角色——明确组织的战略目标，对组织资源进行有效的配置。决策角色包括：企业家、混乱驾驭者、资源分配者和谈判者。

明茨伯格的角色理论是在分析了日常管理活动的基础上得出的，贴近现实但也存在缺陷：一是没有对组织内部各层次领导者的共性进行总结；二是对角色的界定不够清晰。

（2）史蒂芬·R.科维在其《新型领导者的三种角色》一书中将领导者担任的角色分为下面三种不同的类型：

① 组织文化的缔造者——21 世纪的领导者是根据自己的原则创造文化价值体系的。他们拥有独到的眼光和坚毅的勇气，并能审时度势，通过不断的学习来适应瞬息万变的环境。

② 坚持原则的楷模——领导者领导组织的成败在于其对授权、信任和可行性等原则的坚持。无论何时，只要一个人或组织坚持原则，就会成为他人或其他组织的楷模。这种模范作用具有积极而强大的影响力。

③ 培养年轻人成为有强烈责任感的负责任者——领导者不仅在自己

的家庭中应当以身作则，而且还应通过自己创造的环境和提供的机会来培养年轻人的社会责任感。许多社会问题，例如毒品犯罪、赌博斗殴等等，都是社会结构性缺陷造成的。这些缺陷形成恶性循环，仅仅通过政府和社会部门来解决终究治标不治本，关键还得依靠个体责任的培养才能从根源上真正得以解决。

**4）领导目标说**。领导目标说从"领导活动的焦点在于实现一个符合群体或组织需要的共同目标"这一视角出发，给出对领导的定义。这一视角关注的是领导者在组织中以身作则，引导和鼓舞士气，发动组织内全体成员的力量去实现一个共同目标，换言之，领导的目的就是要实现组织目标或满足组织成员的需要。例如，蒂德（Tead）认为"领导就是影响人们朝着某个他们希望实现的目标而合作的活动"，艾森豪威尔也认为："领导就是决定该去做的事以及使他人也希望去做这件事的能力"。

上述内容梳理了从不同角度对领导进行界定的理论，虽然目前尚未有任何一个理论能完全解释领导行为，但我们希望如上几种理论视角的列举能帮助读者更好地理解领导这一复杂问题背后的部分原理。

## 4.2 领导与管理

**案例**

### 斯隆的管理智慧

历史的车轮倒回至20世纪20年代早初，当时福特汽车公司仍然在汽车行业中占据着绝对优势。福特公司与其竞争对手通用汽车公司当时都采用一种常规的水冷式引擎，而通用公司的凯特林在董事会主席杜邦的全力支持下，已经开始设计一种采用铜作为材料的新型风冷式引擎。这种引擎一旦设计成功，将成为通用在技术和市场方面的杀手锏。

凯特林对他的产品很有信心，但是生产部门的主管们却反对这个新设计。1923年夏天，在一系列失败的开端后，通用汽车公司将铜引擎雪弗莱汽车从交易商和顾客手中收回。通用的管理层决定取消铜引擎开发项目。凯特林因此深受打击，于是写报告给通用的总裁斯隆，表示除非该项目被保留，否则他将离开通用汽车公司。

> 时任通用总裁的斯隆完全能够理解凯特林的失望，同时他也很清楚，生产部门强烈反对新引擎时杜邦却在支持凯特林，另外，斯隆一年多前也在给凯特林的信中表示过对他的完全信任。斯隆遇到的麻烦是如何坚持住他自己的决定留住凯特林这样的人才，避免和杜邦疏远，同时还要鼓励生产部门负责人继续使用原有的水冷却引擎来开发新车型。
>
> 斯隆面临着的确实是一个大难题，如何在各方利益的冲突中找到妥善的解决之法？为此应怎样权衡利弊做出取舍呢？事实上，斯隆所采取的行动证明了他非凡的智慧，他的答案为我们揭示出一名优秀管理者是如何做好工作的。
>
> 首先，他为了安慰凯特林而用一种含糊的方式阐述这一问题，暗示说他和执行委员会是站在凯特林一边的，但是如果强迫生产部门去做他们反对的事情也是不现实的。他巧妙地转移重点，把问题强调成是人的问题而非产品的问题。其次，他建议围绕此事重新进行组织安排，设立一个新的部门来承担新引擎的设计、生产和市场营销工作。这一方案和他安抚凯特林的话一样含糊不清。斯隆写道："我的计划是进行一个独立的实验项目，完全由凯特林先生全权掌管，也就是建立一个铜引擎汽车部门。凯特林先生将指定自己的总工程师和生产人员来解决生产中的技术问题。"
>
> 斯隆没有谈到这个方案在产品开发方面的实际价值，而事后我们再来看，也许这个方案最大的价值就在于巧妙化解了斯隆与杜邦之间的冲突。斯隆给出的解决方案从根本上限制了他人的选择余地，这个结构性方案既缩小了利益相关方的选择范围，也限制了主要当事人的情绪反应，使他们只好按该方案行事。
>
> 数年之后，斯隆暗笑着回忆道："铜引擎汽车再没有什么表现，它就这么消失了，我也不知道是怎么回事。"

90%的人都分不清领导与管理的不同

为了让人们接受问题的解决方案，管理者需要不断地协调和平衡对立冲突的意见。有趣的是，这种工作跟外交官和仲裁者的工作内容非常类似。管理者的目标就是将权力的天平向可接受的方向倾斜，以实现相互对立的价值观念的折中与协调。

领导者的努力方向与此正好相反。管理者的工作是为了限制选择范围，而领导者则要为长期存在的问题找到新的应对方法并且为解决事件提供新的选择。为了取得成效，领导者必须使用激动人心的意象来表达自己的所思所想，而后再给出各种选择方案来对这些意象赋予实质性内容。伯特兰——美国前总统吉米·卡特的预算主管和心腹，说过这样一句话："如果还没有断，就不要去修补。"这个建议透露出的是管理者思路。而领导者的想法则与之不同，他们认为："因为还没有断，就还来得及抓到最后的机会进行修补。"

领导和管理分别是领导学和管理学的两大核心范畴，两者之间存在着密切的关系。很多人常常会将领导和管理这两个概念相混淆，认为二者是等同的，这显然是错误的观点。理查德•达夫特在《领导学——原理与实践》[1]一书中这样定义管理：管理是指通过计划、组织、配备、命令和控制组织资源，从而以一种有效、高效的方法来实现组织的目标。著名管理学家斯蒂芬•罗宾斯是这样解读领导和管理两者关系的：管理者是受到上级任命而在其岗位上从事工作的人，他们的影响力来自于职位所赋予他们的权力；与此形成对比的是，领导者既可以是上级任命的，也可以是从群体中自发产生出来的，领导者可以使用职位权力之外的话语来影响他人。

尽管领导和管理是两个不同的概念，但现实中同一个人可以兼具这两种身份，现代组织中就有很多的管理者，他们同时也是优秀的领导者。如通用电气的优秀管理者和领导者——杰克•韦尔奇就是一个典型，韦尔奇懂得如何去实施成本控制、设定目标、制定计划等管理活动，同时他也擅长诸如推动变革、描绘蓝图、激励和鼓舞员工士气等领导行为。由此可见，领导和管理虽然不是相互替代的关系，但也不是相互排斥的关系，两者之间存有交集。

### 4.2.1 领导与管理的区别

不少学者都对领导和管理这两个范畴进行过区分。纳哈雯蒂在其《领导学》[2]一书中将领导和管理做过归纳，现列举在下表 4-1 中：

表 4-1　管理与领导的区别

| 管　理 | 领　导 |
| --- | --- |
| 关注现在 | 关注未来 |
| 保持现状与稳定 | 引起变化 |
| 实施政策与程序 | 创造一种共同价值观的文化 |
| 保持现有的结构 | 创造出一种建立在分享价值上的文化 |
| 对下属冷漠，客观公正 | 建立与下属的情感纽带 |
| 使用位置权力 | 运用个人权力 |

纳哈雯蒂所做的区分与现实观察到的情况较为贴近，但也比较笼统和粗略。相比之下，国内学者陈树文在其《领导学》一书中对约翰•科特、尼克松、劳伦斯、华伦•本尼斯等学者的观点进行综合梳理后，更为系统地归纳了对领导与管理之间的区别。现列举如下：

俞敏洪：管理者和领导者到底有何不同？

---

[1] 理查德•L.达夫特.领导学——原理与实践（第3版）.电子工业出版社，2008.
[2] [美]安弗莎妮•纳哈雯蒂.领导学（原书第4版）.机械工业出版社，2007.

（1）领导与管理的目标不同。管理所追求的最高目标是管理者通过计划、组织、控制等手段，合理地组织人力、物力等资源，最终提高组织的运行效率。因此，管理者主要是根据既定的目标政策进行战术开展等职能性的工作，其工作重心应落在解决效率、效益、效果等问题上。在传统的管理活动中，人被视为实现利润的工具；到了行为科学管理时代，人的主体地位有所提高，但也只是相对于其他各种资源而言更具重要性，在本质上人仍然是管理的对象。

在这一点，领导在本质上就与管理不同。在领导过程中，领导者通过鼓励、教育和引导等手段带领被领导者实现共同目标。人是领导行为的本体，而组织共同的文化价值才是领导行为的工具。领导的工作重心是解决方向、目标、路线问题，主要进行战略指导等综合性工作。与管理者不同，领导者更像是一位织梦师，有时甚至会抛开现实的一些因素进行大胆的设想和规划，为组织的未来描绘出一幅宏伟的蓝图。与管理者重视相对较短时期的绩效不同，领导者更加看重组织的长期发展，是组织长远发展方向的掌舵人。

（2）领导与管理的着眼点不同。管理强调维持目前的秩序，它的价值观是建立在"现存的制度法规是至高无上的"这一假设前提之上的。制度和法规保证了组织成员不折不扣地服从管理者的命令，并按照管理者的意愿行动、毫厘不爽地完成组织交代的任务。达到这种要求的管理即被认可为优秀的管理。与之相对，领导的精髓则在于对前景的关注和对未来发展的重视。对领导的价值观我们可以这样描述：通过社会经济的持续增长，更好地满足人的需求、完善人格、提升人性，实现人生的价值。通过对领导与管理的着眼点进行对比，我们不难推知过度的管理将会导致墨守成规，而领导者积极进取的精神能更好地激发出企业的勃勃生机。

（3）领导与管理的权力基础不同。管理者的目标是简单地维持秩序，而具有强制性的职位权力更容易帮助他们达到控制和管理的目标，所以管理者总是偏爱行使职位权力，但有时过度的控制往往适得其反。与之不同，领导者更倾向于运用自身的因素，譬如知识、才能、品格等产生一种特殊的吸引力——领导魅力，来影响被领导者。与基于强制性职权的影响不同，这种基于领导魅力的影响往往更能激发出下属内心的认同感，因而具有归心效应。

（4）领导与管理的工作对象不同。管理的对象很宽泛，可以是人，也可以是财、物、信息、时间等等。管理者对它们进行控制和支配，依靠职权的强制约束力使得管理对象被迫服从来挖掘物质资源的潜力。而领导的对象则相对局限，只能是人或群体及其事业。虽然领导的对象仅仅局限在人力资源的范围，但事在人为，人具有强大的主观能动性，因而领导可以通过对人的思想和行为进行引导，从而挖掘出人力资源巨大的潜力。正因为领导的工作对象是人，所以领导开展领导活动时应采取使他人信服的方式使得他人自愿服从领导。

（5）领导与管理对员工的态度不同。管理者的目标和其权力基础决定了他们更倾向于控制员工。加里·哈默在"管理谋杀创新"[1]一文中写道：因为资源分配歧视、旧思维模式的桎梏、管理过多而自由过少等原因，管理使得员工更顺从、勤奋，但却不能让他们自觉自愿地贡献忠诚或是积极主动地开拓创新。在对待员工的态度上，领导者则倾向于尊重员工的自由主体性。他们认为有才能和想法的员工具有更强的创新能力，故而应给予员工更大的自由以激励他们积极主动地实现共同目标。

（6）领导与管理的思维方式不同。管理的思维方式属于分析型，管理者更偏向于逻辑性和精确性，擅长细致周密的分析问题。他们针对问题提出的解决方案也更具可操作性。领导的思维方式属于综合型，领导者的思维广阔、敏捷、灵活、具有创造力，他们善于归纳和总结，会从多领域、多层面、多角度去思考问题，因而更可能得到一些富有想象力的结论。

（7）领导与管理的结果不同。在上述几项区别的基础上，我们发现管理者缺乏进取精神，他们由于缺乏某些与创造力和想象力相关的品质而使得企业只能在原地踏步。与此不同的是领导者的主要贡献并非利润，而是他们为企业创造出的难以度量和估计的"精神财富"，这种精神财富包含了管理者缺乏的进取性。这种进取性对组织变革、创新等方面有着极强的推动作用。

### 4.2.2 领导与管理的联系

领导和管理这两个范畴虽然在多个方面相互区别，但两者之间也存在交集。从学科发展的角度来看，领导科学脱胎于管理科学，并且最初的领导与管理在功能上是两位一体的，这也是如今领导与管理在概念上容易被混淆的原因之一。

目前，对于领导和管理之间的联系已经形成了比较一致的看法，可以概括为以下四点：

（1）行为主体的共同性。行为主体的共同性是领导和管理最明显的联系。尽管随着现代社会的不断发展，领导者和管理者的职能分工也愈发明晰，领导与管理这两个概念的分离趋势愈加明显，但是领导与管理主体并

管理建立秩序，领导应对变革

---

[1] 加里·哈默. 管理谋杀创新. 商界：评论，2008（9）：44-47.

未彻底分离。例如，各级的政府领导班子基本上都拥有管理者和领导者的双重身份，发挥着管理与领导的双重作用。这种行为主体上的共同性决定了领导和管理在实际操作上密不可分。因此，作为双重行为主体，如何根据自己在组织中的地位灵活转换角色，确定在日常工作中是多一点领导还是多一点管理，以及什么情境下实施领导、什么情境下实施管理，都是十分重要的议题。

（2）**目标的互动性**。任何群体或组织都需要设定长远目标和短期目标，长短期目标之间是互为因果、相互转化、密切相关的。一般来说，领导者更关注的是长期目标，这种目标能产生巨大的感召力，通过理想和愿景使被领导者看到前途与未来从而受到鼓舞；管理者则更注重眼前利益，制定的多是短期目标，这种目标与下属的现实利益相结合，对下属产生更为直接的激励作用。

尽管领导者的长远目标大多是站在全局高度制定的，但这些目标并不能孤立地存在与达成，它们必须能被分解转化为可被管理者确定的短期阶段性目标。换言之，领导者的长远目标是管理者的短期目标的有机组合，脱离短期目标的长远目标是空洞的、不可实现的。同时，长远目标并不会因为与短期目标挂钩而失去自身的独立性，恰恰相反，这种关联的本身就是体现了长远目标的独立性，当长远目标被转化为具体的短期目标时，其感召力仍将继续鼓舞组织成员朝着共同目标而努力。同样，此时的短期目标也是相对独立的，它不仅受到长远目标的调控，还受当下现实的客观条件限制而要灵活调整。在大多数情况下，短期目标也会对长远目标产生影响：当短期目标总是能够顺利达成时，长远目标的感召力会被大大强化；反之，如果短期目标屡屡受挫，久而久之长远目标也会被动摇。

（3）**职能的互补性**。约翰•科特曾说：在组织的发展中领导和管理缺一不可。对某一特定组织而言，如果管理过多而领导过少，那么过度的控制行为会使组织故步自封、失去活力，最终走向衰亡；反之，若是管理过少而领导过多，也会使组织失去应有的秩序和规范而变得涣散，或者使组织变革朝着不理智的方向发展。因此，只有领导和管理的"强强联手"才能产生最优的效果，使组织得以持续地生存发展下去。

（4）**行为的转化性**。领导行为与管理行为互相转化的情况是经常大量发生的，并且有规律可循。一般来说，组织或事业的发展会经历三个特征明显的阶段：初创期、稳定期、变革期。在初创期，领导行为和管理行为是并重的；到了稳定期，维持组织秩序、规范下属行为等管理行为的重要性超过了领导行为的重要性；随着组织中矛盾的日积月累，旧体制、旧秩序、旧框架已经无法有效解决问题，这时组织亟待变革，需要制定富有创新性的长远目标和规划，因此领导行为的重要性更为突出。当变革完成后，新体制、新秩序逐渐落成，领导和管理又上升到一个新高度，两者将在新的层次上开启新一轮的相互转化。但在现实中，领导者和管理者自发地完成这两种行为的转换是比较困难的，组织也很难形成一种可以根据自身发展的不同阶段而不断更换领导者和管理者的机制，因此如何促使领导行为与管理行为的相互转化越发成为一个重要的问题。

现实社会中，领导和管理这两个范畴本身就没有清晰的边界，有时某些管理者会拥有良好的领导才能，而领导者中也不乏善于控制和执行的管理者。优秀的管理和优秀的领导相结合才是组织或事业成功的关键。总而言之，对领导和管理关系的梳理并非是为了把这两个概念截然区分开，而是为了让读者更准确地把握领导和管理的内涵，认识到只有将二者有机结合才能更好地适应当今市场经济中激烈的竞争环境。

## 4.3 领导过程

### 4.3.1 领导过程

**领导过程**是领导者在一定的组织形式下对被领导者产生影响，使被领导者朝向既定的共同目标努力的行为过程。此定义揭示出领导过程是一个相互作用的动态化的过程。领导者对被领导者产生影响，被领导者也对领导者产生影响，双方又被共同所处的环境所影响，当然也能施加影响作用于所处的环境。不仅如此，领导者与被领导者相互交流的结果还会对未来的环境、领导者和被领导者交流方式的改变产生影响。他们之间的关系共同构成了领导生态，如图4-2所示。

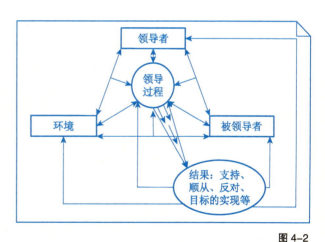

图 4-2
领导的生态

领导过程是领导科学和领导艺术产生、存在和作用的现实活动过程，其中蕴含着丰富的原理规律。在某种意义上来说，把握住领导过程就是把握住了活生生的领导科学、领导艺术以及其中的原理规律，也就掌握了关于领导成败的理论钥匙。虽然称之为理论钥匙，但这些内容都是实用的领导知识、领导技能、领导智慧或领导经验的总结，

周航：领导力到底是什么？

具有鲜明的操作性。

领导过程通常由不同层面的多项活动组成。从领导者的角度出发，领导过程被看作是由一系列领导职能活动组成的，包括决策、计划、组织、指挥、协调和控制等活动；从领导职能的角度出发，领导过程被看作是由一系列相互关联的活动组成，包括决策、沟通、执行、激励等，这一系列活动最终都是为了达成共同目标。

领导过程也是一个阶段性的行为过程，一般可划分为如下五个阶段：（1）调查研究阶段；（2）决策阶段；（3）策划方案阶段；（4）实施方案阶段；（5）检查、总结阶段。在实际的领导工作中，具体的领导过程可能会有所不同。但就一般的领导过程来说，都必须经历以上几个阶段，并且每个阶段相互连接、环环紧扣，构成一个连续的动态过程。

### 4.3.2　领导过程四元素

领导过程的基本元素的是构成整个领导过程的最主要、最关键的元素。领导过程包括领导者、被领导者、领导情境和领导目标这四个基本元素，元素之间的互动构成了整个领导过程。这四个基本要素在领导过程有各自的地位和作用：

① 领导者是负责指引行为或者执行的人；

② 被领导者是在领导者的指挥和带领下行事的人；

③ 领导情境是领导者及其被领导者所处的形势和情况——包括正式的和非正式的、社会的和工作的、动态的和静态的、紧急的和常规的，以及复杂的和简单的等诸多情况；

④ 领导目标包含了领导者与被领导者、领导者与领导情境之间相互作用所产生的一切结果，例如对领导行为的支持、顺从或者反对，以及组织目标的实现效果等。

下面将分别对这四大要素作更为具体的介绍：

（1）领导者。领导者是领导行为中最核心的元素。领导者这一主体包括个体和群体两个层面，既可以是个人，也可以是一个组织、群体、机构。一般情况下，领导者是拥有一定地位的、可以对他人产生影响的个人，但这并不排除群体担当领导者的情况，并且这种情况在现实生活中很常见，例如企业中的董事会就发挥着群体领导者的作用。

领导者在领导过程中有举足轻重的地位。这一角色对身处其位之人提出了较高的要求：作为领导者，不仅要有正确的领导理念，还要具备杰出的领导才能，在领导过程中发挥好领导的关键作用。领导者最重要的作用之一是激发被领导者的潜力，使其产生归心效应，让被领导者能够自发地将

马云俄罗斯演讲怎样当好领导者？普京同台聆听

领导目标内化为内心的信仰和力量。与此同时，领导者还要学会审时度势、随机应变，面对组织内外情境的变化及时调整领导战略和方式，从而提高组织的抗风险能力。

优秀的领导者有很多共通的特质，但也有各自个性化的因素，由此呈现出不同的领导者类型。马克斯•韦伯按照权力来源的不同，将领导者划分为三种类型：

① 超凡魅力的领导者——基于被领导者对领导者身上超凡魅力的信仰来引导被领导者，而不是采用某种强制措施达到使被领导者绝对服从的效果；

② 世袭性领导者——基于权力的世代相传，领导者拥有了某种不可侵犯的地位才获得了被领导者对其个人的服从；

③ 法理型领导者——权力是由法律和理性赋予的，受到法律的约束与保障。

德里克•托灵顿则以领导者在组织中的地位为标准，将领导者分为四个类型：①最高层领导者；②高层领导者；③中层领导者；④基层领导者。此外，划分领导者类型还有很多其他依据，如正式的领导者和非正式的领导者等，这里不再详细论述。

（2）被领导者。被领导者是指领导过程中的决策执行者和目标实现者。被领导者主要有以下三个特征：①处于被支配的地位，在领导者的引导下开展工作；②具体的执行者，执行领导者的决策、命令；③在一定条件下，被领导者通过自身知识和经验的积累以及各种能力、技巧的提升，也可能转变为领导者。

领导者之所以成为领导者，是因为有被领导者的存在，因此这两者是一对不可剥离的概念。在领导过程中，被领导者具有双重的地位。一方面，在与领导者的关系上，被领导者居于从属地位，相对于领导者来说是接受影响的客体，其思想和行动都要遵循一定的规范和原则。被领导者应当履行自己的职责，但也不能一味地受控于领导者或是被动地对领导的所有命令全盘接受。反过来，领导者的思想和行动也会受到被领导者的影响和制约。另一方面，相对于领导过程的另一客体——领导情境来说，被领导者和领导者又都处在领导过程的主体地位上，都能对领导情境施加作用、产生影响。

（3）领导情境。领导情境是指领导者实施领导所面临的周围境况，是制约和推动领导活动发展的各种自然要素和社会要素的总和。领导情境的特点可被概括为如下五个统一性：客观实在性和部分可塑性的统一；多样性与类别性的统一；稳定性和动态性的统一；连锁性与定向性的统一；以及常规性与突发性的统一。

实际中,任何领导过程都是在一定的环境中展开的,领导过程不仅受到外围的、广泛的社会大环境的影响和制约,还受到内部的、具体的组织小环境的影响和制约。因而,领导情境一般可分为微观情境和宏观情境两种:微观情境是指领导者所处的具体工作环境,诸如群体组织、人际关系、物质条件、人员素质等;宏观情境是指领导者所处的自然状况、时代特征和社会环境,诸如地质地理、天文气象、政治、经济、文化、教育、科技、思想、道德、制度、传统、习俗等。此外,如果以组织为边界还可将领导情境划分为内部领导情境和外部领导情境。外部领导情境是指组织外部对领导活动产生影响和作用的各种有效因素的总和。它持续时间长、影响范围广,主要是从整体影响领导过程的性质和方式;内部领导情境则是领导过程中的组织或群众在领导实践中形成的一种领导氛围。它的存在形式和作用机制对领导活动的开展具有最直接、最迅速的影响。

领导过程必须适应当前的领导情境才能有效地进行。领导者与被领导者应当随着领导情境的变动而作适时调整以适应新的情境,这是领导过程取得成功的关键。基于这一思想,演化出了领导科学研究中一个重要的理论分支——情境理论,我们将在后续章节对此进行具体论述。

(4)**领导目标**。领导目标是领导过程所要达到的明确的预期结果,是整个领导过程都必须集中指向的未来愿景。在实现领导目标的过程中,绝不能只追求领导者自身的利益,而是要使组织价值、个体价值和领导过程本身都获得社会的肯定。

所有具体的领导过程都设定各自特有的领导目标,因而现实中的领导目标必然丰富多样。对于领导目标可按照不同标准进行分类。例如,按领导领域划分,领导目标可以分为经济领导目标、行政领导目标、科技领导目标、教育领导目标、组织人事目标、社会管理目标等;按领导职能划分,可以分为决策目标、计划目标、组织目标、协调目标等;按领导层次划分,则有高层领导目标、中层领导目标和基层领导目标;按领导目标实现期限划分,可以分为长期领导目标、中期领导目标和短期领导目标,通常十年以上为长期领导目标,五年左右为中期领导目标,一年以内为短期领导目标。尽管有如此多的分类,但领导目标在实际领导过程中往往是以综合形态呈现出的,同一个领导目标通常涵盖了多种标准下的分类。

在领导过程中,领导目标发挥着至关重要的作用,它如同"风向标"一样使得领导过程朝着设定的方向进行。具体说来,领导目标主要发挥着以下三大作用:

① 接导向作用。领导目标一旦确立,后续的工作就有了明确的方向,

贝索斯成功领导
Amazon 的秘密

所以它为领导过程直接指明了方向。[1]

② 激励作用。由于领导目标是领导主体行为的未来结果，目标一旦实现，就会给人们带来心理上的满足感与成就感。因此，领导目标本身就是一种诱因，是一种外部刺激。领导目标的设定必须和领导主体的需要挂钩，激发出领导主体尤其是被领导者自身的动机，引导他们发挥出主体的积极性，进而将领导主体的积极性纳入实现领导目标的轨道中来。这便是领导目标发挥的激励作用。

③ 管理作用。由于领导目标的制定和实施可以提高领导主体的积极性，所以它可被用作为一种有效的管理方法。基于这一思路，彼得·德鲁克在《管理实践》中就提出了"目标管理"的概念。通过领导目标管理可以使领导主体形成明晰的目标概念、自觉的目标意识、执着的目标追求行为，明确自己所担负的责任的同时增强工作的责任感和义务感，更积极、自觉地把个人目标和群体目标、领导过程的整体目标紧密地联系起来。从组织层面讲来讲，领导目标可以使整个组织在思想上保持一致，消除一些意见分歧，协调部分看法的不一致。因而，领导目标具有管理作用。

现实中，领导目标的实现是一个囊括了领导过程中各个环节的实践过程，涉及方方面面的工作，实际进行起来费时费力。为了实现领导目标，领导者与被领导者都要具备团结同心、艰苦奋斗、坚毅果敢、勇往直前和百折不挠的精神，尤其是领导者们在行动过程中要反复推敲、仔细思考、周密安排、稳步落实。

### 4.3.3 权力与影响策略

领导过程是领导者、被领导者、领导情境、领导目标之间相互作用、相互影响的过程。在特定的领导情境下，领导者根据既定的领导目标对被领导者施加影响，而被领导者对领导者的引导、激励等行为做出支持、顺从、反抗等反应，这些反应又反作用于领导者的思想和行动以及原先既定的共同目标。并且，这些影响活动会随着领导情境的改变而改变，而领导情境也可能受到领导主体某些行为的影响而发生变化。由此可见，领导过程是一个极其微妙、复杂的行为过程。

深入到复杂表象之下，我们发现权力和影响策略（有时也称为"影响力"）对于理解领导过程中元素间的相互作用是非常关键的。其中，影响策略是领导的本质，优秀的领导者必须能够对被领导者产生有效的影响以引导对方达成既定的共同目标。

---

[1] 余仰涛. 领导学导论. 武汉大学出版社，2008.

#### 4.3.3.1 权力的概念与来源

（1）权力的概念。学界对权力的定义说法不一，但涵义基本相同。豪斯把权力定义为对他人施加影响的能力；巴斯则将权力描述成是影响他人的潜在能力；尤克尔在其《领导学》一书中对权力作此解读：权力是描述单个作用者在给定时点影响一个或多个指定目标对象的行为或态度的绝对能力。哈格斯从数学的角度定义权力，他认为尽管很多人都认为权力属于领导者，但事实上权力是领导者、被领导者和领导情境的函数。领导者具有影响被领导者行为和态度的能力，与此同时被领导者也可以影响领导者的行为和态度，情境本身也能对领导者的行为和态度产生作用，反之亦然。[1]

（2）权力的来源。那么，领导者的权力究竟源自何处？是天生拥有还是后天赋予？实际上，权力的来源远比我们想象的更加微妙。现实中很多似乎微不足道的细节都会影响人们对权力的感知。一个人自身的能力以及社会对他（她）的认可度，譬如文凭、头衔等，能够增强他的权力；空间的封闭程度也会影响人们对权力的感知，譬如下属在和上司谈话中所感知到的权力会因办公室是开放的还是密闭而有所不同；此外，个人的衣着装扮、说话方式、语气的轻重缓急等也会影响人们对权力的感知……可见人们实际感知到的权力受种种复杂因素的影响，领导者的权力具有广泛的来源。弗伦奇和瑞文通过研究，归纳出了权力的五项来源，即权力的五个基础，图4-3就清晰地展现出了这五项权力来源之间的关系。

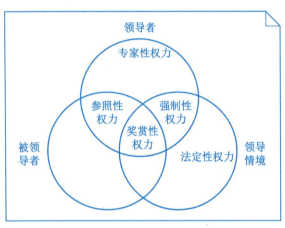

图 4-3
权力的五项来源

① 专家性权力。组织中个人权力的一个主要来源就是该主体所掌握的知识和技能。一些拥有特殊专长的人可以利用他的专有知识对他人产生影响。虽然有可能他并不拥有高于他人的正式职权，但是组织的其他成员都依赖于他的知识、技能和判断力。并且他独有知识能解决的问题越是棘手，达成的目标越是重要，此人的权力就越大。譬如，一位技工的技术是工厂中最顶尖的，所以他在其周围的同事中拥有权力；一位老员工拥有丰富的工作经验，因而他在公司中具有很强的影响力……专家性权力可被视为个人与组织中其他成员相比所拥有的知识的函数，它是随个人才能的增加而增加的。此外，并不存在明确规定限制领导者和被领导者谁的专家性权力更大，所以从这个层面上来看，专家性权力与职位权力是分离的。

---

[1] [美]哈格斯,吉纳特,柯菲,等.领导学——在经验积累中提升领导力.清华大学出版社,2004.

② 参照性权力。参照性权力是指由于领导主体之间的关系强度而产生的潜在影响力。参照性权力衡量了他人对自己做出取悦行为的意愿，有时还涉及"个人认同"的过程。譬如，人们通常会满足来自好朋友的求助，更有可能自愿去满足自己偶像的请求，这就是一种参照性权力。然而，这种以人际关系、情感、信仰为纽带的权力来源，其本身存在一些局限性。尤克尔认为，仅仅基于参照性权力而做出的要求，其强度往往与目标对象对领导者的忠诚和友谊的程度相匹配。因为双方的关系体现出友谊的性质，所以当某些事情极为简单时就不值得提出要求，而当要求过于极端或频繁时，目标对象有可能会认为自己受到了利用，最终这种权力会因为人际关系受到破坏而被削弱。

另外，参照性权力的形成是很耗费时间的，而维持参照性权力有时会束缚领导者的行动。例如，如果领导者与被领导者之间的关系很亲密、牢固，那么即使被领导者犯下错误，领导者也可能不愿意过多惩罚被领导者，这就造成了领导效力的降低。

③ 强制性权力。强制性权力是基于处罚的权威产生的。它利用人们对于惩罚和失去的恐惧来控制他人的行为。例如，解雇就是一项令人恐惧的惩罚。因此被领导者对掌有人事大权的领导者有较高的服从度。然而，强制性权力的运用很容易走向极端，也即出现权力的滥用。强制性权力的运用一方面能满足领导者的控制欲从而增强其个人效用，而另一方面也会使被领导者内心产生不满情绪，因此实施强制性权力时需要巧妙地把握好尺度问题。

④ 奖赏性权力。奖赏性权力和强制性权力的权力基础恰好相反，被领导者认为领导者掌握着自己所希望得到的资源和奖励，因而为了得到这些东西，被领导者愿意接受领导者的影响。譬如加薪、额外津贴、升职等都是员工渴望得到的，因此，为了得到这些资源，被领导者愿意按照领导者的指令、计划去行动，以达成领导者的期望目标。

权威是影响奖赏性权力的一项重要因素。领导者所在职位越高、拥有的权威越大时，他通过提供资源来实现奖励的能力也越高，并且下属也更信服其给出的承诺，因此高权威领导者拥有的奖赏性权力也更强。

在实践中，奖赏性权力是一种有效改变被领导者态度和行为的方式。但是和强制性权力一样，奖赏行为运用是否得当是一个需要给予足够重视的问题。奖赏程度的不当会引起受奖员工或其他员工的不满，这样反而会削弱部分员工对企业的认同感，降低员工的工作效率。此外，过分地强调金钱等物质上的外在奖赏也可能适得其反，会给员工灌输一种上下级之间本质上是合同关系或经济关系的想法，冲淡员工对企业的忠诚度和认同感，使员工变得更加冷漠。

⑤ 法定性权力。法定性权力取决于一个人在组织中职位的高低，可以被看作是正式的或官方规定的权威地位。因此，法定性权力也与权威相挂钩。譬如项目主管有权决定实施何种项目；老师有权按照自己的安排给学生布置作业；篮球教练有权决定让哪位队员上场比赛等，这些都是法定性权力的体现。

#### 4.3.3.2 影响策略的概念与类型

（1）影响策略的概念。我们已经讨论了权力的定义与内涵，认识到权力指的是影响他人的能力或潜力。下面我们再来看影响策略，它在领导过程中各要素的相互影响中也发挥着重要作用。

影响策略是一种实际行动，指的是一个人为了改变其他人的态度、信念、价值观、看法或行为等而做出的行动。影响策略往往会带来三种类型的结果：支持、顺从或者抵制，这三种结果通常会成为评价影响策略成功与否的主要标准。

（2）影响策略的类型。作为人的一种实际行为，影响策略具有丰富的类型。各种研究影响策略类型的工具被相继开发出来，其中由尤克尔等人开发出的影响行为问卷（influence behavior questionnaire，IBQ）应用较为广泛，据此表4-2列举出9种类型的影响策略及相应的定义：

表4-2 影响策略类型

| 影响策略类型 | 定 义 |
| --- | --- |
| 理性说服 | 运用逻辑论证或事实证据来影响他人 |
| 精神感召 | 以价值观和理想来呼吁或激发他人的情绪，以此来获得对方的承诺或行动 |
| 咨商 | 邀请他人一同参与筹划某项活动，提出意见和建议 |
| 讨好 | 在实施影响前设法使他人身心愉快 |
| 个人魅力 | 在实施影响前表现出和善或给予个人恩惠 |
| 交换 | 通过互相交换好处来达成影响，例如提供奖励等 |
| 联盟策略 | 寻求他人的帮助或支持来影响目标人物 |
| 施压策略 | 用威胁或持续的催告来影响他人 |
| 合法性策略 | 根据自己的职位或权威提出要求来影响他人 |

关于"影响力"的一些原则和小故事

不同的影响策略在不同的情境下会产生不同的影响效力。通常来说，理性说服、咨商、精神感召是比较有效的影响策略。这些策略往往能成功地影响他人去完成预期的既定目标或使其作出完成目标的承诺。

#### 4.3.3.3 权力与影响策略

权力的运用主要表现为领导者和被领导者用来改变对方态度和行为的影响策略。通常情况下更常见的是领导者对被领导者实施影响策略。领导者、被领导者之间权力的分配与领导者所使用的影响策略之间存在着紧密关联。例如,对于在被领导者面前拥有较强的参照性权力的领导者来说,因为此时领导者与被领导者之间的关系较为密切,被领导者通常会将领导者视为自己的楷模和学习的对象,所以领导者采用诸如精神感召、咨商、讨好、个人魅力等影响策略来改变被领导者的态度和行为更为适宜。相应地,这类领导者就不太适合采用施压策略或合法化策略来影响被领导者,这类策略有可能使他们的参照性权力大为减弱,同时也可能会破坏两类领导主体之间的亲密关系。总的说来,在实践过程中实施影响策略的一方要考虑到双方权力关系的强弱、人际关系的亲疏以及使用该策略的最终目的等方面,选择合适的影响策略来实现预期的目的。

## 本章小结

1. 领导(leadership)是领导者对被领导者的一种影响过程,是为其努力赋予方向,并使其有意愿投入努力以实现既定目标的过程。

2. "领导"一词存在多种定义。虽然对"领导"的定义并不统一,但这些界定大致可以划分为四种类型:领导中心说、领导互动说、领导结构说、领导目标说。在"领导"的定义中,领导中心说突出领导者自身的影响力;领导互动说强调领导者与被领导者的互动;领导结构说关注组织结构;领导目标说则着眼于要实现的公共目标。

3. 领导和管理虽然不是相互替代的关系,但也不是相互排斥的关系,两者之间存有交集。领导与管理之间的区别在于:(1)目标不同;(2)着眼点不同;(3)权力基础不同;(4)工作对象不同;(5)对员工的态度不同;(6)思维方式不同;(7)结果不同。两者之间的联系在于:(1)行为主体的共同性;(2)目标的互动性;(3)职能的互补性;(4)行为的转化性。

4. 领导过程就是领导者在一定的组织形式下对被领导者产生影响,使被领导者向既定的共同目标方向努力的行为过程。领导过程是一个相互作用的动态化的过程。

5. 领导过程是一个阶段性的行为过程,一般划分为如下五个阶段:(1)调查研究阶段;(2)决策阶段;(3)策划方案阶段;(4)实施方案阶段;(5)检查、总结阶段。

6. 领导过程包括领导者、被领导者、领导情境和领导目标四个基本元素。这四个元素之间的互动构成了领导过程。领导者是领导行为的最核心元素,包括个体和群体两个层面。被领导者是指在领导过程中的决策执行者和目标实现者。领导情境是指领导者实施领导所面临的周围境况,是制约和推动领导活动发展的各种自然要素和社会要素的总和。领导目标是领导过程所要达到的明确的预期结果,是整个领导过程都必须集中指向的未来愿景。

7. 权力是领导者、被领导者和领导情境的函数。领导者具有影响被领导者行为和态度的潜力,然而被领导者也可以影响领导者的行为和态度。甚至情境本身也能对领导者的行为和态度产生作用,反之亦然。权力有五大来源:(1)专家性权力;(2)参照性权力;(3)强制性权力;(4)奖赏性权力;(5)法定性权力。

8. 影响策略是一个人为了改变其他人的态度、信念、价值观、看法或行为等而做出的实际行动,具有丰富的类型。它是领导的本质,优秀的领导者必须能够对被领导者产生有效的影响以引导对方达成既定的共同目标。影响策略往往会带来三种类型的结果:支持、顺从或者抵制。

9. 领导者、被领导者之间权力的分配与领导者所使用的影响策略之间存在着强相关关系。在实践过程中,实施影响策略的一方要权衡双方的权力关系的对比、人际关系的亲疏以及使用该策略的最终目的等各种因素,选择合适的影响策略来达到预期的目的。

## 思考题

1. 领导的多种定义存在哪些共同点和不同点?
2. 领导和管理的区别在哪?联系在哪?
3. 领导过程的主要元素有哪些?这些元素在领导过程中分别扮演着怎样的角色?
4. 权力与影响策略之间是怎样的关系?

# 第5章 经典领导力理论（一）

 **开篇案例**

### 百度之父——李彦宏

　　李彦宏在1999年底回国创办百度，那时的他还只是个无名小卒。当时一轮又一轮的互联网泡沫狂热到了极点。当李彦宏揣着风险投资的120万美金来到母校北大招聘员工时，他被朋友调侃为"像小老板一样神色慌张地在北大校园里张贴招聘广告"。李彦宏招到6名员工后，百度在北大一间不起眼的办公室里开始运营了。此前李彦宏就一直梦想着将美国硅谷的创业模式和自由的IT精神移植到中国，所以在初创的百度，员工们没有上班打卡的限制，还可以随意着装，甚至上班时网上聊天或打游戏都被视为正常。老板李彦宏对员工只有两条禁令，一是不许带宠物上班，二是不可以在办公室抽烟。

　　最初，百度的盈利模式很简单，向门户网站提供搜索技术服务，按照网站的访问量向门户网站收取费用获得分成。渐渐地，李彦宏意识到原有模式终究只是为他人作嫁衣，百度自身无法获得长足发展,而他的梦想是让百度成为谷歌那样的搜索门户。不过,他的这一想法刚一提出就遭到了董事会的抵制,董事们态度坚决地反对李彦宏,认为他的想法是疯狂的、不理智的。平日里温和儒雅的李彦宏被激怒了,面对众口一词,他毫不怯场,义正言辞地指责董事会过于保守和懦弱,甚至当场怒摔手机。最后,被震惊的董事们勉强同意了李彦宏的冒险决策。

2001年10月,百度推出了全新的商业模式——搜索引擎竞价排名。虽然此时,百度一天之内的点击量还寥寥可数,但是李彦宏深知:百度必须在谷歌的阴影下学会成长。在李彦宏的带领下,百度认真研究中国文化,推出了更符合中国用户使用习惯的中文搜索,大大提高了百度的用户量;与此同时,李彦宏的竞价排名战略也立竿见影,竞价排名带来了销售收入的直线上升,到2003年百度的销售额到达2002年的5倍,百度在这一年里实现了盈利。

百度的成功绝非偶然,既有赖于人的拼搏与付出,又得益于时代的助力与推动。这其中李彦宏功不可没。他的领导对于百度的存亡成败起到了关键作用。在李彦宏身上我们可以找到许许多多闪光点,比如吃苦耐劳、善于思考、勇于创新等,然而更加难能可贵的一点是,在革新百度的盈利模式时即使所有人都不理解他、反对他甚至嘲笑他、斥责他,他也能够勇敢地坚持自己的想法,通过努力让实实在在的业绩说话,最终赢得大家的信服。这是李彦宏的领导模式,他通过自己的领导模式推动着百度开启了一个全新的时代。

在众多优秀的领导者中,李彦宏仅仅是一个代表。这些领导者中的每一位不管是为人还是处事都有其自身独特的风格和烙印,各自有着不同的性格特质、掌握着不同的管理技巧,运用着不同的模式开展着领导活动;但他们又有很多共通的特质,这些特质吸引了无数追随者紧跟他们的步伐,一同朝着成功努力奋斗。领导者们取得的成功固然不可原封不动地复制,但成功的领导者们所展现出的特质行为以及所采取的高效领导模式却值得我们深入分析与学习。

理性和判断力是一个领导者的基本素质。

——罗马历史学家泰西塔斯

一位最佳领导者,应是一位知人善任者,在下属甘心从事其职守时,领导要有自我约束力量,不插手干涉他们。

——美国总统富兰克林·罗斯福

所谓**领导者**,是指居于某一领导职位,拥有一定领导职权,承担一定领导责任,发挥一定领导职能的人。他们是一个组织的核心,是领导过程中的重要元素,在现实中往往集万众瞩目于一身。因而,领导者的重要地位使得过去对领导力的思考也经常着眼于领导者自身。

从20世纪30年代开始,领导理论的相关研究就集中于领导者个人,最先流行的是**领导特质理论**,就是以领导者个人特征为突破点,目的在于找出领导者与非领导者在个人特质方面的区别;而20世纪40年代流行的**领导行为理论**则转向到探究领导者个人的工作风格和行为对领导效能的影响。进入60年代,研究者们开始关注领导过程所处的环境对领导者领导行为有效性的影响,由此发展出了**领导权变理论**。随后,20世纪80年代以来,领导者身上的一些感性因素吸引了学者们的研究兴趣，领导理论在新的领域有了发展，此后关于领导者类型理论的研究越发丰富起来。在这一支理论研究中得到广泛认可的主要是战略型领导理论、领袖魅力型领导理论、变革型领导理论以及伦理型领导理论。

这一章中我们将沿着理论兴起的时间顺序，对这些经典的领导力理论进行介绍。首先我们将梳理领导特质理论，重点分析领导者个人的特性、素质、技能与领导效能之间的关系。其次我们转向对领导行为理论的介绍，简述几种主要的行为理论。在下一章节，我们从经典的静态理论过渡到动态的权变理论，主要着眼于情境变量在模型中发挥的作用。最后是领导者类型理论，介绍四种主流的领导者类型，并阐述四种类型领导者的联系和区别。

> **读完本章，你将了解：**
>
> 1. 领导者特质理论及有效领导的实现；
> 2. 个人特性、素质、技能与有效领导的关系；
> 3. 各种领导者行为理论及其优点与不足；
> 4. 任务导向型行为与关系导向型行为。

## 5.1 领导者特质理论

### 5.1.1 理论研究与概述

#### 5.1.1.1 理论概述

领导特质理论又被称为领导素质理论或领导特性理论，它是最早对领导活动及领导行为进行系统研究的尝试，也是 20 世纪最流行的领导理论。领导特质理论的研究依据和方法是从优秀的领导者身上总结归纳出共同的特质，从而回答诸如此类的问题：为什么某些人能够成为领导者？什么是领导力的决定因素？

特质理论最初的研究者认为"存在天生或天才的领导者"。某些人所具有的特殊形象或特殊个性使其成了领导者，例如身高、相貌等外貌特征，或是拥有特殊的心理素质、血统等。到了 20 世纪中期，领导特质理论开始受到质疑。1948 年斯托格蒂尔提出："领导者与非领导者在特质方面的差异，在各种场合并非固定不变。"斯托格蒂尔一针见血地点出了仅仅研究领导者个人的静态特质不足以解决如何提高领导效能这一根本问题，因而，此后一段时期内领导力研究的重点从个人特质转向了其他方面。

然而近年来，不少研究又发现个性、特质与有效领导之间确有联系。优秀的领导者总是能够发现别人不能发现的问题，能够洞察别人无法感知的现象，领导者在某些方面确实是与众不同的。于是大家开始重新关注领导者个人，希望通过对领导者的特质进行研究，概括总结出领导者身上的特质规律，从而解决什么样的人才能成为优秀的领导者的问题。

#### 5.1.1.2 相关的理论研究

关于领导特质理论的研究颇为丰富，包括斯托格蒂尔的六类领导特质理论，德鲁克的"五项主要习惯"，鲍莫尔总结出的十大条件以及柯克·帕切克和洛克归纳出的六项特质等理论成果。接下来我们将对这四种主要的领导特质理论进行介绍。

（1）斯托格蒂尔的六类领导特质理论。美国俄亥俄州立大学工商研究所的斯托格蒂尔教授找到了六种类型的领导特质，分别是：①身体特性，例如精力充沛、仪表出众等；②社会背景，例如学历和社会地位等；③智力特性，例如智商、口才、判断力、决断力等；④性格特性，例如自信、控制力、正直、创造力等；⑤工作方面的特性，例如责任感、事业心、成就感等；⑥社交技能特性，例如观察力、沟通力、理解力等。表 5-1 更具体地呈现了斯托格蒂尔教授研究发现的与成功相关的领导者特质。[1]

斯托格蒂尔认为，一般来说领导者都肩负责任和使命，对目标孜孜以求，见解独到，他们通常拥有行动的主动权，并且有能力影响他人的行为。但他也承认，目前并不能证明普遍性领导者特质的存在，并且情境的变化并未考虑到（表 5-1）。

**表 5-1　领导者的品质与技能特征**

| 品 质 | 技 能 | 品 质 | 技 能 |
| --- | --- | --- | --- |
| 适应情景 | 聪明（智能） | 统治（权力动机） | 组织（行政能力） |
| 对社会环境的警觉心、成就导向 | 概念技能 | 精力（高活动水平） | 劝导 |
| 确定 | 创造性 | 坚持 | 社会技能 |
| 合作 | 礼貌和老练 | 自信 | |
| 果断 | 演说流利 | 忍耐紧张 | |
| 可依赖性 | 指导工作 | 愿意承担责任 | |

（2）德鲁克的"五项主要习惯"。与斯托格蒂尔不同，管理大师德鲁克

---

[1] 陈树文. 领导学 第 1 版. 清华大学出版社，2011.

认为有效的领导者是可以通过后天学习来培养的。他在《有效的管理者》一书中指出，成功的领导者也好、失败的领导者也好，他们在背景、性格、智力方面本就没有太大的区别，所以实际领导行为的有效与否与这些个人特质并不存在很大的关联。在德鲁克看来，一位领导者的优秀之处更多地是体现在个人后天养成的习惯上。表 5-2 列举了德鲁克总结出的优秀的领导者五项主要习惯：

**表 5-2　五项主要习惯**

| 五项主要习惯 ||
| --- | --- |
| 1. 善于利用自己的时间 | 4. 做事有轻重缓急，会集中精力在主要的领域 |
| 2. 注重贡献，有明确的目标方向 | 5. 能做有效的决策 |
| 3. 知人善用 | |

（3）**鲍莫尔的领导特质论**。美国普林斯顿大学的鲍莫尔教授总结出了领导者应该具备的十大条件，具体内容如下表格 5-3 所示。

**表 5-3　领导者的十大特质**

| 领导者的十大特质 ||
| --- | --- |
| 1. 合作精神，愿意和他人一起合作 | 6. 追求创新，能感知时代潮流 |
| 2. 决策能力，能够根据现实进行决策 | 7. 勇于负责，对周围的人或事都有高度的责任感 |
| 3. 组织能力，能够有效地组织人力、物力、财力 | 8. 敢于承担风险 |
| 4. 善于授权 | 9. 尊重他人，能够采纳他人的意见和建议 |
| 5. 应变能力，能够随机应变 | 10. 品德高尚 |

（4）**柯克帕切克和洛克的领导特质理论**。柯克帕切克和洛克通过研究发现，领导者相较于一般人而言主要具备六项与众不同的特质，分别是：进取心、领导愿景、诚实与正直、自信、智慧以及与工作相关的知识。这六种特质对领导的成功与否起着关键性的决定作用。表 5-4 简要地描述了这六种特质。

**表 5-4　有效领导者的六种特质**

| 有效领导者的六种特质 ||
| --- | --- |
| 1. 进取心 | 领导者表现出高努力水平，拥有较高的成就渴望 |
| 2. 领导愿景 | 领导者有强烈的愿望去影响和领导别人，他们表现为乐于承担责任 |

续 表

| 有效领导者的六种特质 ||
|---|---|
| 3. 诚实与正直 | 领导者通过真诚与无欺以及言行高度一致而在他们与下属之间建立相互信赖的关系 |
| 4. 自信 | 下属觉得领导者从没缺乏过自信；领导者为了使下属相信他们的目标决策的正确性，必须表现出高度的自信 |
| 5. 智慧 | 领导者需要具备足够的智慧来收集、整理和解释大量信息，并能够确立目标；解决问题和做出正确决策 |
| 6. 与工作相关的知识 | 有效的领导者对于公司、行业和技术事项拥有较高的知识水平；广博的知识能够使他们作出富有远见的决策，并能理解这些决策的意义 |

#### 5.1.1.3 对领导特质理论的评论

领导特质理论研究的正是领导者的个人特性，因而以领导特质理论的研究成果作为依据，我们将能更有效率、更具针对性地选拔、任用、培训人才，从源头上改善和提高领导者的领导水平。

20 世纪 30 年代到 70 年代的一段时期中，领导特质理论经历了从传统到现代的转变。传统的领导特质理论，诸如斯托格蒂尔早期的研究，并没有成功地解释现实世界的领导行为。自 20 世纪 70 年代以来，特质理论的研究者开始密切关注管理实践。这一脉络的特质理论否定了领导者是天生的，认为领导者是可以通过后天培训塑造出来的。然而，不论是哪一时期的特质理论，仅仅研究领导者的个人特质并不足以解释领导行为的是否有效。这是因为：（1）并非所有领导者都具备特质理论总结出的领导特征；（2）特质理论的研究都是描述性的，未作具体的量化；（3）已有的诸多研究对领导必须具备的特质尚未达成一致看法。

至今为止该理论仍然未能证明哪些特质是一个成功的领导者不可或缺的。鉴于这一根本性的局限，领导特质理论从 20 世纪 40 年代起就不再是领导力研究中的主导理论，许多学者将注意力转向领导行为理论、权变理论等其他领导理论的研究。

### 5.1.2 个人特性、素质、技能与有效领导

前面介绍的几种主流理论主要关注的是领导者个人特征与其领导行为有效性之间的关系。在这里，我们将对领导特质作进一步的分解，它主要包括领导者的个人特性、素质和技能这三大方面。这三个因素直接影响领导者的有效领导。

乔布斯的领导力密码，人格魅力其实有迹可循。

#### 5.1.2.1 个人特性与有效领导

首先我们来看领导者的个人特性与有效领导之间的关系。

1936 年，奥尔波特和奥德伯特经过研究发现人们用以形容行为模

式特性的词汇基本上都能被归入五种宽泛的人格维度。基于此发现，韦伯等学者于1915年首次提出了人格结构五因素模型（five-factor model，FFM）。

人格结构五因素模型（FFM）是针对人格特性所作的分类，因此它通常和关注领导个人特性的领导特质理论结合使用，成为研究有效领导行为的重要工具。并且，该模型具有较强的实用性，现实中拥有不同人格特性的领导者基本都可以在这五个维度中找到与自己匹配的定位。

如表5-5所示，人格结构五因素模型划分出的五个维度分别是：外倾性、认真性、宜人性、神经质和经验开放性，这五个维度相互间存在较大差异。外倾性往往在一个人试图影响、控制、支配他人的过程中出现，杰出的领导者往往要比一般人具有更高的外倾性。认真性关注个人自身的行为模式。认真性较高的领导者往往具有较高的责任心，做事有计划，工作努力，并且愿意为一件事负责到底。宜人性关注的是人与人之间相处得是否融洽，它反映出的是竞争关系对立面。宜人性较高的领导者往往给人以幽默、随和、平易近人的感觉，他们更可能是关怀型领导者。宜人性的高低仅仅是领导者个人领导风格的体现，与领导行为的有效性无必然关系。神经质是一个中性词汇，它关注的是人如何对压力、失败和批评做出反应。在神经质这一维度上得分高的领导者对压力、指责和批评具有更高容忍度，他们通常也都更加自信，遇到艰难困苦不怨天尤人，坚信事在人为、人定胜天。总的说来，神经质与有效领导行为之间关系密切，能够掌握和控制自身情绪的领导者更容易在残酷的竞争中获得成功。经验开放性是一个与学习高度相关的维度。具有较高经验开放性的领导者喜欢通过学习去探索未知领域，开放性的思维和行事方式使领导者保持与时俱进的充沛活力。因此，经验开放性高往往是有效领导行为产生的必要条件之一。

**表5-5　人格结构五因素模型**

| 维度 | 人格特性（举例） | 行　为 |
| --- | --- | --- |
| 外倾性 | 外向<br>精力<br>权力需要 | 我喜欢结交朋友<br>我在群体活动中充满活力<br>做决定的常常是我，我很果断 |
| 认真性 | 责任心<br>可靠性<br>个人诚信<br>成就需要 | 我喜欢承担对他人的责任<br>我做事喜欢从实际出发，实事求是<br>我言行一致<br>我是一个高成就者 |
| 宜人性 | 愉快和乐观<br>辅助需要<br>归属需要（被接受的满足） | 我很幽默<br>我喜欢帮助别人，这样做让我快乐<br>我希望别人能够认可我，接受我的建议 |

续 表

| 维度 | 人格特性（举例） | 行 为 |
|---|---|---|
| 神经质 | 情绪稳定性<br>自尊<br>自我控制（内控点） | 我在巨大的压力下还能够保持冷静<br>我能很好地接受个人批评<br>我相信事在人为，我从不苛责命运 |
| 经验开放性 | 好奇与求知欲<br>开放心态<br>学习导向 | 我喜欢旅行、艺术、电影、体育等<br>我对新鲜事物特别感兴趣<br>遇见不明白的东西我喜欢请教老前辈 |

关于人格结构五因素模型的细致解读

#### 5.1.2.2 素质与有效领导

接下来我们将围绕领导特质的另一方面——领导的个人素质展开论述。

"素质"一词有丰富的内涵，在日常生活中被广泛地使用。这里，我们结合《辞海》中的定义"完成某种活动所必需的基本条件"以及高等教育领域对素质的解读"个人从事社会实践活动所具备的能力"来理解构成领导特质的"素质"。素质是个人胜任某项任务或活动的能力。

现实中人们常常将素质和个人特性相混淆，但事实上这两个概念是不同的。个人特性往往通过形容词来描述，并且更多是反映出一些静态特质。但是素质描述的多是动态能力，比如情商，就包括同理心、自我约束、自我情绪意识在内的一系列技能，而学习能力则是指乐于学习并善于学以致用和总结反思的能力。因此，素质区别于个人特性，但在某种意义上又是个人特性和个人技能的综合体，兼具两者的特点。

领导者是否具备胜任岗位的素质，是决定领导行为有效与否的关键。一般说来，领导者的素质越高就越能胜任领导职务，开展更为有效的领导活动。高素质的领导者应当具备高情商、高社会反应能力以及极强的学习能力。首先，高情商的个人更具同理心、拥有更强的自我意识以及自我约束力。其次，高社会反应能力的领导者更有能力及时了解其他组织或个人的功能性需求，更擅长发现机会、创造机遇。最后，高学习能力的领导者更善于从经验中习得宝贵的知识，更可能通过变革领导组织获得成功。在这里，"学习能力"是指"'学习如何去学习'，这是一种以内在观照分析自身认知过程[1]并找到改进方式的能力。"

#### 5.1.2.3 技术技能、概念技能、人际技能

除了个人特性、个人素质外，技能也是构成领导特质的重要方面。对于一个高效的领导者而言，不可或缺的基本技能主要包括技术技能、概念技能和人际技能。其中，技术技能指的是专业知识和专门领域的分析能力，

---

[1] 认知过程指人认识客观事物的过程，即是对信息进行加工处理的过程，是人由表及里，由现象到本质地反映客观事物特征与内在联系的心理活动。

以及对相关工具和规章政策的熟练掌握和应用；概念技能是指领导者所具备的宏观视野、整体谋划能力、系统思考能力和全局把握能力；人际技能则涉及处理人事关系的技能，也即理解和激励他人并与他人一起共事的能力，具体包括领导能力、影响能力和协调能力。

做领导者应该具备的12种技能

实际组织中，不同层次的领导者在掌握这三项技能时各有侧重：对于低层次群体领导者来说，技术技能相对而言最为重要。对于中高层次群体的领导者来说人际技能和概念技能的重要性更为显著。随着群体层次的上升，这些领导者离实际的运营越来越远，对他们来讲拥有专业的管理和领导技巧比掌握专业的生产制作技术更为重要。尤其是位于组织顶层的领导者，他们是整个组织的核心和掌舵人，肩负着制定重大决策和整体性战略的重任，因此他们必须要把握好大局和时机，而这正是概念技能涉及的内容。图 5-1 直观反映了对不同层次的领导者而言三种技能的相对重要性。

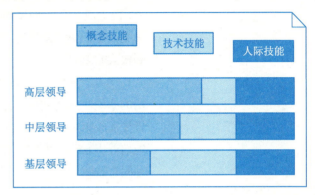

**图 5-1**
领导技能与有效领导

## 5.2 领导者行为理论

由于领导特质理论脱离实际，并且该理论的研究结果与预期之间存在许多不符之处，所以 20 世纪 40 年代以后这一理论就不再是领导力研究中的主导理论了。随后，一些学者开始转向领导者行为的研究，希望探索领导者的具体行为从而得出一些规律性的结论，例如领导者应该具有怎样的行为、何种领导行为能够导致有效领导等等。下面，我们将介绍几种主流的领导行为理论。

神话与现实：决定领导者成功的四个行为特质

### 5.2.1 领导风格理论

领导风格理论作为较早发展起来的一类领导行为理论，最早是由社会心理学家勒温开创的。勒温提出三种领导风格：专制独裁型领导风格、民主型领导风格和放任型领导风格。这三类领导风格有各自的特点和优缺点。

（1）专制独裁型领导风格。专制独裁型的领导者习惯用命令式的语言指挥下属开展工作。这种领导风格有很强的集权色彩,其主要的优点是效率高;明显的缺陷是高度集权带来的自身工作的繁重以及长期中下属独立性、积极性、主动性和创造性的丧失。

(2) 民主型领导风格。民主型领导风格的最大特点就是"民主"二字,即以人为本、放权于民。这种领导风格有利于集思广益,激发员工的积极性、主动性和创造力;也能变相鼓励员工,增强组织的向心力和凝聚力。另外,民主决策在实施过程中所遇到的阻力将会大为减少。然而,过度追求民主往往会使得决策制定程序变得繁琐、复杂、耗时,领导活动的效率会受到极大的影响。

(3) 放任型领导风格。放任型的领导者在领导下属时采取的是放任自由的原则。这类领导者通常将自己视为资源提供者、信息传递者,主要职责是促成组织内外部实现有效的沟通联系。放任型领导风格的领导者更可能培养出独当一面的下属,但也容易壮大下属的权力和野心,降低领导活动的有效性。

### 5.2.2 领导行为的四分图理论

如果我们依照领导风格理论,根据领导者表现出的行事风格对领导行为进行分类,可以将领导行为分为"主导型领导行为"和"关心型领导行为"。斯托格蒂尔和沙特尔两位学者用二维平面图来表示这两种领导行为组合出的不同类型的领导风格,也即图5-2所示的领导行为的四分图,他们的研究成果为之后的领导行为研究理论开辟了一条新的路径。

"主导型领导行为"是指领导者将重点直接放到组织绩效上的领导行为;而"关心型领导行为"是指领导者以人际关系为中心,试图与下属建立相互信任、和谐融洽的工作关系的一系列行为。

我们分别来看上图的两个维度。这两种迥异的领导风格相互组合,可以形成四种不同的领导风格,分别对应于图5-2的四个区域。右上方的第一象限是"高关心高主导型领导风格",这类领导者既关心工作又关心员工,通常极具人格魅力,在四种类型中是最受员工欢迎的;再来看左上方的第二象限,具备"高关心低主导型领导风格"的领导者,他们把构建融洽和谐的工作氛围放在首位,而把组织目标的实现放在次要位置。这类领导者与员工的关系很

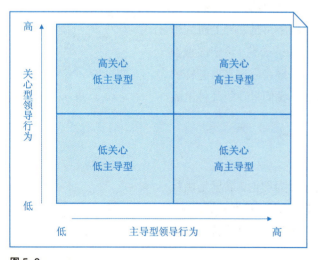

图 5-2
领导行为四分图

好，但是工作绩效却不高；第三象限中，"低关心低主导型领导风格"的领导者既无法处理好与员工之间的关系，也无法完成好组织任务，属于四种类型中领导有效性最低的一类领导者；最后，具备第四象限的"低关心高主导型领导风格"的领导者一心关注组织绩效的完成情况以及目标的实现进度，不太关心与员工的沟通交流，长期来看容易引起下属的抱怨与抵抗。

一般来说，"高关心高主导型领导风格"是最有效的，但实际中我们还是应当具体问题具体分析，对于特定组织而言，究竟哪一种领导者风格的领导者能开展更为有效的领导活动还应视所处的具体情境而定。

### 5.2.3 管理方格理论

管理方格论实际上是对四分图理论的一个拓展，该理论诞生于美国德克萨斯州立大学的两位心理学教授布莱克（R.R.Blake）和莫顿（J.S.Mouton）的研究。与四分图理论类似的是，管理方格论也是在二维平面上展示出不同风格的领导行为，并且该理论的两个维度分别是"关心人的领导者行为"和"关心生产的领导者行为"。但与四分图理论不同是，管理方格论在这两个维度上按照程度的不同作了更细致的划分，从而呈现多于四种风格的领导行为。

领导者对人的关心主要表现为：保护员工的自尊、帮助员工建立自信、听取员工的意见和建议、听取员工反映的问题并给与反馈和解决、保持和谐融洽的工作氛围以及良好的人际关系等等；领导者对生产的关心主要表现为：对员工的工作态度、生产和服务的质量、生产程序、研究的创造性、生产的决策和结果等生产相关方面的关心。

图5-3是一张九等分的方格图，横坐标刻画了领导者对生产的关心程度，纵坐标刻画了领导者对人的关心程度，图中一共有81个小方格，每个小方格都可以代表一种领导风格。这张管理方格图主要用于评估一位领导者在组织管理中是否做出了极端或者不恰当的领导行为，比如只关心生产而忽视对人的关注。

图中标记出的五个方格（1，1）、（1，9）、（5，5）、（9，1）、（9，9）分别代表了五种典型的领导风格，分别为：贫乏型领导、乡村俱乐部型领导、中庸之道型领导、任务型领导和团队型

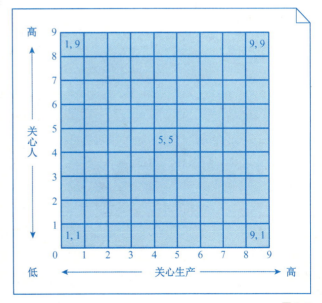

**图5-3**
管理方格图

领导[1]。贫乏型领导者对生产和员工都表现出极大的漠视，试图付出最少的努力以维持必要的组织成员关系；乡村俱乐部型领导者对员工关怀备至，努力营造一种舒适、友好的氛围和工作基调，进而期望提升生产效率；中庸之道型领导者追求工作与人际关系的平衡；任务型领导者总是把完成任务和实现目标放在首要位置，对员工漠不关心；团队型领导者对生产和员工都极为关心，期望组织内相互信任和尊重进而提高组织绩效。

### 5.2.4 "PM 型"与"CPM 型"领导理论

"PM 型"领导理论是日本的三隅二不二教授在美国学者卡特赖特和赞特的研究基础上提出的一种领导行为理论。美国学者的早期研究对领导行为的特点进行了总结和提炼，分出了 P（Performance）型、M（Maintenance）型以及结合了前两类特点的 PM 型领导者。P 型领导者又称目标完成型领导者，主要关注的是组织目标，M 型领导者又称团体维持型领导者，重视的是维持组织中成员间的关系，而 PM 型领导者即为两者兼备型领导者。不难看出，在划分领导行为的依据上，PM 型领导理论与前两种理论也是基本一致的。

在三种类型的基础上，三隅教授又增加了一种 pm 型领导，从而将领导者的行为类型拓充为四类，并设计了量表来对现实中领导者的日常表现打分，从八个方面测度领导者属于何种风格类型。我们可以结合图 5-4 的 PM 图来理解这一评估过程。

PM 图中的横纵两条实线代表的是参与测试的所有人在 P、M 两个维度上得分的平均值。这两条直线将整个坐标区域分成四块，从第一至第四象限分别为：PM 型区域、M 型区域、pm 型区域以及 P 型区域。假设现在有这样一群被试者，他们在两个维度得分的平均值分别是 30、30，而其中一位被试者在 P 型维度上的得分为 25，在 M 型维度上的得分为 24，那么这位被试者就被评为 pm 型风格。

在实际运用上，PM 图的分类是不均等，这点与四分图的均等划分是不同的。此外 PM 图的划分基准线也不是固定的，而是随着实际被试人员的变化而变动的。

PM 图也总结出了四类领导风格与领导绩效之间的关系，如表 5-6 表示。

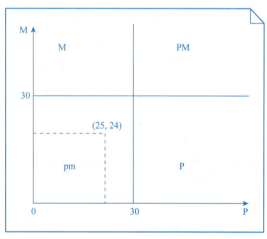

图 5–4
PM 图

---

[1]［美］哈格斯. 领导学（第 5 版）. 清华大学出版社，2006.

表 5-6　领导者类型与领导绩效

| 领导类型 | 生产量 | 对领导的信赖依赖程度 | 团结力 |
|---|---|---|---|
| PM | 最高 | 最高 | 最高 |
| P | 中等 | 第二 | 第二 |
| M | 中等 | 第三 | 第三 |
| pm | 最低 | 最低 | 最低 |

此后，在 PM 理论的基础上又发展出了 CPM 理论，这是 PM 理论在中国情境下的本土化产物。考虑到"德"在中国传统文化中占据着重要地位，学者们在 P 与 M 两大维度之外又增加了一个维度，即 C（character and moral）用以刻画个人品德，以便在划分领导行为时将领导者的个人品德纳入考量范围。

### 5.2.5　管理系统理论

管理系统理论在名称上与前面几种理论有较大区别，但依旧是循着同一脉络发展下来的。该理论基于李克特教授为探讨"重生产"与"重人"这两种领导行为的有效性所作的研究，在《人群组织·它的管理与价值》一书被首次提出。

管理系统理论，或称支持系统理论，按照领导行为方式的不同将领导者分为四类，分别为严厉的专制独裁式领导、仁慈的专制领导、协商式的民主领导以及参与式的民主领导。表 5-7 在权力特点、上下级关系和员工激励这三大方面对四类领导方式进行了简单的对比。

表 5-7　四种领导方式的比较

| 领导方式 | 权力特点 | 上下级关系 | | | 员工激励 | |
|---|---|---|---|---|---|---|
| | | 信任程度 | 交往 | 沟通程度 | 奖励程度 | 参与程度 |
| 严厉的专制独裁式领导 | 大小权独揽 | 不信任下属 | 极少交往 | 少沟通 | 恐吓威胁为主，少有奖励 | 员工很少参与决策 |
| 仁慈的专制领导 | 大小权独揽 | 对下属有一定的信任 | 在上级屈就，下级惶恐中进行 | 有一定程度的沟通 | 有奖励，有惩罚 | 下属有提意见的权利，最终领导制定决策 |
| 协商式的民主领导 | 大权独揽，小权下放 | 在相当程度上信任下属，但不是完全 | 在相当信任下属中交往 | 有较多的沟通 | 奖励为主，惩罚为辅 | 领导做主要决策，小决策可由部分员工做主 |
| 参与式的民主领导 | 大权独揽，小权下放 | 完全信任下属 | 与员工和谐、融洽的交往 | 完全沟通 | 奖励、启发员工 | 下属参与甚至完全参与决策 |

根据管理系统理论的研究结论，参与式的民主领导最应得到鼓励。实际上，参与式领导这种领导行为在现代组织中的应用越来越广泛，可以说渐渐成为了组织管理的大趋势。

一般认为，参与式领导主要有两类：一类是让下属以某种方式参与到本应由领导者独立完成的决策中来，这种情况下，领导者往往还保留有最终决策权；另一类参与式领导则具有更深层的内涵，领导者不单在形式上吸纳下属参与决策过程，并且还允许下属直接影响决策结果从而在实质上与下属共享决策权。[1] 综合这两类理解，我们将参与式领导定义为：领导者通过运用多种不同的决策程序，如咨商、联合决策、授权等等，使他人能对领导者的决策有一定影响的领导行为。

根据被领导者参与决策的程度不同，参与式领导行为可以被划分为四个层级，如图5-5所示，领导行为越靠近右端，说明下属或员工的参与度越高，相应的决策过程就越开放。

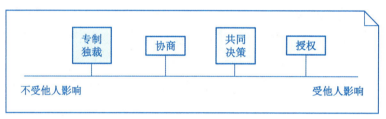

图 5-5　　　　　　　　　　　　　　　　　　　　　　　参与式领导的四个层级

上图从左往右，参与式领导的四个层次依次为：专制独裁、协商、共同决策以及授权。在授权这个层次上，员工的参与度达到最高，决策过程的开放程度也最高。领导者不仅会听取和采纳员工的意见和建议，还会将部分权力下放给自己信任的员工，员工在一些日常事项上甚至可以完全自己做决策。

参与式领导行为将为组织带来很多潜在的好处，概括起来主要有如下四点：（1）能够提高决策的质量；（2）能够提高员工对决策的接受度；（3）使得员工对决策的过程和结果有更高的满意度；（4）能提升决策制定中参与者的技能。

---

[1]　王辉.组织中的领导行为.北京大学出版社，2008.

## 案例

### 发 挥

一位著名企业家被问到他最成功的领导行为时，他拿起粉笔在黑板上画了一个圈，只是并没有画圆满，留下一个缺口。

他反问道："这是什么？""零""圈""未完成的事业""成功"，台下的听众七嘴八舌地答道。他对这些回答未置可否："其实，这只是一个未画完整的句号。你们问我为什么会取得辉煌的业绩，道理很简单：我不会把事情做得很圆满，就像画个句号，一定要留个缺口，让我的下属去填满它。"

事必躬亲，是对员工智慧的扼杀，往往事与愿违。长此以往，员工容易形成惰性，凡事依赖领导者，因而自身的责任心会大大降低。工作中发现问题时他们更倾向于消极拖延，并不情愿主动向上级领导汇报；而出现重大纰漏或是发生严重事故时，他们也更可能把责任推给上级领导者。更何况人无完人，领导者再优秀也终究是人，而个人的精力毕竟是有限的。

所以我画了这个留有缺口的句号，给员工留下空间得以发挥自己的智慧，赋予员工更多的权力以锻炼出独当一面的能力，多让员工参与公司的决策事务以提高归属感……这个缺口将会创造出你意想不到的价值。

关于领导特质和行为的案例与思考

### 5.2.6　对领导行为理论的评论

相较于领导特质理论，领导行为理论偏向应用于锻炼领导候选人，通过系统全面有针对性的培训使其具备卓越的领导者应当具备的行为特征。

领导行为理论在探索领导者行为与有效领导间的关系上虽然取得了一些研究成果，但也仅仅是有限的成功。与领导特质理论一样，领导行为理论依旧没有考虑情境等因素的变化，这是该理论的一个致命缺陷：从最初所给的定义我们就知道领导是一个动态过程，因而领导者开展领导活动的过程是动态的而非静态的。领导行为的效力不仅取决于领导者本身，还与被领导者、领导情境息息相关，如果脱离了这些重要因素，仅仅考虑领导者单方面对绩效的影响势必是不全面的。尽管如此，领导特质理论和领导行为理论的研究都是有实践价值和理论意义的，学者们探索出的研究成果逐步丰满了领导理论，也为当今企业的领导选拔、培训等活动提供了借鉴和指导。

## 本章小结

1. 领导者，是指居于某一领导职位，拥有一定领导职权，承担一定领导责任，发挥一定领导职能的人。

2. 对领导者个人的研究主要有两类：一类称为领导特质理论，另一类称为领导行为理论。

3. 领导特质理论又被称为领导素质理论或领导特性理论，是 20 世纪最流行的领导理论，也是最早对领导活动及其行为进行系统研究的尝试。它的研究依据和方法是从优秀的领导者身上寻找共同的东西。

4. 对领导特质的研究主要有如下几个：斯托格蒂尔的六类领导特质理论、德鲁克的"五项主要习惯"、鲍莫尔的领导特质论以及柯克帕切克和洛克的领导特质理论。

5. 人格结构五因素模型（FFM）对人格特性进行了分类，它通常和领导特质理论结合在一起使用，两者都是研究有效领导行为的重要工具。FFM 中的五个维度分别是：外倾性、认真性、宜人性、神经质和经验开放性。

6. "素质"是"完成某种活动所必需的基本条件"。领导者是否具备胜任岗位的素质，是决定有效领导行为的关键。

7. 高效的领导者不可或缺的基本技能主要包括技术技能、概念技能和人际技能。其中技术技能涉及的是专业知识和专门领域的分析能力，以及对相关工具和规章政策的熟练应用；概念技能是指领导者所具备的宏观视野、整体考虑能力、系统思考能力和大局把握能力；人际技能，顾名思义，是与处理人事关系相关的技能，即理解和激励他人并与他人一起共事的能力，主要包括领导能力、影响能力和协调能力。

8. 领导行为理论旨在通过研究领导者的具体行为得出一些规律性的结论，例如领导者应该具有怎样的行为、何种领导行为能够导致有效领导等等。

9. 几种主要的领导行为理论包括：领导风格理论、领导行为的四分图理论、管理方格理论、PM 与 CPM 型领导理论以及管理系统理论。

10. 参与式领导是指通过运用多种不同的决策程序，如咨商、联合决策、授权等等，使他人能对领导者的决策有一定的影响力的领导行为。参与式领导行为是一种关系导向型行为。

11. 参与式领导包含四个层次，依次为：专制独裁、协商、共同决策以及授权。其中，授权是参与式领导的最高层次。

授权指的是领导者将决策责任赋予那些最有可能受到决策影响并实施该决策的人，接受权力的参与者具有执行职责的权威。授权只发生在上级对下级之间。

## 思考题

1. 什么是领导者?
2. 领导者的哪些个人特性会对其有效领导产生影响?
3. 素质包含哪些内容?
4. 领导者应该具备哪些领导技能?
5. 作为一位成功的领导者应该怎样行事?
6. 参与式领导具有哪些层次?

# 第6章 经典领导力理论（二）

**开篇案例**

### 詹姆士·摩根——倾听员工心声

詹姆士·摩根（James Morgan）在年仅15岁时，已经开始管理家族的罐头厂的35名工人。这一年他发现了人生中第一个商业机密：投资于你的员工，他们将助你达到巅峰。

后来，詹姆士·摩根在应用材料（Applied Materials, Inc.）这家世界上最大的半导体生产设备制造商担任首席执行官时，这些简单的管理理念贯穿了他的整个领导策略并帮助他取得了辉煌的成就——摩根掌管应用材料公司27年，期间公司的市值从540万美元升至142亿美元，这是一个令人惊叹的奇迹。他将自己取得的非凡成就归功于对员工的投资："我事业上主要的个人目标就是帮助组织中的员工发挥他们的潜质。"

不仅如此，摩根还不时想出一些别具一格的新颖的管理方式来对员工"追加投资"。比如，为了让员工不至于被日日重复的工作所困而成为"井底之蛙"，更为了充分调动他们的独立思维和自主精神，摩根要求员工花5%的工作时间专门用于"想象未来"，可以是考虑三件还没有付诸行动的事，或是自己人生的长远打算等等；除此之外，摩根还非常注重倾听员工们的声音，为了深入到员工群体内部了解他们的新想法、新思维,他在公司里"像海豚一样不停地上下串动"。尤其是在做重大决策前,他一定会亲自深入到公司各个层面,从各级员工那里获取建议和反馈信息。

除了关心员工的情况、听取员工的心声外,摩根也巧妙地设计了奖惩机制用以激励员工不断增强自身的责任感、持续保持工作的热情,为公司的发展贡献力量。

摩根执掌公司期间曾经遇到了这样一个瓶颈:设计部开发出了新产品,交给生产部和市场部之后就认为已经大功告成,自己的任务到此结束,不需要承担后续的责任了。结果产品在市场上根本卖不动,整个公司都因此遭受了损失。针对这一问题摩根给出了对策:如果一个产品的销售取得了成功,那么设计部也能分享这份成功。因此,现在应用材料公司的设计部在开发产品时,都会确保产品能够适销对路,各个部门不单要履行好自己的专业性职责,更要以全局视角对整个业务流程负责。

摩根还善于让员工时刻保持清醒的头脑,其中一个办法就是招聘后备经理。这一制度之下每个现任员工都意识到自己必须尽力才能保住职位,否则如果不能尽到职责、做出业绩,总有人可以随时替换掉他们。

员工们是这样描述摩根的:他是这样一位领导者,拥有无人可及的智慧,他让我们自觉地努力工作,让我们时刻思考着自己的工作与人生。他身上有一股魔力,让我们对他崇拜、对他忠诚。

在众多优秀的领导者中,詹姆士•摩根仅仅是一个代表。这些领导者中的每一位不管是为人还是处事都有其独特的风格和模式。

近阶段的研究中,领导者身上的一些感性因素吸引了学者们的研究兴趣,领导理论在新的领域有了发展。部分研究者着眼于情感和象征,认为领导者在与被领导者建立关系的过程中,时常会通过情感依附、价值观形成、愿景吸引等一系列感性的途径施加影响。并且,随着外在环境的变化,领导行为势必也要做出相应的调整才能更好的适应这种变化。

在这一章中,我们主要转向介绍经典动态的领导力理论以及四种领导者类型理论。权变理论的提出者认识到现实世界中的领导活动是相当复杂的,领导者、被领导者、领导情境都处于动态变化之中,而以往理论大多忽视了情境这一关键因素,因而权变理论在研究中纳入了对情境的考量从而更好地结合了实际。此外,四种类型领导理论,也结合情境等因素的考虑,使读者认识到对领导者类型的划分并不是固定和绝对的,我们应当基于各类型的侧重点来对不同领导者类型加以区分和把握。

---

**读完本章,你将了解:**

1. 权变理论中情境变量的作用;
2. 战略型领导理论、领袖魅力型领导理论、变革型领导理论以及伦理型领导理论。

## 6.1 权变理论

权变理论自 20 世纪 60 年代以来开始兴起,是继领导者行为研究之后发展起来的一类领导学理论。这一理论的出现,标志着现代西方领导学研究进入了一个新的发展阶段。该理论将领导现象中的多个关键因素考虑在内,使得复杂的领导现象得到更清晰的阐述和分析,而相比之下,在此之前的理论更多的是静态理论,因而可以说权变理论为我们打开了一个动态世界,它以其特有的魅力使以往的领导特质理论和领导行为理论等黯然失色。

### 6.1.1 权变理论的概述和观点

"权变"一词指"随具体情境而变"或"依具体情况而定"的意思。领导学研究中的权变理论主要研究与领导行为有关的情境因素对领导效力的潜在影响。该理论认为,领导行为在不同的情境中有不同的效果,所以又被称为领导情境理论。权变理论的提出者认识到领导过程的动态本质,其中领导者、被领导者、群体状况、组织结构等因素都会影响领导的有效性,因而不存在某种固定不变的最佳领导模式,有效的领导模式应随着各类权变因素的变化而变化。

最早对权变理论做出理论性总结的是心理学家费德勒(F. Fiedler),他在 1962 年提出了一个"有效领导的权变模式",即费德勒模式。费德勒认为:有效的领导行为,依赖于领导者与被领导者的相互影响方式以及情境给予领导者的控制和影响程度的一致性。如下的函数表达式就体现了权变理论所关注的各个要素与领导有效性之间的关系:

$$S = f(L, F, E)$$

其中:$S$——领导行为的有效性;$L$——领导者;$F$——被领导者;$E$——情境;$f$——函数关系。

权变理论之所以受到广泛关注和重视,主要有如下三点原因:

首先,权变理论统合了领导现象的复杂性。它把领导者个人特质、行为、被领导者以及领导情境相互联系起来,从而创造了一套比较完善的领导理论体系。其次,权变理论为人们提供了一套行之有效的领导方法。它否认所谓固定不变、普遍适用的领导方式的存在,而代之以领导方式与情境的最佳搭配模式。最后,权变理论更切合领导者的实际需要。权变理论以统合的方式和权变的观点解释了领导现象的复杂性,在很大程度上拉近了领导理论与领导实践的距离。

## 案例

### 联想文化——从柳传志到杨元庆

联想集团成立于1984年，建立之初的联想公司营业额仅300万元，到2015年销售额已高达300亿美元。今天的联想集团已然成为中国IT企业的领军者，并且也是一家信息产业多元化发展的大型集团公司。联想成功的秘密到底在哪里呢？

如果以时间为参照物，联想文化大致可以分为两个时期：柳传志时期和杨元庆时期。柳传志时期的文化主要表现为创业文化和服务文化；而杨元庆时期的文化主要表现为严格文化与亲情文化。

（1）柳传志的创业、客户文化。1984年，联想在中科院的一间小平房里成立，11个科技人员靠中科院计算所20万元的投资起家。这一时期联想人面对的是关系到生存的竞争压力，他们充满了创业的决心，也充满了克服一切困难的精神。

柳传志以身作则，言必行，行必果，执行起来异常坚决。员工们纷纷效仿，那时联想人常说的一句话是：要把5%的可能变成100%的现实。这种追求强力执行的创业文化，使得联想在创立初期得以应对种种艰难的挑战。此外，这一阶段挣扎求生的情况也使得联想形成了以客户为中心的目标导向。在强烈的客户意识引导下，联想经历了从做学问向做市场的转变，联想的经营意识就这样一步步地形成了。

这一时期，柳传志率领着所有联想人艰苦创业，发扬脚踏实地的求实精神和奋发向上的求实精神，开发产品、服务客户，渐渐地在市场中扎根下来。

（2）杨元庆的严格、亲情、创业文化。当基业已定联想进入成长期后，一个长远持久发展的目标摆在了面前。这时，曾经柳传志的领导风格已不再适用，而严格文化作为一种管理风格适时地出现，极大地提高了联想的整体管理水平，保证了联想在1997—1999年这三年间的高速发展态势。

当联想愈发壮大，部门也越来越多时，单纯强调严格文化已经不利于公司内部的协作了，于是这一时期联想讲得更多的变成了团队意识，倡导"小公司做事，大公司做人"的经营管理理念。新的领导者杨元庆以他全新的领导风格推动着联想跨入一个崭新时代。

他倡导平等、信任、欣赏、和谐的亲情文化，并且提倡客户理念，推行矩阵式管理模式，要求各部门和各层次之间互相配合、资源共享。在他的推动之下，联想的企业文化开始由规则向支持导向过渡，到2000年联想亲情文化正式确立，联想人得以在一个更宽松、充满活力的氛围下养蓄创造力，从而更好地实现组织目标。

但杨元庆也深知：守业更比创业难。因而，自从真正地从柳传志等老一代领导者手中接过联想的那一刻起，他就谋划着开启联想的第二次创业。

现在，联想在亲情文化的基础上还倡导创业文化。在充满后工业化设计感的深圳联想新大楼里，办公室、电梯间、食堂甚至洗手间，与创业文化相关的小标语条随处可见。员工们笑着解释：元

> 庆希望随时提醒联想人,让大家重新以一种白手起家的精神来面对现在的竞争环境。
> 从柳传志到杨元庆,联想经历了领导力的转变。它的发展仍在继续,联想的未来也将继续呼唤符合时代的新的领导力。

### 6.1.2 情境变量

领导情境是权变理论相比于其他领导理论最大的特色变量,甚至权变理论有时也被称为情境理论,由此可见情境在权变理论中的重要性。情境,一般是指在一定时间内各种情况的相对的或结合的境况。而领导情境则是关于情境的一个具体化理解,即包含了领导者实施领导行为时所处的环境;也涵盖了领导者和被领导者两方面的情况。

情境变量对领导者的领导行为会产生多种类型的影响效应。第一,直接影响组织的绩效或替代领导者;第二,直接影响领导行为本身;第三,调节领导行为所产生的影响效应。情境所具有的影响效应其实也是其对于领导效果的作用路径,领导者可以运用情境理论来提高领导行为的有效性。

> **案例**
>
> **丰田聘任制度的转变**
>
> 20世纪80年代,日本丰田俨然成为了全球经营管理之范本,它所坚持采用的"尊重资历,终身雇用"制度曾被认为是日本企业管理中富有东方特色的人才管理法宝。
>
>
>
> 然而时空转换、世事变迁,经济萧条的重重阴霾下良策变沉疴——企业冗员囤积、高层劳动力老化。毕竟资历不等于能力,终身雇用制度也带来了整体劳动力素质的下降。
>
> 国际竞争愈发激烈,国内市场持续萧条,内忧外患夹击之下的丰田汽车公司率先承认:终身雇用制是昂贵的负担!丰田公司决心改革招聘人才的传统,告别终身雇用制,实行专业人才聘约制度。新制度实行按年度聘任制,最长为五年,所聘人才大都三十出头,年轻有为又富有经验。
>
> 采用新制度所聘之英才,公司在工作上给予他们极大的自由,工资也比同级实行终身雇用制的同事高出许多。比如说,丰田公司终身雇用制下的35岁左右的技术人员,服务满14年,年收入约6万美元,而这批新聘的优秀人才,起薪就是9万美元,如果表现突出,隔年调资增幅可达100%。这次刺激力度下,新制度更容易调动员工工作的积极性,也减轻了企业的负担,让企业呈现出一片生机盎然的春天的景象,扫却了过去终身雇用制的阴霾。

### 6.1.3 经典权变理论模型

#### 6.1.3.1 规范决策模型

规范决策模型由弗鲁姆(Vroom)和耶顿(Jago)于1973年提出,该模型注重分析领导者的参与程度对决策质量和可信度的影响。应用规范决策模型进行分析的出发点是:当一个领导者面临一个急需解决的问题时,制定决策来解决此问题的既可能是领导者自身,也可能是参与共同决策的众多追随者。正因为该模型能准确地告诉领导者,在特定的情况下制定某一个决策时所需参与者的准确数量,因而具有较高的实用性。

规范决策模型描述了从高度独裁到高度民主的五种被领导者的参与模式。如图6-1所示,从左往右各种模式的民主程度逐渐深化。领导者首先应当根据实际情境去选择合适的参与模式。

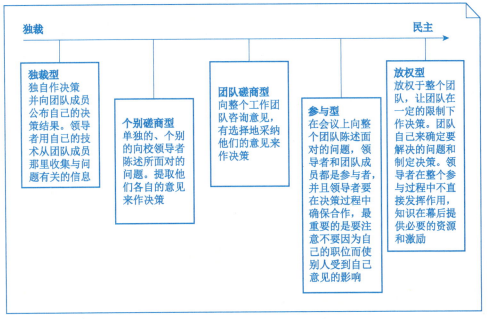

图6-1　　　　　　　　　　　　　　　　　　　　　　　　　　领导者的参与模式

其次,领导者可以通过一系列问题和标准对决策情境加以分析,从而确定应该选择何种领导模式。在这里我们列举六个关系到决策情境的典型因素:①决策的重要程度;②决策的被认可度;③领导者的专业程度;④团队成员对团队目标的支持度;⑤团队成员的技术水平;⑥团队的合作能力。

在对决策情境进行分析之后,领导者就可以通过决策规则来决定最终的领导模式了。弗鲁姆和耶顿在模型中提出了一系列的决策规则,在此基础上,尤克尔于1990年提出了一个简化版模型,此模型优先考虑三个因素:

一是确保决策质量；二是高的决策接受度；三是节约时间。表 6-1 即为尤克尔的简化模型[1]。

**表 6-1　简化版的规范决策模型**

| 决策质量 | 员工的决策接受度 | |
|---|---|---|
| | 不重要、认可决策权威 | 重要，但不认可威权决策 |
| 不重要 | 独裁型 | 参与型 |
| 重要，领导者有充分信息；成员认同领导者的目标 | 独裁型 | 参与型 |
| 重要，领导者有充分信息；成员不认同领导者的目标 | 独裁型 | 磋商型 |
| 重要，但领导者缺乏信息；成员认同领导者的目标 | 磋商型 | 参与型 |
| 重要，但领导者缺乏必要信息；成员不认同领导者的目标 | 磋商型 | 磋商型 |

规范决策模型关注于领导者行为的特定方面，也包含了有意义的干预变量，并体现了情境变量在调节领导者行为与领导结果方面的重要性，因而对于有效领导的权变理论而言是一种有力的支持工具。但该模型所涉及的领导过程还不够全面，而且模型的复杂性也降低了其在现实中的运用可行性。

#### 6.1.3.2　LPC 权变模型

LPC 权变模型是权变理论中最著名，也是最早被提出的一个模型。该模型由费德勒（Fiedler）于 1964 年提出的，也被称为费德勒权变模型。费德勒认为有效的领导不仅和领导者自身的性格有关，还与不同的情境、领导者与团队成员或自荐的相互作用有关，所有这些因素可归结为领导者的风格和情境类型。

（1）领导者的风格。领导风格是在特定领导情境中，领导者习惯化的领导方式所表现出的种种特点。为了确定领导者的风格，费德勒开发出了"最难共事者"的量表（least-preferred-coworker scale，LPC），LPC 权变模型也由此得名。LPC 量表得分较高，那么被测试者显然乐于与同事形成良好的人际关系，属于关系取向型的领导风格；相反，LPC 得分较低，那么被调查人可能更关注生产，属于任务取向型的领导风格。

"最难共事者"量表

（2）情境类型。对于情境类型，费德勒用了三个主要因素加以描述：一是领导者与被领导者的关系，二是任务结构，三是职位权力。三个因素在决定情境类型时的重要程度依次下降。

根据这三种因素的不同组合，费德勒总结出了八种情境类型，如下表 6-2 所示。

---

[1] 加里·尤克尔. 组织领导学. 中国人民大学出版社，2004.

表 6-2  八种情境类型

| 情境 | 1 | 2 | 3 | 4 | 5 | 6 | 7 | 8 |
| --- | --- | --- | --- | --- | --- | --- | --- | --- |
| 领导者与被领导者的关系 | 好 | 好 | 好 | 好 | 差 | 差 | 差 | 差 |
| 任务结构 | 明确 | 明确 | 不明确 | 不明确 | 明确 | 明确 | 不明确 | 不明确 |
| 职位权力 | 强 | 弱 | 强 | 弱 | 强 | 弱 | 强 | 弱 |
| 领导有效性程度 | 最有利 | 比较有利 | 比较有利 | 中等有利 | 中等有利 | 不太有利 | 不太有利 | 最为有利 |

进一步地，将领导者风格与情境类型相结合就能推测出不同风格的领导者在不同的情境下的领导效力。图 6-2 展示出了这两者的匹配结果。

基于模型分析，费德勒得出两个主要的结论。第一，领导者若面临着对自己中等有利、比较不利或最为不利的情形时，会首先满足自己最关注的需求，相应地，高 LPC 领导者会首先维系与员工之间的融洽的关系，而低 LPC 领导者会首先保证组织任务和目标的完成；第二，若情形是对自己最有利或比较有利时，两种类型的领导者在满足自己最关注的需求基础上，还会满足自己第二层次的需求。例如，高 LPC 领导者在维系好与员工关系的基础上，还会关注组织目标和任务的完成情况。而低 LPC 领导者在保证组织目标和任务能达成的情况下，还会努力维系与员工之间的关系。

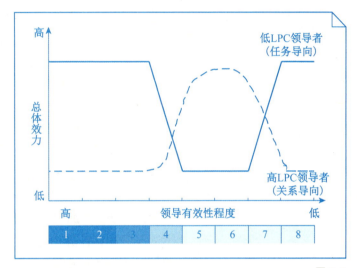

图 6-2
LPC 权变模型

费德勒权变模型对领导理论的发展和权变理论的实际运用起到了极大的推动作用。LPC 模型指出并不存在一种绝对好的领导方式，领导者需要根据情境随机应变。但 LPC 模型也存在一些应用上的不足之处。领导者风格通过 LPC 量表的得分来确定，存在着一定程度的不稳定性和误差，而对情境类型的判定则更为复杂因而难以估测。

#### 6.1.3.3 情境领导理论

情境领导理论由美国学者科曼最先提出，后来经赫赛（Hersey）和布兰查得（Blanchard）进一步发展完善，成长为广受推崇的权变理论之一。

情境领导理论是在之前已经介绍过的领导行为四分图理论的基础上建

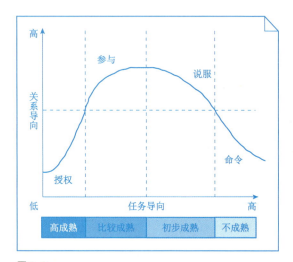

图 6-3
情境领导理论模型

立起来的,并结合了阿吉里斯的不成熟—成熟理论,由此形成了一个三维结构的有效领导模型。在四分图原有的两个维度之上新增加的维度即为人格的成熟度,指的是具有能够对自己的直接行为负责的能力和意愿。具体说来,人格成熟度由低到高可被分为四个阶段:不成熟阶段、初步成熟阶段、比较成熟阶段和成熟阶段。

赫赛和布兰查德总结出了员工的人格成熟度与任务导向、关系导向两个维度之间的关系,如图6-3所示。他们认为成功的领导者应该根据被领导者的意愿和人格上的成熟程度来选择领导方式。于是,他们总结出四种类型的有效领导方式,分别是授权型领导方式、参与型领导方式、说服型领导方式以及命令型领导方式。首先是授权型领导方式,授权型领导方式在员工人格成熟度很高的情境下才适用。因为员工本身的能力较强,领导者才能放权于员工,即调动员工的自主性。

其次是参与型领导方式,参与型领导方式的有效开展也要求员工本身具有较成熟的人格。这类员工具备较高的工作能力和自我控制力,能够参与决策过程从而协助领导者制定决策。再次是说服型领导方式,这一领导方式对于领导具有初步成熟人格的员工是比较有效的。此时,员工还不具备独当一面、自主工作的能力,领导者应当与员工保持"亦师亦友"的关系。最后是命令型领导方式,如果员工处于不成熟的阶段,领导者应该直接命令和指挥员工去完成相应的任务。

正因为情境领导理论将员工的人格成熟度划分为四个连续的阶段,所以又被称为"领导生命周期理论"。虽然情境领导理论易于理解和运用,但是它的关注点过于狭隘,仅仅只分析了众多情境变量中的少数几个,因此实际应用效果往往不如预期。

#### 6.1.3.4 路径-目标理论

路径-目标理论以维克托·弗鲁姆(Victor H. Vroom)的期望理论和领导行为的四分图理论为基础发展而来,由伊万斯(Evans)提出,后经米切尔和豪斯(House)加以完善和扩充,最后形成了可供实际应用的权变理论模型。

期望理论认为,员工在工作中表现出来的积极性和潜力是由他们预期目标所能达成的程度,以及目标达成后给他们带来的个人价值所决定的。基于期望理论的核心思想,路径-目标理论进一步地向领导者揭示了应该如何通过自己的领导行为使员工发挥出最大的工作积极性和潜力，从而使得领导活动的有效性得到提高。

与情境领导理论类似，路径-目标理论也总结出了四种领导方式。第一，指导型领导。此类型的领导者简单、明确地告诉员工应该做什么并指导他们如何去做，以确保员工按时完成任务、达到预期目标。第二，支持型领导。这类领导者是关系导向型的，他们感召员工使得他们自觉、忠诚地为工作付出百分百的努力和热情。第三，参与型领导。与情境领导理论的结论基本一致，参与型领导也适用于员工本身人格较成熟的情境。第四，成就型领导。这类领导者喜欢制定高难度的组织目标，因为他们充分相信自己的员工有无限的潜能，这类风格的领导适合于领导能力较强又追逐个人成就感的员工。

总的说来，路径-目标理论认为领导者本身是多变的，每个领导者身上都具备着四种风格的领导特质，此外该理论也承袭了权变理论的核心思想，认为领导者应随着情境的变化而改变自己的领导风格。路径-目标理论的主要观点可总结为图 6-4。

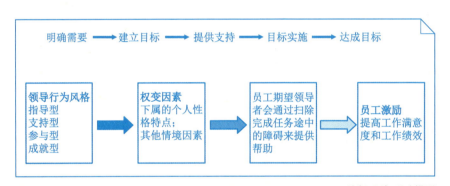

图 6-4　　　　　　　　　　　　　　　　　　　　　　　　路径-目标理论模型

具体来说，领导者首先要根据被领导者的个人特点和需求以及其他的情境因素来制定出一个明确的目标。只有适合的、好的目标才能对员工产生有效激励，从而鼓励他们积极工作。在后续达成目标的整个过程中，领导者都要根据领导情境的变化来转变自己的领导风格，确保能够高效率的达成目标。

尽管路径-目标理论得到很多专家学者的认可，但同时也遭受质疑。首先，不少人指出该理论对很多变量没有给出明确的测量方式，因此实际运用时难以操作；其次，该理论并未考虑领导者自身这个关键因素的影响作用，而是简单地默认每个领导者都能实施四种领导方式并在不同方式间灵活转换。因此，路径-目标理论还有待进一步地完善和扩展。

## 6.2 领导者类型理论

### 6.2.1 战略型领导

如何培养战略领导力，赢得"长久游戏"？

不朽的遗产：纳尔逊·曼德拉的战略领导者成长历程

IBM 的启示：领导者在转型中的战略抉择

前面章节我们介绍了领导特质理论、领导行为理论，这些都属于传统的领导理论，关注对象集中于中低层次的领导者，主要研究他们如何有效开展管理工作，因此也被称为管理型领导理论。管理型领导理论经历了领导特质理论、领导行为理论和领导权变理论三个理论研究阶段，一直到20世纪80年代初，它都是影响最为广泛的管理学理论之一。然而，自20世纪80年代以来，这类研究固有的局限性受到越来越多地抨击，加之其在实际应用中的有效性也比较有限，到了80年代中期往后，领导学研究开始从管理领导理论转向到战略领导理论。

#### 6.2.1.1 战略型领导理论

战略领导指的是领导者的领导能力，囊括了处变不惊、战略性地制定决策、预见未来事态的发展和情境的演变、发动变革等方面。具备这些能力的领导者即为战略领导者，在战略领导者的众多定义中一个被广泛认可的版本是：具有战略管理思想与战略思维，具有战略能力，掌握战略实施艺术，从事研究和制定战略决策，指导企业开拓未来的企业高层决策群体。战略本身是一种动态性的计划和决策过程，追求的是长期目标和整体利益，因此作为战略领导者应是一位行动上具有长期性、整体性和前瞻性的领导者。

战略领导这一概念最早是由约翰·阿代尔教授于20世纪80年代正式提出的，他总结了战略领导实施过程中的五个关键点：引导变革、创建高层团队、正确执行战略、改变组织文化以及时间管理。接下来，我们简要介绍三个比较成熟的战略领导模型，分别是：战略领导过程模型、战略领导结构模型和战略领导学习模型。

（1）战略领导过程模型。都柏林城市大学的利维教授归纳出了一种适应动态环境、重视情境变化的战略领导理念，并在此基础上开发出一个全新的战略领导框架，即为战略领导过程模型。图6-5直观地描绘了该模型的框架，此框架把焦点放在了领导过程以及战略形成过程中领导者所扮演的角色上面，但是战略领导过程模型并未就如何保持领导绩效的长效性给出答案，此外也没有深入到战略领导的具体实施过程，因而战略领导过程中决策形成的具体步骤和规则仍然是一个未解之谜，有待进一步的研究探讨。

（2）战略领导结构模型。战略领导者结构模型实际上是在军事研究的基础上发展而来的，毕竟"战略"一词本身就来源于军事领域。学者威廉姆

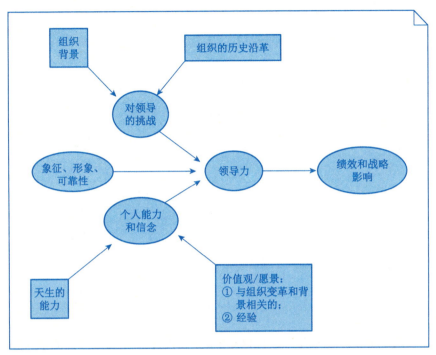

图 6-5　战略领导过程模型

斯在战略领导环境框架的基础上进一步开发出战略领导者结构模型，如图 6-6 所示。战略领导首先以最底层的价值观、道德观、准则、伦理观和标准作为基础，在此之上，领导者发展出一个抽象的以经验为主的领导知识体系，包括经验、基本技能和知识结构。其次，领导者进入更高层的承担责任和行使权威的阶段，领导者在这一阶段开始制定重大决策。再往上两层，领导者通过对战略思考技能的熟练掌握进一步增强自身的战略领

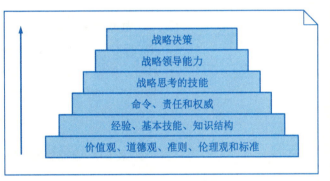

图 6-6　战略领导结构模型

导能力。最后，领导者得以参与最为重要的战略决策并真正成长为一名战略领导者。

结构模型承认战略领导能力是可以通过后天学习来培养和提升的，这一认识为之后战略领导学习模型的诞生奠定了基础。

（3）战略领导学习模型。学者贝蒂和休斯认为战略的形成不能脱离组织日常的实际运行，战略领导者应当把战略形成看作是一个不断发现与持续拓展的实践过程。如图 6-7 所示，战略领导过程本质上是由战略形成、战略实施、战略评价和战略修正这四个步骤构成的循环。

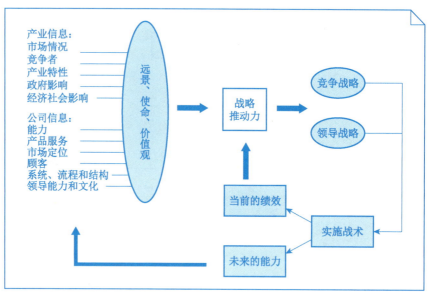

图 6-7　　　　　　　　　　　　　　　　　　　　　　　　　战略领导学习模型

战略领导学习模型突破性地提出战略领导是一个循序渐进的学习过程。这一模型的提出推动了战略领导在理论上取得了长足的进步。

#### 6.2.1.2　战略型领导的行为与特征

战略领导者主要有四种行为模式：革新分析型、革新直觉型、保守分析型、保守直觉型，表 6-3 归纳出了四种模式下的战略领导行为各自具有的特征。根据表中的内容，我们可以看出革新分析型领导者是最适合的战略领导者人选。但是，企业在实际中选择与战略实施相匹配的领导者时，还是应当视公司所处的发展阶段和具体情境而定。

表 6-3　战略领导的行为模式与特征

| 要素 | 行为模式 | | | |
|---|---|---|---|---|
| | 革新分析型 | 革新直觉型 | 保守分析型 | 保守直觉型 |
| 价值观和决策行为 | 专一；<br>攻势型和革新型；<br>对新信息和新思想敏感；<br>思想灵活，能提出许多可供选择的办法；<br>能迅速做出决策 | 自我；<br>攻势型和革新型；<br>凭直觉，对新机会敏感；<br>思想直观，提不出什么办法；<br>在没有充分考虑资源的情况下，往往很快作出决策 | 理论的一致性；<br>理性主义和至善论者；<br>固执于原则、理论；<br>乐观、办法多；<br>直到把握了充分的信息和资源情况才作出决策 | 自我；<br>保守、囿于传统；<br>固执于过去的经验；<br>不灵活；<br>要等到一系列的问题都看清楚后才能作出决策 |
| 领导行为 | 表达目标和方针清楚；<br>随时听取他人的意见；<br>能容忍失败（共同分担） | 往往是自己去干而不是提出目标；<br>强迫服从自己的意见；<br>使他人敬畏；<br>不能容忍失败（独裁） | 目标混杂不清 | 缺少目标；<br>需要忠顺或允许放任；<br>处罚过失或不予制裁（要么独裁，要么放任） |

领导理论的研究发展到 20 世纪 80 年代以后，除了转到战略领导的大方向外，还有很多学者对领导者身上的一些感性因素产生了研究兴趣，由此开拓出领导理论研究的新领域。其中主流的研究成果有领袖魅力型领导理论、变革型领导理论以及伦理型领导理论。下面我们将对这三类理论进行详细论述。

### 6.2.2 领袖魅力型领导者

早在 20 世纪 20 年代，马克斯·韦伯[1]就将"魅力"一词引入了社会学的研究领域，随后魅力型领导理论作为领导理论的一个分支发展了起来。而到 20 世纪 90 年代及以后，魅力型领导理论开始得到了广泛的支持，重新兴起并成为了领导学研究领域的热门主题。

埃隆马斯克：无限的创想与意志的胜利（上、下）

领袖魅力型领导理论为何会兴起呢？加拿大学者康格认为原因有二：一是在复杂动荡的环境中，组织需要魅力型领导者来有效地实施变革，以此来适应外界的环境；二是组织或群体面临着不断提高员工忠诚度和绩效的挑战，魅力型领导者与下属之间基于感情依附形成的领导者—下属关系，能够使其对领导者高度忠诚、信任和服从。[2]

> **案例**
>
> **阿里巴巴的魅力领袖——马云**
>
> 阿里巴巴集团诞生于 1999 年，由马云和他的 17 个朋友在其杭州的公寓中一手创立，经过十年的发展年销售额已经超越亚马逊公司和易贝（eBay）之和，成为全球电商销售额最高的平台。英国《经济学人》杂志称其为"世界上最伟大的集市"。
>
> 阿里巴巴当下所取得的巨大成就，得益于当今中国良好的发展机遇和商业环境，得益于辛勤劳作的员工，得益于充满活力的企业文化，但最关键还在于马云及其管理团队的杰出领导。马云这位当之无愧的魅力领袖，以他独树一帜的领导风格与强大的个人魅力，在整个领导团队中扮演了最为重要的角色。他在塑造阿里巴巴神话的过程中究竟展现出了哪些领袖魅力呢？
>
> **1. 豪迈**
>
> 马云总是洋溢着豪迈的自信。阿里巴巴创立之初他就有过这样的豪言壮语："从现在起，我们要做一件伟大的事情。我们的 B2B 将为互联网服务模式带来一次革命！"[3]

---

[1] Weber, M., The Theory of Social and Economic Organizations, translated by T. Parsons.
[2] 陈树文. 领导学（第 1 版）. 清华大学出版社, 2011.
[3] B2B，也有写成 BTB，是 Business-to-Business 的缩写。指的是企业与企业之间通过专用网络或 Internet 进行数据信息的交换、传递，开展交易活动的商业模式。

他还说过:"我深信不疑我们的模式是会赚钱的,亚马逊是世界上最长的河,8848[1]是世界上最高的山,阿里巴巴是世界上最富有的宝藏。"

马云说过很多"大话",也正是通过这些大话,他不断地向外界传达出自己的想法让人们看到阿里巴巴的活力,同时也形成了品牌式的个人风格与独特的个人魅力。

2. 坚毅

马云身上有股坚忍不拔的"死劲儿"。1964年他出身于一个普通家庭,父母靠评弹技艺为生。文革时期评弹遭禁,给这普通的家庭带来更为沉重的生活负担。但生活上的困苦并没有磨灭马云获取知识的热情,他坚信知识改变命运,为此他以更为坚韧的意志力、付出了更多的汗水与努力去求取知识、实现梦想。

经历过三次高考的企业家不单有新东方的俞敏洪,还有阿里巴巴的马云。他也参加了三次高考,前两次均以落榜告终,但他始终没有放弃,继续努力拼搏,终于在第三次高考后考上了杭州师范学院。

马云与俞敏洪还有一段类似的经历——他们都曾靠着外语谋生。其实,马云学习英语也是凭着一股"死劲儿",他从小便对英语有着浓厚的兴趣,有整整九年时间里,他每天都早早起床骑上自行车奔向杭州大酒店,在那里"厚着脸皮"地与外国游客交上朋友,毛遂自荐地充当免费导游,一遍遍地练习自己英语,才有了今天"国际范儿"的马云。

3. "忽悠"

马云还是一位优秀的演讲者。他甚至被戏称为"忽悠大王",但与其说是忽悠不如说他具有极强的沟通能力。

马云思维敏捷,能说会道,无论是即兴演讲,还是会议报告,他都风趣幽默且妙语连珠,出口成章且富含哲理。正是马云在各种场合充满激情和智慧的演说,带给了无数青年创业者以希望和启发。

在领导阿里巴巴的过程中,马云充分运用其非凡的沟通能力和演说能力向员工传达自己的思想、引起员工的共鸣进而得到他们的认可。

4. "侠客"

不同于大多数企业家动辄搬出德鲁克,或是将盖茨、乔布斯奉为神明,马云自小痴迷武侠,奉金庸为偶像。这也使得他的行为表现常常超乎常规,透出一股仙风侠气。

他熟读金庸的武侠小说,整天拿着一个教鞭在公司四处溜达。公司大楼里的办公室也全按照武侠圣地命名:"光明顶""达摩院""桃花岛"等,甚至洗手间叫"听雨轩"。在他名为"光明顶"的会议室里,挂着金庸书写的:"临渊羡鱼,不如退而结网。"在他办公室墙上,有一张几个人倒立的照片,那是在非典期间全公司员工仍坚持工作时,他为了保证员工的运动量,便要求他们全部练习倒立。他巧妙地解释说,要让大家逆向思维,倒立看世界,有些事情就不那么可怕。正是这种独具个性的

---

[1] 8848即世界最高峰珠穆朗玛峰(传统观念中珠峰的高度为8 848米,2005年中国国家测绘局测量的岩面高为8 844.43米,同时停用了1975年测量的8 848.13米的数据)。

领导风格，使得全公司经历过无数的起起伏伏和大小危机，一路从容走到今天。

后来，金庸老先生在浙大企业培训中心为浙江企业家讲课时，马云也与老先生来了一场"西湖论剑"，二人大谈江湖、武功招数、围棋流派，以及软件、网络、IT 等等，更是达成了"人品如棋品，世事如棋局"的共识。

马云是一位魅力非凡的杰出领导者，当然他的魅力还体现在其他很多方面。毋庸置疑的是，正是他的个人魅力塑造了一个神话般的领导者，也正是他的卓越领导成就了突飞猛进的阿里巴巴。

#### 6.2.2.1　领袖魅力型领导的相关理论

对于领袖魅力型领导现象的相关研究中，主要有两大重要理论。一是归因理论，一是自我概念理论。

（1）归因理论。"归因"指的是人们对他人或自己行为原因的推论过程，具体来说，就是观察者对他人或自己的行为过程所进行的因果解释和推论。基于归因这一人类心理现象，康格（Conger）和凯南格（Kanungo）在 1987 年提出了领袖魅力型领导理论，探讨的核心问题是"对于一个组织或企业来讲，领导者的何种行为最有魅力，能给下属留下深刻的印象并得到领导者的认同"，这里所说的"领导者的行为"即为下属对领导者所具备的领袖魅力推论出的"因"，这一推论过程即为归因。具体说来，领导者通过自身的领袖魅力使得被领导者产生了想要模仿和取悦领导者的意愿，他们希望能一直达到领导者提出的要求、实现领导者寄予的期望从而获得自我肯定。

此外，情境变量在魅力领袖对下属施加影响的过程中也起着关键作用。情境也被称为促进条件，所谓"促进条件"，就是指某些特定情境能使领导者更具魅力从而促进领导者对下属的影响。一个典型的促进条件就是危机情境，处在危机之中，组织成员对未来感到惶惶不安，此时领导者若能展现出自信和乐观，无疑会鼓舞士气，收获信任。

七位杰出领导者讲述如何做出艰难的选择和顾全大局

（2）自我概念理论。自我概念理论由罗伯特·豪斯于 1977 年提出，主要从人类动机的角度来看待魅力型领导的生成以及魅力型领导的行为对追随者行为的影响。

在心理学领域，自我概念理论认为个体所表现出来的一些外在行为都是其自身价值观、内在动机的反映。领导学研究中的自我概念理论也承袭了这一基本观点，认为魅力型领导者自身行为背后的内在动机和价值观要具备足够的影响力，也即要具有足够强的"魅力"，而下属之所以被影响并认同领导者是因为他们自身的价值观和信念与领导者是相近的或是契合的，也就是说魅力型领导者通过下属对价值观和信念的"共鸣"实现了对下属的影响。

自我概念理论与归因理论有所不同：归因理论强调个人认同和内化的重要作用，而自我概念理论则认为社会认同更加重要。所谓社会认同，更多的是注重一种社会互动的过程，也就是通过社会成员的相互交往，达到相互影响的作用[1]。自我概念领导理论认为社会认同的过程是一个加速认同的过程，社会认同将比个人认同发挥更大的作用。

#### 6.2.2.2 相关研究和特征

韦伯对于"魅力"的见解是："领导者展示了一项卓越的使命或行为过程，他们自身不能对潜在的追随者产生影响，但是正因为被领导者认为他们的领导者具有特殊的天赋，所以该项使命或行为才能得以进行"。随后，豪斯在此基础上提出了魅力型领导理论，他认为具有超凡魅力的领导者拥有极大的影响力，能够对下属产生强烈的感染力。豪斯还总结出了魅力型领导者的三项特质：一是预见性；二是充满活力；三是赋予下级能力。在豪斯之后，沃伦·邦尼斯对美国 90 多位最成功、最杰出的领导者进行研究，补充进了一些魅力型领导者的特点，包括：有远见和战略意识，能提出远大的目标等。此后，经过康格和卡侬格的研究补充，魅力领袖所具备特征的又得到了更进一步的丰富，具体见表 6-4。

表 6-4 魅力型领导者的基本特征

| 基本特征 | 详细解释 |
| --- | --- |
| 有强烈的自信心 | 他们对自己的能力充满信心 |
| 有制定远大目标的能力 | 能够制定远大目标，远见卓识，能够根据实际情况制定合适的战略性目标，为下属的工作指明方向，并能够带领他们不懈追求 |
| 具有清楚地传达目标的能力 | 能够将目标清楚明白地传达给下属让下属明白自己的任务责任，以便使他们充分发挥自身的潜能 |
| 对目标抱有坚定的信念 | 他们对自己制定的目标充满信心，并且为完成目标会竭尽全力，甘愿自我牺牲 |
| 不循规蹈矩 | 具有创新精神，不安于现状，打破常规，不断使组织奔跑在前列 |
| 作为变革的代言人出现 | 他们对于工作的决策和执行不墨守成规，不稳步不前，不是传统现状的卫道士，而是站在时代的前列，敢说敢做，不断地进行大刀阔斧的改革，是改革的先锋 |
| 对环境很敏感 | 对周围环境的变化很敏感，对有利环境还是不利环境能够判断准确，并能适时地抓住时机，充分利用有利环境，限制不利环境的发展 |

---

[1] 王辉. 组织中的领导行为. 北京大学出版社，2008.

## 案例

### "包机"的魅力

王均瑶16岁那年离开家乡温州,到长沙一带经营五金和印刷业务。1989年春节前夕,忙于业务他忘记提前购买回家的火车票,无奈之下他只好和其他几个老乡包了一辆大巴回家。

坐着又慢又颠的大巴真是不好受,王均瑶随口感叹了一句:"这破车真慢!"这时,旁边的一位老乡挖苦说:"飞机快,你包飞机回家好了。"说者无心,听者有意。王均瑶在心中悄悄埋下了梦想的种子。春节刚过,他真的谋划起了承包飞机的业务。而在当时的中国,买一张机票都需要单位的级别证明,乘坐飞机都不是件容易的事,更何况承包飞机呢!然而,面对重重困难与冷嘲热讽,当时还只是个小小打工仔的王均瑶丝毫没有放弃,经过长达八九个月的走访、市场调查以及与有关部门沟通,遭受了无数次的拒绝和白眼之后,他终于盖到了100多个图章,完成了包机的各项准备工作。

1991年7月28日,随着一架"安24"型民航客机从长沙起飞平稳降落于温州机场,王均瑶首开中国民航史私人包机的先河,承包了长沙—温州的航线,并在当年实现赢利20万元。在这一年里,25岁的王均瑶在完成个人创举、打破民航历史的同时,也为自己赢得了"胆大包天"的个人品牌。之后,他一鼓作气包下全国400多个航班,成立了全国第一家私人包机公司——温州天龙包机有限公司,在中国航空史上写下了特别的一页。从此,王均瑶更是一往无前,领导着均瑶集团相继进入奶制品业、百货业、酒店服务业等领域,经过10年的发展,总资产达到35亿元。美国《纽约时报》对他这样评价道:"以王均瑶为代表的具有开拓和创业精神的中国企业家,他们将凭借超人的胆识魄力引发中国民营经济的腾飞。"

1993年,沙米尔等人又对豪斯提出的领袖魅力型领导理论做了修正和扩张。沙米尔强化了人的动机,认为魅力型领导者会通过模范作用影响被领导者的自我概念,从而产生激励作用。他们总结了四种魅力型领导者的典型行为:(1)改变工作者对工作性质的认知;(2)提出有诉求力的愿景;(3)在被领导者中培养出深层次的集体认同感;(4)提高个人和集体的自我效能。

对于领袖魅力型领导者理论的研究还在继续。他们为组织或群体创造了一种成就导向与价值导向的文化,使得领导者行为的有效性大大提升。魅力型领导者在现今的社会中获得了越来越多的认同。

### 6.2.3 变革型领导者

第八次企业重组？杨元庆领导下的"联想"到底要干什么

通用电气的前任总裁杰克•韦尔奇在20世纪曾经说过："长期以来，我们相信，如果一个机构的内部变革速度慢于外部的变革速度，其末日就不远了。唯一的问题就是这一末日何时来临。"从韦尔奇的这番话，我们不难看出"变革"对于企业发展延续的重要性。

企业的变革之路也是一条在黑暗中摸索着前往未知的道路，身为企业的领导者要具备足够的勇气、信心、智慧和谋略才能够稳稳地掌舵，把握好企业运行的航向。

#### 6.2.3.1 变革型领导理论

"变革"一词最初是由唐顿引入领导学研究，随后被伯恩斯概念化，最终由伯纳德•巴斯将其理论化。变革型领导理论将领导者与被领导者联接起来从而广泛、全面地描述了领导者实施影响的过程，试图总结出能提高领导者与被领导者两方品德和动力水平的过程。

理论研究表明，变革型领导者应具有这样的特征：有远见卓识；热心地关怀员工，培养员工；鼓励员工为实现组织目标而超越个人利益。对他们而言最关键的任务就是在组织内部营造一种变革的氛围，并促使组织进行适应性调整以推动变革。

为确保自己领导行为的有效性，变革型领导者往往会采取如下三种方法：第一，提高被领导者的层次；第二，构建优秀的组织文化；第三，激发组织成员的奉献精神。这三种方法联系紧密、互为补充。

变革型领导理论也存在一些缺陷和不足：首先，变革型领导理论在对变革型领导者特征的划定上存在模糊和重叠；其次，该理论过于强调领导者个人的特质，缺乏严谨的科学依据；再者，变革型领导理论主要针对的是组织的高层领导者，是否适用于低层领导者还难下定论；第四，变革型领导者制定远大目标、实施变革等行为并不一定能产生好的结果；最后，变革型领导理论在实践验证的环节还有所欠缺。

**案 例**

#### 任正非与华为改革

变革对于企业的生存与发展意义重大，然而真正的变革是一个非常复杂的系统性过程，常常遭遇失败，但华为公司却在变革历程中取得了接二连三的胜利。变革成功的背后，总裁任正非可谓功不可没。

任正非说，企业若想活下去，没有捷径，唯有持续变革。作为一位变革型领导者，他不仅一手推动了华为的变革，更在一路上为华为的变革保驾护航。

1. 主动 v.s. 被动

组织变革有主动和被动之分，很多企业变革都是被动型的，即当企业暴露出重大问题时才考虑实施变革。但华为公司的变革基本都是在主动的情况下实施的。

任正非认为变革是渗透在日常诸多细节中的，而很多细小琐碎的问题正是变革的切入点。当企业出现很多小问题时，企业自身要首先进行"诊断"，否则被搁置不管的小问题终究会演变成日后威胁企业的大危机。任正非有一套自己的诊断方式，用以确定改革应从何处下手。首先通过举办研讨活动，设定议题让大家发散地讨论，然后再进行收集和梳理，看看干部和员工们怎么看待企业的管理问题。之后对问题的原因进一步地深挖，挖到这些问题背后的根本因素，再针对根源性问题制定解决措施。

2. 时机把握

任正非还较好地为华为把握了变革的时机和节奏，有力地支撑了业务的发展。

所谓把握住变革的时机和节奏，就是要在合适的时机做合适的事情。对企业员工的激励问题和绩效考核问题是企业持续发展的两个重要问题。任正非对于这两方面的问题都有自己独到的见解，他将两个方面变革的方向统一为价值追求，因而总结出变革务必要着眼于企业价值的创造过程。他在价值链上依次推进，先针对研发和供应链方面进行变革，而后转到了财务和市场与服务体系的管理变革，以达到高效的价值实现过程为最终目的。

3. 统一思想

变革的前期准备是非常重要的，而统一思想又是准备工作的重中之重。但任正非深知要统一所有人的思想让他们达成一致共识并不现实。变革最重要的是在核心高管层面的认识上要达到高度统一，既要让他们清晰地了解变革的需求，又要保证组织、人员、业务等等相关方面做好准备。他将华为变革的顺利开展归功于《华为基本法》——正是因为《华为基本法》已经清楚地说明了华为公司整个变革的指导思想、原则、路径，所以变革在华为公司的核心管理层和高管团队就没有遇到什么大的阻力。《华为基本法》梳理了华为的企业文化，总结了过去成功的经验，成为了公司宏观管理的指导原则，以及处理公司发展中重大关系的准则，为后续的组织变革铺平了道路。

4. 触动"奶酪"

企业在变革过程中，常常不得不"动别人的奶酪"。变革意味着原有格局被打破，那么原来的利益分配也面临着调整，必定会触动老员工的利益，但企业又离不开这些元老忠臣，鱼和熊掌如何兼得呢？任正非早就有此觉悟，在华为的变革中触及老员工利益而遭遇阻力时，他的做法很简单，把那些不配合变革的人，全部从变革项目团队里请出去，另外调一些对变革怀有热情和积极态度的人参与进来。正是他的觉悟和魄力才使得华为的变革得以顺利推进。

对于变革，任正非有此感悟："没有什么是可以拿来就是你的，必须一点一点成为你的生物体、心智体和灵魂体。经历痛苦的自宫，才可能成为你的绝活。"他这番清醒而冷静的话值得所有人细细品读。

#### 6.2.3.2 变革型领导的行为与特征

前面我们对变革型领导理论进行了概括性的介绍和简要的评述,下面我们将列举出在通常情况下变革型领导者所采取的具体行为和表现出的特征,从而加深读者对这一类型领导者的认知与理解。

(1)变革型领导的行为。变革型领导者表现出来的具体行为主要有如下六大方面:第一,创建一个共同的愿景目标和一套共同的核心价值体系;第二,心智激发行为;第三,授权;第四,为员工提供帮助和支持;第五,确定较高的绩效标准;第六,发挥带头和表率作用。

(2)变革型领导的特征。变革型领导者主要表现出四大特征。首先是具有领袖魅力。变革型领导者往往有实力、自信、对环境敏感、勇于变革,并坚信目标一定能够达成,这些特征共同构成了他们的领袖魅力。其次是对下属具有感召力。变革型领导者能用清晰的语言使员工明确自己的奋斗目标,并为他们制定较高的绩效标准以激发出员工高昂的斗志;再次是智力刺激。变革型领导者在潜移默化中促使被领导者形成与自己相似或契合的价值观,使他们形成与组织目标相一致的个人目标;最后是个别化关怀。个别化关怀指领导者在给员工下达任务之后还会在员工执行任务期间给予必要的帮助和支持,帮助员工培养和提升各方面的能力。

除了上述四项特征之外,美国的管理学家傅伊德还系统地归纳了变革型领导者的五项技能特征,见表6-5所列。他认为变革型领导者的领导技能并不是天生就具备的,多数还是通过后天学习和管理实践培养出来的。

表6-5 变革型领导者的技能特征

| 技 能 | 特 征 |
| --- | --- |
| 有远见卓识 | 对组织的内外部环境能够清楚地掌握,并能高瞻远瞩地制定一些决策,推动组织更高更远地发展 |
| 控制技能 | 有控制组织其他成员的能力,能够用自己独特的领导魅力感召员工按照自己的意图进行工作 |
| 价值观的综合技能 | 把员工的一些需求整合起来,使其个人价值观与组织的价值观统合一致,达到组织的高效率 |
| 授权技能 | 愿意与员工分享自己的权力,让员工适当管理自己,并指导员工如何正确行使权力 |
| 自知能力 | 明确自己的需求和目标,也了解组织中其他成员的需求和目标 |

尽管变革型领导理论兴起得较晚,理论的系统性也还有所欠缺,但是它仍然具有独特的研究价值和实践意义。

### 6.2.4 伦理型领导者

**案例**

#### 百度售卖血友病吧——伦理型领导的缺失

2016年初,百度售卖血友病吧的消息爆出,引起了轩然大波。央视报道原文为:

百度贴吧的血友病吧被卖,原吧务成员遭撤换,并引入"陕西医大血友病研究院院长刘陕西教授"的"血友病专家"成为新吧主。原吧主"蚂蚁菜"发表文章呼吁:贴吧惊变让数千病友面临生存危机,经营者将贴吧管理权还给真正需要帮助的血友病人!

究竟谁"害死"了魏则西?

从法律上来说,商业网站的贴吧被用作商业用途本无可辩驳,但是这些"疾病吧"有它们的特别之处。对于很多病友来说,贴吧提供了一个平台,可供他们与病友们交流病情、沟通治疗方法,并获得心理上的安慰和认同。而一旦吧主被一些山寨医院、"专家"控制,被骗钱财也许不是最可怕的,最可怕的是倘若任由大量虚假、劣质的药品或医疗广告泛滥其间,容易误导病友,混淆视听,要是耽误了最佳的治疗时机,严重的有可能危及生命。

现在风波已经渐渐平息,但我们不能仅仅在愤怒斥责百度践踏商业道德过后就转瞬遗忘,而应在冷静之后深入剖析出问题的根源:曾经那个理想青年李彦宏一手创立的百度,究竟为何会走上这条歧路?

诚然,百度也是一家盈利性企业,追求商业利润无可厚非,任何人都无权用道德工具绑架商业公司。在这一合作中,看似百度与医托实现了互利共赢,但它却忽视了一个群体——贴吧中的广大网友。正是广大的用户群体支撑出了百度的点击量、浏览量,百度才得以开展广泛的业务从而实现长远的发展。但百度为了眼前的短期利益如此无视用户权益,甚至不顾由此引发的严重后果,单单从商业角度看也不得不说是一种极为短视的商业行为。这暴露出的是公司内部的伦理缺失,而要对此负责的正是百度的领导层,他们对伦理道德的忽视导致了整个组织内伦理文化被销售文化所完全压制。

在失去了谷歌这个重量级竞争对手之后,百度所处的商业环境始终有惊无险,它的经营理念也迅速蜕变为销售主导。但要注意的是,倘若一个企业中销售文化繁盛到伦理文化无力与之抗衡的地步,那么势必就会导致严重的问题。在百度,经济利润与用户体验的冲突依旧存在,利益与道德的矛盾仍需调和,百度亟需正视企业伦理的问题,也亟待伦理型领导力的回归。

#### 6.2.4.1 伦理型领导的概念

"伦理"的英文单词为"Ethics",来源于希腊语"Ethos",本意指气质、民族精神。在大多数定义中伦理指的是人与人交往时形成的一种人际关系,以及处理这一种人际关系时人们遵循的准则。因此,伦理是客观存在的准则,是一种双向性的义务[1]。最早将伦理一词引入领导学研究的是美国学者乔治·恩德勒(Georges Enderle),他把它界定为一种旨在明确描述管理决策中的伦理问题并对决策过程所参照的伦理原则加以规范的思维方式。表6-6罗列了学者们对伦理型领导所下的定义。

**表 6-6 伦理型领导者概念的界定**

| 研究者 | 年份 | 视角、方法 | 研究对象 | 概念内涵 |
|---|---|---|---|---|
| Enderle | 1987 | 思维方式 | 高层管理者 | 明确描述管理决策中的伦理问题,并对决策过程所参照的伦理原则加以规范 |
| Heifetz | 1994 | 与下属互动 | 高层管理者 | 利用威信帮助下属应对变化、面对棘手问题、提供信任支持等 |
| Gini | 1997 | 社会权利 | 中层管理者 | 关注领导者在作出决策、参与组织活动、影响他人的过程中如何使用自己的社会权利 |
| Kanungo & Mendonca | 1998 | 概念分析 | 中层管理者 | 将其分为三个重要方面:领导者行为动机、领导者影响策略、领导者伦理品质结构,并进一步将动机区分为利他对利己两种性质的动机 |
| Treviño | 2000, 2003 | 定性描述,访谈 | 高层管理者 | 伦理个人(ethical person),即具备诚信等个体特征,并执行合乎伦理的决策;伦理管理者(ethical manager),即采取影响组织道德观与行为的合乎伦理的策略 |
| Meda | 2005 | 访谈 | 高层管理者 | 榜样领导,道德行为的模范角色,在商业事务中激励部属作出道德反应 |
| Brown | 2002, 2005 | 社会学习 | 中层管理者 | 领导者树立适当的行为典范,并通过双向沟通使下属分享这种行为典范,然后对相应的行为进行强化(如奖励或惩罚)的过程 |

#### 6.2.4.2 伦理型领导的决定因素

布朗和特维诺[2]结合了伦理学和领导学的研究成果,基于社会学习理论总结出了伦理型领导的多项决定因素,在这里,我们主要介绍个人决定因素和情境决定因素。

---

[1] 王琦珑.道德型领导与伦理领导的概念区别.经营管理者.2013(24):119-119.
[2] Brown, M. E., & Treviño, L. K. Ethical leadership: a review and future directions. The Leadership Quarterly, 2006a, 17: 595-616.

（1）**个人决定因素**。在领导者个体层面上，主要的影响因素包括领导者的人格特质、道德水平和自我控制力等。其中，在人格特质方面，宜人性的特质通常被认为能够有效预测伦理型的领导行为，尤其是领导者个人所具有的宜人性特质与领导行为中含有伦理成分的理想化影响（主要涉及领导者魅力品质）维度有较强相关性[1]；此外有积极特质的领导者更可能采取伦理型领导行为，尤其是内控力强的个体，他们更加重视自身行为和结果的因果关系并更能对自己的行为结果负责，因而他们更有可能实现有效领导，在领导过程中也更可能表现出符合伦理的行为。

（2）**情境影响因素**。伦理行为一定是发生在某一特定社会环境之中，因而不可避免地会受到各种情境因素的直接或间接影响。

我们不妨设想出领导行为发生的一个具体环境——组织，组织层面上的最为典型的情境因素主要有组织伦理气氛和组织伦理文化。其中，组织伦理气氛是组织成员对含有伦理成分的组织惯例与程序的一致性认知[2]。员工感觉到的仁慈性伦理气氛将增加他们的组织承诺，也即提高他们对组织的认同感和忠诚度[3]，置身于伦理氛围中的领导者也会受到影响，在管理组织的过程中他们个人主观上更可能选择符合伦理准则的行为从而形成伦理决策[4]；组织的伦理文化和伦理气氛有着相似的作用机制，能够明显提高组织成员的组织承诺，但伦理文化主要影响的是组织内部成员中低道德归因水平的个体，而很少影响高道德归因水平的成员。

### 6.2.5 领导类型理论的比较研究

#### 6.2.5.1 领袖魅力型领导与变革型领导

变革型领导理论与魅力型领导理论基本上是在同一时期提出的，两者之间有重合与相似之处，但也有明显的不同。表 6-7 清晰地阐述了具体的区别[5]。

---

[1] Rubin, R. S., Munz, D. C., & Brommer, W. H. Leading from within: the effects of emotion recognition and personality on transformational leadership behavior. Academy of Management Journal, 2005, 48: 845-858.

[2] Victor, B., & Cullen, J. B. The organizational bases of ethical work climates. Administrative Science Quarterly, 1998, 33: 101-125.

[3] Cullen, J. B., Parboteeah, K. P., & Victor, B. The effects of ethical climates on organizational commitment: A two-study analysis. Journal of Business Ethics, 2003, 46: 127-141.

[4] Flannery, B. L., & May, D. R. Environmental ethical decision-making in the U.S. metal-finishing industry. Academy of Management Journal, 2000, 43: 642-662.

[5] 陈睿, 井润田. 魅力型领导与变革型领导行为比较研究. 第四届（2009）中国管理学年会——组织行为与人力资源管理分会场论文集. 2009.

表 6-7　领袖魅力型领导与变革型领导特征比较

|  | 领袖魅力型领导者 | 变革型领导者 |
|---|---|---|
| 阶段Ⅰ：评估现状 | | |
| 对环境变化的敏感度 | 对环境的变化非常敏感 | 对环境的变化比较敏感 |
| 对现状的反映 | 采取果断措施改变现状，是变革的探索者 | 达成共识后逐渐改变现状，是变革推进者 |
| 对成员需求的关心度 | 个性化关怀，能及时意识到成员生活、情感上的诉求，并提供支持帮助 | 个性化关怀，当下属需要帮助时，即使提供支持帮助 |
| 阶段Ⅱ：树立目标并清晰表达 | | |
| 未来目标 | 设立与现状相差较远的目标前景 | 不一定会设立新的组织目标 |
| 目标传达方式 | 能深入浅出、言简意赅地向下属说明自己的理想和远大目标，并使之认同 | 通过让下属意识到所承担任务的重要意义，从而激发下属的高层次需求 |
| 阶段Ⅲ：达到组织目标 | | |
| 目标达成方式 | 采取一些新奇、违背常规的行为，当他们成功时，会引起下属的惊讶和赞叹；经常突破现有秩序的框架，采用异乎寻常的方式达到远大的目标 | 强调授权，激励成员做得比他们预期的或者认为可完成的更好 |
| 表现自信 | 对自己的判断力和能力充满自信，对组织愿景保佑坚定信念 | 表现出较强的自信心 |
| 模范表率 | 承担很大风险，牺牲奉献精神，对事业全身心投入 | 树立良好形象 |
| 对员工智力启发 | 侧重激发下属发现新问题、新想法，采用新方法 | 侧重从新的角度看待问题 |
| 领导者的影响策略 | | |
| 对员工的影响途径 | 通过激发强烈的情感、积极性而达到 | 通过与成员物质、情感以及智力上的联系而达到 |
| 权力基础 | 参照性权力、专家性权力、信息权力、说服权力 | 参照性权力、专家性权力、信息权力、说服权力 |

#### 6.2.5.2　伦理型领导与领袖魅力型领导、变革型领导

与变革型领导和魅力型领导不同，伦理型领导强调的是领导者基于合乎伦理的榜样行为促成其与组织成员间的双向沟通。虽然变革型领导、魅力型领导理论都从某些角度提到了领导者道德行为的重要性，但是也仅停留在对领导者品质和行为的描述上，而伦理型领导理论却从不同的视角对它进行了深入的阐述，具体内容见表 6-8[1]。

---

[1] 刘碧辉. 魅力型领导、变革型领导和伦理型领导比较研究. 企业家天地旬刊, 2011（3）:38-40.

表 6-8　伦理型领导与领袖魅力型、变革型领导的异同

|  | 与伦理型领导的同 | 与伦理型领导的异 |
| --- | --- | --- |
| 变革型领导 | 关心他人（利他）；伦理决策；正直；榜样作用 | 伦理型领导强调伦理的标准和道德的管理；变革型领导强调愿景、价值观和智力激发 |
| 领袖魅力型领导 | 关心他人（利他）；榜样作用 | 伦理型领导强调道德的管理；魅力型领导强调愿景、印象管理、信任 |

## 本章小结

1. 权变理论是从 20 世纪 60 年代以后开始兴起的一类领导理论，是继领导者行为研究之后发展起来的领导学理论。这一理论的出现，标志着现代西方领导学研究进入了一个新的发展阶段。

2. "权变"一词有"随具体情境而变"或"依具体情况而定的意思"。领导权变理论主要研究与领导行为有关的情境因素对领导效力的潜在影响。该理论认为，在不同的情境中，不同的领导行为有不同的效果，所以又被称为领导情境理论。

3. 权变理论之所以受关注和喜爱，主要有三点原因：首先，权变理论统合了领导现象的复杂性；其次，它为人们提供了一套有效的领导方法；最后，它更切合领导者的实际需要。

4. 情境，一般是指在一定时间内各种情况的相对的或结合的境况。领导情境，是关于情境的一个广义的理解。它不仅包含关于情境的最基本的含义，即领导者实施领导行为时所处的环境；它也涵盖了关于领导者和被领导者两方面的情况，包括领导者的职位类别、年龄和经验，价值观念体系等以及被领导者的文化期望和独立性需要程度，责任感，对问题的关心程度，对不确定情况的安全感等。

5. 情境变量对领导者的领导行为会产生多种类型的影响效应。第一种，是直接影响组织的绩效或替代领导者的影响效应；第二种，是直接影响领导行为的影响效应；第三种，是调节领导行为效应的影响效应。

6. 规范决策模型是弗鲁姆（Vroom）和耶顿（Jago）在 1973 年提出的一个权变理论模型。这个模型注重分析领导者的参与程度对决策的质量和可信度造成的影响。模型的结果表明参与型领导者与独裁型领导者往往可能达到最好的领导效力。

7. LPC 权变模型认为有效的领导不仅和领导者自身的性格有关，还与不同的情境、领导者与团队成员或自荐的相互作用有关，可归结为两个因素：领导者的风格和情境类型。这个模型超越了以往的研究者对领导理论的模式的定义，将领导模式与情境因素相结合，以此说明并不存在一种绝对好的领导方式，领导者要根据情境随机应变。

8. 情境领导理论是在领导行为四分图理论的基础上建立起来的，并与阿吉里斯的不成熟—成熟理论相结合，创造了一个三维结构的有效领导模型。该理论认为成功的领导者应该根据被领导者

的意愿和人格上的成熟程度来选择领导方式。人格的成熟被定义为：具有能够对自己的直接行为负责的能力和意愿，而员工的成熟度由低到高可分为四个阶段。

9. 路径—目标理论是基于弗鲁姆的期望理论和领导行为的四分图理论发展出来的。期望理论认为员工在工作中表现出来的积极性和潜力是由他们预期目标所能达成的程度以及目标达成后给他们带来的个人价值所决定的。而路径—目标理论进一步地告诉领导者，应该如何通过自己的领导行为使员工努力工作，发挥出最大的工作积极性和潜力。

10. 战略领导指的是一种领导的能力，囊括了处变不惊、战略性地做决策、预见未来事态的发展和情境的演变、发动变革等。

11. 战略领导者的定义是：具有战略管理思想，善于战略思维，具有战略能力，掌握战略实施艺术，从事研究和制定战略决策，指导企业开拓未来的企业高层决策群体。战略领导者的一个最主要的特征就是制定战略，用战略思维进行决策。

12. 战略领导这个概念是约翰·阿代尔教授在 20 世纪 80 年代正式提出的，他指出了战略领导者在组织变革时期的特殊重要性：一位战略领导者在变革期能实现组织期望达到的变革结果。

13. 实施战略领导时需要关注 5 个关键点，分别是：引导变革、创建高层团队、正确执行战略、改变组织文化以及时间管理。

14. 战略领导理论体系中，有三个比较著名和成型的战略领导模型，它们分别是：战略领导过程模型、战略领导结构模型和战略领导学习模型。

15. 战略领导者主要有四种行为模式：分别是革新分析型、革新直觉型、保守分析型、保守直觉型。每种类型的战略领导行为都有其各自的行为特征。每种类型的领导者都有其适合的领导情境，并没有哪种模式具有绝对的优势。

16. 领袖魅力型领导兴起的原因有二：其一是在复杂动荡的环境中，组织需要魅力型领导者来有效地实施变革，以此来适应外界的环境；其二是组织或群体面临着不断提高员工忠诚度和绩效的挑战。

17. 归因是指人们对他人或自己行为原因的推论过程，就是观察者对他人的行为过程或自己的行为过程所进行的因果解释和推论。领袖魅力型领导的归因理论阐述的是"对于一个组织或企业来讲，领导者的什么行为才最有魅力，才能给下属留下深刻的印象，得到领导者的认同"。

18. 归因理论认为被领导者对领导者的领袖魅力的归因是由几个因素决定的，分别是：领导者的行为、技术专长和情境因素。

19. 自我概念理论从领导者和被领导者两方面来解释魅力型领导是如何产生和发展的。它主要从人类动机的角度来看待魅力型领导是怎么样产生的，以及魅力型领导的行为是如何影响被追随者的行为的。

20. 自我概念理论认为个体所表现出来的一些外在行为，都是其自身价值观、内在动机的反应。所以，该理论认为，魅力型领导者要培养能够影响下属的行为的内在动机和价值观。而下属之所以能够被影响进而认同其领导者，正是因为他们的价值观和信念与领导者的价值观以及信念正好是一致的，或近似相同的。自我概念理论与归因理论一样都认为情境是一个很重要的影响领导者魅力产生的因素，但是自我概念理论更关注领导者和被领导者之间价值观的相似或一致性。

21. 魅力型领导者的三项特质：一是预见性；二是充满活力；三是赋予下级能力。

22. 魅力型领导者的四种典型行为：一是改变工作者对工作性质的认知；二是提出有诉求力的愿景；三是在被领导者中培养出深层次的集体认同感；四是提高个人和集体的自我效能。

23. 变革一词最初是由唐顿（Downtown）提出的，随后被伯恩斯概念化，最终伯纳德·巴斯将其理论化。变革型领导理论具有很大的包容性，它广泛地描述了领导者的影响过程，不仅具有理论意义，同样也具有实践意义。变革型领导理论将领导者与被领导者联接起来，并试图创出能提高两者的动力和品德水平的过程。

24. 变革型领导者会通过三种方法来确保自己领导行为的有效性：一是想办法提高被领导者的层次；二是构建优秀的组织文化，影响和调整被领导者的价值观，使他们的个人价值观与组织的价值观相一致；三是激发组织成员的奉献精神，使他们愿意为组织的共同利益牺牲个人利益。

25. 变革型领导者表现出来的具体行为主要有六个方面。第一是创建一个共同的愿景目标和一套共同的核心价值体系；第二是心智激发行为；第三是促进合作；第四是提供帮助和支持；第五是确定较高的绩效标准；第六是发挥带头和表率作用。

26. 变革型领导者主要有四个特征：具有领袖魅力、对下属有感召力、智力刺激以及个别化关怀。

27. 伦理指的是人与人在交往的时候形成的一种人际关系，以及处理这一种人际关系时人们遵循的准则。伦理是客观存在的准则，是一种双向性的义务。

28. 伦理型领导的决定因素主要集中在领导者的个性特征以及组织的伦理背景和情境因素上。两个决定因素也被称为个人决定因素和情境决定因素。其中个人决定因素，主要包括领导者的人格特质、道德水平、自我监控和内控点等；情境决定因素体现在组织层面上，主要表现为组织伦理气氛（ethical climate）和组织伦理文化（ethical culture）的影响作用；在其他的情境因素方面，突发事件的道德强度是影响伦理型领导最重要的一个情境变量。

29. 魅力型领导和变革型领导都可以促使组织成员为了组织的利益超越个人的利益，但这两类领导者对团队目标、理想的侧重点，以及个性行为特征都有所不同。

30. 与变革型领导和魅力型领导研究不同，伦理型领导着重强调领导者基于合乎伦理的榜样行为促成其与组织成员间的双向沟通的重要实践意义。虽然变革型领导、魅力型领导理论都从某些角度强调了领导者的道德行为，但是也仅仅是停留在描述领导者品质和行为上，而伦理型领导理论却从另一个更加细致的视角对它进行了阐述。

## 思考题

1. 权变的含义是什么？权变理论的核心因素是什么？

2. 如何理解"领导情境"?
3. 主要的权变理论模型有哪些?它们的核心观点是什么?
4. 什么是战略领导?怎样的人属于战略领导者?
5. 什么样的人是领袖魅力型领导者?具有什么特质和典型行为?
6. 如何理解变革型领导的概念?变革型领导者的具体特征和行为有哪些?
7. 变革型领导者如何确保其行为的有效性?
8. 伦理型领导的概念是什么?
9. 领袖魅力型领导、变革型领导与伦理型领导三者之间的关系如何?

# 第 7 章

# 新兴领导力理论——基于实践

 **开篇案例**

### 从"七个习惯"走向"卓越领导力"

一位70后下海成立了一家信息资讯网站,成了名副其实的领导者。随着公司人员规模的不断壮大,公司的主力军渐渐的变成了80后、90后这些新生代。公司创立5年来,70后老总自认为积累了不少员工管理经验,但自从这些新生代们进入公司后,他逐渐意识到之前积累的员工管理经验好像都失灵了,以至于他都不知道该如何去做管理了。

他承认这些年轻的新员工基本都有着很强的工作能力,对公司来说暂时是不可替代的。但是身上貌似都有着不同的个性标签,有的甚至有一种"老子不想干,没有人能逼我"的架势,逼急了他们就会真的"撂挑子"。针对这些问题,这位70后的老总也是煞费苦心地采取了一系列的物质激励和精神激励措施,但这些新生代们好像对此并

不"感冒"。对于这些新生代的超强工作能力,老总是很喜欢,可他们的这些工作时的所谓"个性"又让他很痛恨。这位70后的老总对管理这些新生代的员工陷入了迷茫,不知道该如何调动他们的工作积极性。

为此盛高咨询的一位合伙人认为这位70后的领导者应该要抛开"问题出在员工身上"的老眼光,要修炼自我,养成"七个习惯",从而转型成为"卓越领导者"。

关于80、90后管理的话题,早已经是一个常谈常新的话题了。在对待这个话题上,人们更多地把关注点放在了新生代的身上,在提到80、90后员工的时候,人们表现出了更多的无奈和指责,把员工当成了问题的中心,认为所有的管理问题都是80、90后员工身上所体现的时代特征导致的。于是,"离职率高""目标定位高""经济利益至上""忠诚度低""职业定位模糊""责任心弱""抗压能力弱""团队精神缺失"等标签都被拿了出来。

我们承认,这样一些特点在80、90新生代的身上都有所体现,比60、70年代的老一辈更为明显和严重。但是,一味地指责根本不解决问题。对于新生代身上这些所谓的"毛病"或者"个性",我们仅仅是了解还不足够,我们还有找出一些办法来解决它。

随着时代的更迭,管理的要素也发生了很大的变化,与之相伴的是管理方式的变化。因此,最有效的解决办法不是试图用传统的方法改变他们,而是要通过变更领导方式渐进式地影响他们,不是用硬性的规定或约束来要求他们,而是用文化和领导力的更新来吸纳他们,包容他们。

实际上,真正有效解决问题的方法在于领导者自身,作为企业的领导者要眼光向内,发现自身在管理和领导方面的缺失或不足,加以调整和改进,提升自己的影响力。

而达到这个提升过程最好的途径就是"从七个习惯走向卓越领导力",在不断完善自身效能的基础上全面提升自己的影响力,用文化和领导力的转变和更新来带动新生代和领导者一起"共创、共享、共治"。

1. 人的成长三阶段模型(理论基础)

企业领导者要全面修炼"七个习惯",成为高效能人士。"高效能人士七个习惯"的理论基础是"人的成长三阶段模型",即从"依赖"到"独立"再到"互赖"。"依赖"是围绕"你"这个思维展开的,依靠别人实现自己的愿望,"我需要你照顾我,事情若有差错,我便怪罪你,你要对我的成长负责"。"独立"是围绕"我"这个思维展开的,"靠自己打天下,我可以独立为自己负责,我可以自由选择"。"互赖"是围绕"我们"这个思维展开的,"我们可以合作共赢,共同开创伟大的局面"。

2. 全面修炼七个习惯

在以上理念的基础上,作为一个领导者要全面修炼七个习惯,成为一个高效能的人士,也可以借此和新生代沟通,帮助他们养成七个习惯,建立共同的理念基础和行事原则,用文化理念引导员工做事。这七个习惯是:

习惯一:"积极主动",建立个人愿景的原则。凡事都向内询问,"我要做什么,我要怎么做?我应该如何积极应对?我应该如何做才能掌握主动权?"用积极主动的心态应对一切,让自己掌控局面。

习惯二："以终为始"，自我领导的原则。建立自己对事业、对工作、对伙伴、对同事、对家人、对朋友、对利益等等方面的行事原则，以原则为出发点，以原则为始。

习惯三："要事第一"，自我管理的原则。完善个人使命，把时间用在与个人使命紧密关联的事情上，做好个人管理。

习惯四："双赢思维"，人际领导的原则。凡事寻求双赢解决之道。

习惯五："知彼解己"，同理心交流的原则。时刻保持积极倾听，换位思考，站在对方的角度理解对方，保持同理心交流。

习惯六："统合综效"，创造性合作的原则。凡事都在能充分讨论和沟通的基础上找到"第三选择"。

习惯七："不断更新"，平衡的自我更新的原则。始终保持工作与身体，精神与灵魂的统一，做到全面平衡。

### 3. 卓越领导者的五个行为

在全面修炼习惯的基础上，作为企业的领导者，要全面更新自己的领导力，打造卓越领导者的五种行为，进一步在企业内部营造积极向上的氛围。这五种行为是：

第一种行为："以身作则，树立榜样"。明确自己的文化理念，挖掘成就欲望与事业追求，通过各种方式使自己的行动与文化理念保持一致。

第二种行为："共启愿景，探索航向"。展望未来，想象令人激动的各种可能，描绘共同愿景，感召他人为共同的愿景奋斗。

第三种行为："挑战现状，整合体系"。通过追求变化、成长、发展、革新的道路来锁定机会，敢于尝试，大胆创新，不断取得小小的成功。

第四种行为："目标一致，使众人行"。通过强调共同目标和建立信任来促进合作，通过分享权力来提升团队的实力。

第五种行为："表彰贡献，激励人心"。通过表彰个人的卓越表现来认可贡献，通过创造一种集体主义精神来庆祝价值的实现和胜利。

领导者通过个人"从七个习惯走向卓越领导力"的过程，开启了和80、90后新生代沟通的新模式，用文化和领导力融合，可以逐渐达到一种"共创、共享和共治"的状态。

领导理论在20世纪兴起之初关注的是领导者特质的重要性。特质理论认为，领导活动的绩效取决于优秀的领导者，取决于领导者特有的素质和突出的能力。其后发展起来的领导行为理论则认为，领导活动的绩效取决于领导的风格，取决于领导者合适的领导行为。这两个理论都在强调领导者的作用。

领导活动的实践证明特质理论和行为理论既有合理的一面，也有明显局限的一面，因为领导绩效不仅和领导者有关，也和追随者、领导目标、以及领导活动所处的阶段和情境有关。之后发展起来的权变理论就在试图弥补前面理论的缺陷,将领导过程的多个要素联系起来看待。包括领导者类型理论,也是在对具体的领导情境分析之后,才指出最适合的领导者类型。

过去,这些经典的领导力理论在实践中得到了很好的印证,但随着时代快速的发展,管理的要素也发生了很大的变化,与之相伴的是管理方式的变化。在一些新的情境下,经典的领导力理论似乎有些力不从心,而最有效的解决办法不是试图用传统的方法去应对,而是要发展出一些新的领导力理论,从一些新的思维角度去解决问题。

这一章中,我们要从一些经典的领导力理论中跳脱出来,去接触一些年轻的、新兴的领导力理论。例如积极领导力、简约领导力、蓝海领导力等等。这些领导力理论,从一些更新颖的角度或着眼点入手,去诠释在一些具体的、现实的领导情境中,领导者、被领导者应该树立怎样的态度,采取怎样的应对措施。首先,积极领导力与谦卑领导力更关注领导者,从领导者视角来谈论他们在实践中应该如何去做,才能更有效的带动被领导者;其次,蓝海领导力恰恰相反,它从"需求方"——被领导者角度谈论了他们会愿意为何种领导者行为"买单";最后,简约领导力与分布领导力都强调了领导力在组织中的转移和扩散,组织中不是只有最高领导者才发挥领导效力的,领导力是分散到各个层级之中的。

> **读完本章,你将了解:**
> 1. 积极领导力及其实现步骤;
> 2. 简约领导力的概念及基础理论;
> 3. 蓝海及蓝海领导力的含义;
> 4. 谦卑领导力及其影响效应;
> 5. 分布领导力的含义及形成方式。

怎样成为一位"积极介入的领导者"?

莎士比亚名著《亨利五世》中的领导力、激励和管理精髓

## 7.1 积极领导力

### 7.1.1 什么是积极领导力

密歇根大学的金·卡梅伦教授关注积极因素在组织中的重要作用。她指出,面对经济衰退、资源有限、竞争激烈的环境,企业领导往往看到的都是问题,拼命用强硬的竞争性策略来提高公司利润,美德、关怀、同情、善良等正面词语逐渐让位于打败、对抗、竞争等充满负面意味的词语。在不利的环境中,保持负面事件的警醒会使我们过度关注问题和障碍,以致让负面效应主导了我们的行为。

有一类组织领导在不利的经济形势中取得出人意料的巨大成功。对这类组织的研究显示，他们普遍采取了基于积极组织领导力的非常规策略。关注积极因素可以形成"向阳效应"——所有生命系统都有一种获取积极能量、避免消极能量的趋势[1]。积极能力不只是面对灾难保持乐观，它还有一种促发生机的作用。无论员工是否合群、是否外向，都可以在后天习得、发展和提高积极能力。

积极领导力意味着倡导活跃的工作环境，融洽的人际关系，符合道德的行为，积极向上的情感和富有活力的关系网络。在当今动荡、焦虑的环境下，非常需要积极领导力。

### 7.1.2 积极领导力的实现

金•卡梅伦教授基于"向阳效应"提出了5种实现积极领导力的做法：（1）利用向阳效应；（2）以道德的方式应对低迷；（3）关注超常差距；（4）创造积极能量；（5）采取积极做法。具体如下：

#### 7.1.2.1 利用向阳效应

即使面对难以逾越的巨大障碍，若领导者强调并利用积极策略和做法，就可能在组织中创造出新的活力和生机，帮助组织安然渡过难关。以一家核武器生产厂Rocky Flats的实践经验为例。在20世纪90年代，Rocky Flats陷入了一个冲突和对抗的困局，联邦调查人员声称工厂违反了环境法，突查并关闭了设施，员工对此怨声沸腾。许多社会团体从60年代起就开始组织游行，抗议工厂运营，公众也普遍不满，认为工厂对周边社区构成危险。监管机构一度认为这是美国污染最严重的地区，这个区域的清理工作预计要花上几十年，耗费数百亿美元才能完成。而在1995年，一个叫Kaiser-Hill的工程与环境事务所赢得了这个棘手任务的合同，并且令人吃惊的是，它花了仅仅十年的功夫就完成了任务，而且还节约了300亿美元的预算。最后该地区不仅清洁水平达标，安全绩效也超过了联邦标准。当问起Kaiser-Hill公司是如何做到的？该公司的CEO如此说道："我认为现在和1995年相比，最大的区别在于，过去我们进入车间或在工厂周围走动，发现员工对工作漫不经心，到处弥漫着消极情绪。现在，你进入工厂，感觉完全不同。人们显然满怀激情投入工作。那种参与、自豪、幽默和积极的氛围，和1995年相比堪称脱胎换骨。"这位CEO及美国能源部高管认识到，正是由于营建了积极的工作环境、采取了积极的策略和措施，才给工厂带来了深刻的转变。

---

[1] 金•卡梅伦. 积极领导力. 商业评论, 2014(7).

#### 7.1.2.2 以道德的方式应对低迷

**案例**

### 西南航空——一个善行者成功的例子

在 2001 年 9 月 11 日的恐怖袭击之后的 5 年中，乘坐美国航班的人数下降到 2001 年之前的 80%。由于美国航空业的经济模型是基于 86% 的上座率而构建的，因此，所有这些航空公司都入不敷出。飞行员、检票员、机械师和其他人员至少过剩 20%。在这样不景气的经济情况下，不出所料，裁员几乎是行业普遍的决定。其中一家公司裁掉了近四分之一的员工，并且不发放遣散费。和许多面临财务困境的公司一样，由于人事成本几乎总是资产负债表的大头，于是这家公司节约成本的第一步便对准了员工。

但是，同样面临危机的西南航空（Southwest Airlines）却逆势而行，选择了零裁员。尽管在"9·11"袭击之后的一段时间，西南航空每周损失达数百万美元，它却拒绝解雇员工。当时的 CEO 吉姆·帕克（Jim Parker）解释了这一决定："当然，我们也不能无限期地这么做，但我们宁愿承担一些损失，甚至是股价下跌，也要保住员工的工作。"他的理由是："我们希望让员工知道公司重视他们，不会为了短期内多一点收入而让他们走人。留住员工能够创造忠诚，更能创造安全感和信任感。"

之后的结果表明，西南航空在低迷时期的义举成为财务业绩的重要风向标。在接下来的 5 年中，它交出了最佳业绩，裁员策略的道德性与财务业绩之间有显著的关联。

虽然在现实中，当公司面临如此巨大的困境时，完全避免裁员问题并不现实，但是事实上，不管最终裁员与否，裁员的方式和态度比裁员事实本身更重要。下面给大家提供了一份善行者测试表供大家参考。

**表 7-1 善行者测试表**

| 善行者小测试——你是个善行者吗？ |
|---|
| 做个小测试，找出自己的不足所在。<br>　　以下是 10 个诊断式问题，指出了组织领导者在面对裁员、不确定性和压力时经常放弃的做法，可用于评估组织内实施积极措施的程度。<br>　　问你自己在多大程度上做到了。<br>　　1. 认同情感支持，鼓励公开表达同情。<br>　　2. 表明对错误的宽容，而不是惩罚犯错者或记仇。<br>　　3. 每天都对其他人表示感激。<br>　　4. 自己塑造积极能量，认可并鼓励组织内的其他积极能量者。 |

5. 对他人的优点而非弱点提供更多反馈。
6. 与人沟通时，以大约 5∶1 的比例传达正面信息和负面信息。
7. 确保对于组织内的个人，贡献目标优先于成就目标。
8. 指出变革的好处，将成果与善行的影响相联系，减少组织对变革的抗拒。
9. 强调和庆祝小成就，形成对变革文化的承诺。
10. 在给予负面反馈时，也传达支持和认可。

#### 7.1.2.3 关注超常差距

"超常差距"（abundance gap）是指正常、预期、标准绩效与超常或正向偏离绩效之间的差异。想象这样一个标尺（图 7-1）：

通常情况下，在困难时期，缺陷差距往往会占据领导者的全部注意力。所有其他活动都让位于解决问题。当然，障碍和困难不能忽视，但是这会让人分散注意力。研究发现，领导者哪怕只是对超常差距给予和缺陷差距同等程度的注意，也会取得明显更好的绩效。

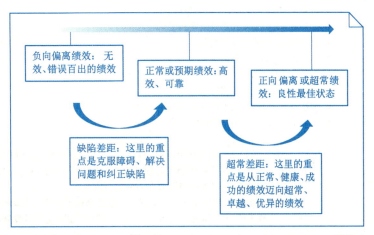

图 7-1 差距标尺

一项针对大型医疗系统中的 30 个部门效率的研究发现，在 3 年时间内，强调超常差距并实施正向做法的部门，相比主要关注解决问题、治疗疾病和缩小缺陷差距的部门，员工和患者的满意度、医疗品质、员工敬业度、职业关系和员工流失率方面都取得了明显更优异的绩效。此外，主动关注超常差距也会有助于解决问题并取得成功，这表明在促进正向偏离的过程中，也可以同时应对负向偏离。

#### 7.1.2.4 创造积极能量

有研究发现，个人可分为积极能量者和消极能量者，两者的差异在困难时期尤为明显。积极能量者创造并激发他人的活力、鼓舞激励他人，并使他人感到充满生气；相反消极能量者则会打击他人的美好感觉和热情，逐渐削弱别人的长处，使人感到筋疲力尽、深受挫折。韦恩·贝克（Wayne Baker）在他的相关研究中发现，积极能量者相比组织网络的中心人物更具有影响力，且其成功的可能性要高出 4 倍。此外，积极能量者还能提高共事者的能量水平。韦恩·贝克和他的同事在另一项研究中也确认，绩效最好的公司中不仅有积极能量者担任领导，员工中的积极能量者的人数也是普通组织的 3 倍。可见，积极能量在一个组织的绩效创造中确实产生了不小的作用。下面提供一份积极能量者测试表供大家参考。

**表 7-2　积极能量者测试表**

**成为积极能量者**

采取以下方式，发挥积极能量，扫除消极情绪。

以下是积极能量者的特质。注意，没有哪一项是人的个性中与生俱来的，所有特质都来自后天的习得、发展和提高。看看你需要改变哪些地方？

- 和人平等交流，而不是以自我为中心，孤立或疏远
- 可靠、正直、可信赖，而不会辜负信任
- 使用肯定的语言，而不是挑剔和蔑视
- 解决问题，而不是制造问题
- 关注机会，而不是障碍
- 微笑，而不是阴郁
- 真诚，而不是浅薄或虚伪
- 表达感激和谦卑，而不是自私、自满、自大
- 帮助别人成功，而不是破坏别人的成长和自我实现

一些员工还困在"而不是"的泥沼中，他们只会使士气低落，吞噬周围所有的光和热，可考虑采取以下四个步骤：

√ **真诚倾听并提供反馈**：人们可能没有意识到自己的行为方式对他人造成的负面影响或伤害。
√ **提供发展和培训机会**：人们可能需要学习新的行为方式。
√ **如果以上步骤无效，找出限制其影响的方法**：防止消极力量传染或破坏他人的积极环境。
√ **如果以上步骤无效，则帮他们另谋高就**：可能该请他们到更适合其发展的其他组织去工作。

#### 7.1.2.5　采取积极做法

有些批评者可能会说，积极策略和做法只在有限的几种情况下才行得通，而在公司面临高压的时期是绝无用武之地的。但通过一些相关的行业研究我们可以发现，积极的善行和财务业绩高度相关。在同样的观测期间，更富于同情、仁慈宽厚、充满感激、值得信赖、乐于受教、采取积极态度和做法的公司，赢利能力明显高于其他公司。事实上积极领导力可以帮助组织恢复必须的平衡，保持组织的顺畅运作。积极领导力重点是在了解：

- 除了应对挑战，有什么能提升个人和组织；
- 除了少走弯路，有什么能让组织迈上正轨；
- 除了解决问题，有什么能激发能量；
- 除了消除不快，有什么体验能令人愉悦；
- 除了达到有效，有什么能不同凡响；
- 除了艰苦努力，有什么能鼓舞人心。

## 7.2 谦卑领导力

由于组织环境变得越来越动态化、不确定和不可预测，领导者"在组织顶层运筹帷幄"的愿望越来越难以实现，这种"自上而下"的传统领导方式在很多情况下已经显得不合时宜。有研究者呼吁，领导者应该摒弃英雄神话或"伟人"领导观念，以一种开放的心态看待自身的局限性（包括知识、经验的局限性），从而表现出人性化的一面，即"人非圣贤，孰能无过"的一面。此外，领导者还应该更加关注下属对领导过程的影响。因此，他们提出当今领导理论的研究重点应该转移到领导者如何运用"自下而上"的方式领导员工上来，即领导者不再把自己当成金字塔的最高点，而是扎根于基层，关注员工发展。近几年，许多研究者指出"谦卑"是很多"自下而上领导"，例如公仆型领导、分享型领导、参与型领导等的核心，于是他们认为，领导者需要拥有更高水平的谦卑。

谦逊，才是领导者最迷人的魅力

### 7.2.1 谦卑领导力的理论研究

谦卑是谦卑型领导的核心概念，要准确把握谦卑型领导概念，必须先理解谦卑。我们从现代观点的角度来看"谦卑"，莫里森（Morris）等学者（2005）提出了谦卑的三维度结构，认为其三个维度分别是自我认识、开放性和超越。在此基础上，欧文斯（Owens, 2009）把谦卑定义为一种发展的取向，这种取向与四个因素相联系，即正确看待自己的意愿、对他人优点与贡献的欣赏、可教性以及低调。进一步地，在行为视角定义了谦卑的概念之后，欧文斯和海克曼（Owens & Hekman, 2012）进一步提出了谦卑型领导行为（Humble Leader Behavior）概念。他们通过对55位领导者的深入访谈，把谦卑型领导行为归纳为三个维度：(1) 坦承自身的不足与过失；(2) 欣赏下属的优点与贡献；(3) 谦虚学习。相关研究也为欧文斯和海克曼所提出的三维度构念提供了支持，见表7-3。同时，为了让这三种谦卑型领导行为变得有效，欧文斯和海克曼（Owens & Hekman, 2012）还提出了两类共计五个权变条件：一类是领导者因素，包括领导者能力和领导者诚意；另一类是环境因素，包括极端威胁和时间压力、组织学习型文化，以及等级遵循。

表 7-3　谦卑型领导行为的结构维度

| 研究者（年份） | 谦卑型领导行为的维度 | | |
|---|---|---|---|
| Owens & Hekman（2012） | 坦诚自身的不足与过失 | 欣赏下属的优点与贡献 | 谦虚学习 |

续表

| 研究者（年份） | 谦卑型领导行为的维度 | | |
|---|---|---|---|
| Morris et.al（2005） | 自我认识：了解自身优点与缺点的能力 | 超越：欣赏他人，承认他人的价值 | 开放性：向他人学习的意愿 |
| Cameron et.al（2003） | 正确看待自己的意愿 | 欣赏他人的优点 | 可教性 |
| Nielsen, Marrone & Slay（2010） | 认识自身优点与缺点的意愿 | 他人导向与关系导向 | |
| Vera & Rodriguez Lopez（2004） | 承认自己的局限和错误，并尝试去改正 | | 询求他人的建议 |
| Low & Gadong（2013） | 为了自我发展和自我培养而了解自己 | | 不断学习，提升自我 |
| Collins（2001） | 对坏结果负责，从不抱怨他人、外部因素或坏运气 | 通过夸大他人的优秀程度来激励他人，而不是靠个人魅力 | |
| Van Dierendonck（2011） | | 积极挖掘他人的贡献，并把其利益放在第一位 | 敢于承认自己受益于他人的专业知识 |

很多人会将"谦卑"和"谦虚"的概念混同起来。事实上，"谦卑"和"谦虚"不同，谦虚实际上指"对自身优点或成就的适度估量"。[1]谦卑特指个体的内在品质，而谦虚更多的是个体的外在表现。因此，一个外在言行谦虚的人，并不一定真正谦卑。但这并不意味着谦卑和谦虚完全不相关，事实上谦卑会自然而然地带来谦虚的表现。简而言之，谦卑的人会表现得谦虚，但表现得谦虚的人不一定内心谦卑。

华人管理学家徐淑英教授认为，"谦卑领导"知其短、愿学习、肯放权，追求崇高的使命并有能力创造一种氛围使其下属能对外界环境作出主动、积极的应对。谦卑领导就好比一双"看不见的手"，在幕后推动着整个企业的运作，并让下属最大限度地发挥其主观能动性。这正与老子所提倡的"太上"境界有着异曲同工之妙。

Catalyst网站最近的一项研究显示，要想营造一个让背景各异的员工都有归属感的环境，领导者身上必须具备四种品质，而谦卑就是其中之一。一项针对1 500多名来自澳大利亚、中国、德国、印度、墨西哥和美国的员工所做的调查显示：领导者身上利他或无私的作风会提升员工（无论男女）对自己工作团队的归属感。这种作风表现为：（1）行为谦卑，能听得进批评，勇于认错；（2）允许下属学习和发展；（3）有勇气，例如为了集体的利

---

[1] 冯镜铭，刘善仕，吴坤津，王红椿. 谦卑型领导研究探析. 外国经济与管理，2014（3）：38-47.

益甘冒个人风险；（4）放手让下属负责到底。

"行事低调""知其所短""欣赏他人""追求进步""使命崇高"，这些词语都可以用来形容一种性格特征，那就是"谦卑"。华人学者徐淑英明确指出谦卑领导的重要特征：重视授权。授权包含四种行为：强调整体的利益、支持参与决策，信任下属的能力、给予自主权利。实证研究表明，一个具有谦卑个性的领导通过其授权的领导行为，让企业高管担任了主角。他们通过互相合作与互相帮助共同做出决策，并有共同的目标和清晰的愿景。这种授权的气氛继而激发了企业中层经理的创新行为，他们会注意寻找新的产品服务、生产开发，并且精益求精，大大提高了工作质量、工作效率和工作能力。因此，谦卑领导对于中层经理的创新绩效及工作本身的绩效会有正面的影响。

全球最有影响力的管理学家彼得·德鲁克（Peter Drucker）曾说过："现在成功的领导，需要很痛苦地意识到，他们没法控制整个宇宙"。这句话透漏出来的正是一种谦卑的态度，每一个领导都应该意识到他们除了长处之外也有弱点，用谦卑的态度来应对现实的社会环境是必要的。

谦卑不是平庸，而是善于授权，并用一颗满怀敬畏的心去接受和包容更多的未知，追求更为崇高的使命。他们是真正的变革型领导，自我超越的认知和价值观使他们的企业从优秀走向卓越。

图文｜揭秘授权员工的真实意义

### 7.2.2 谦卑领导力的影响效应

谦卑型领导力主要会对三个对象产生影响效应：一是下属，二是领导者，三是组织本身。

#### 7.2.2.1 谦卑型领导对下属的影响

谦卑型领导能促进下属的心理自由和工作投入，提升下属的自我效能感、动机与奉献意愿，增进下属对领导者的信任、认同与忠诚，还能让下属的职业发展路径明确化。相关文献指出，领导者实施如服务和自我牺牲这样的自下而上的行为，会让下属更加忠诚，从而提高组织的财务绩效。可见，自下而上领导能有效地笼络人心，让下属"死心塌地"地追随，由此可以推断谦卑型领导也可能有类似效果。欧文斯和海克曼（Owens & Hekman, 2012）指出谦卑型领导行为对下属有三个方面的影响，即明确下属的职业发展路径；增强下属的心理自由；提升下属的工作投入程度。通过明确发展路径，谦卑型领导不仅能使下属产生对工作环境的心理安全感，而且能使下属产生发展性的组织认同感。心理自由其实是下属的"心理释放"，他们可以坦率地说出自己如何弥补理想与现实的差距，而不用遮遮掩掩或自我贬低。也有研究者认为，谦卑有助于形成一种自利性更低的领导风格，从而增进下属对领导者的爱戴和信任，因为谦卑会让领导者在行使权力的时候更加无私。

#### 7.2.2.2 谦卑型领导对领导者的影响

谦卑型领导对领导者的影响主要体现在两个方面，即有助于形成支持性领导-下属关系和影响社会化魅力型领导行为的效果。研究者发现，谦卑能使领导者无私地运用权力，从而促进支持性领导-下属关系的形成。也有研究者发现，谦卑是让社会化魅力型领导变得有效的重要前因。对于社会化魅力型领导的三种行为——愿景设立行为、可模仿愿景实施行为和沟通行为，领导者的谦卑程度均影响着其有效性的发挥。首先，由于谦卑者对新想法、新信息的开放性和对他人观点的重视，谦卑型领导在设立总体愿景的时候会努力了解并充分评估他人的观点，从而使得所设立的愿景更为合理。其次，塑造角色模范是领导者常用的愿景实施方法，而拥有谦卑品质的社会化魅力型领导者本身就是正面的角色模范，并且能给予下属以个性化关怀，从而使可模仿愿景实施过程更为顺畅有效。最后，关于谦卑对沟通行为有效性的影响，研究者有两种解释：一是谦卑使得领导者与下属处于一种平等而不是阶层型关系中，从而让双方能平等对话；二是谦卑能让领导者认识到自己的想法未必是最好的，所以会与下属展开双向沟通，形成双向反馈。

#### 7.2.2.3 谦卑型领导对组织的影响

首先指出，同时拥有谦卑品质和强大意志力的领导者能把好企业转变成伟大的企业。后来，研究者发现当领导者表现出正确看待自己的意愿、对他人优点的欣赏和可教性时，组织更可能实现成长。谦卑型领导致力于打造一种鼓励组织学习、更好地为顾客服务以及有效适应改变的组织，这类组织与其领导者拥有相似的特征，即表现在四个方面，即拥有学习的意愿；组织成员在处理人际关系时会把自己置于恰当的位置；组织成员关注并关心其他成员；组织成员拥有准确的自知之明。

## 7.3 蓝海领导力

### 7.3.1 蓝海领导力的理论特点

蓝海领导力源于 W. 钱·金和勒妮·莫博涅的"蓝海战略"的研究，借鉴了蓝海的概念和分析框架。蓝海，是一个经济学名词，指的是指的是未知的市场空间。与之相对应的红海，就是指已知的市场空间。因此，蓝海战略就是指蓝海战略是开创无人争抢的市场空间，超越竞争的思想范围，开创新的市场需求，开创新的市场空间，经由价值创新来获得新的空间。基于蓝海战略的理论思维，蓝海领导力的核心原理是将领导力视为一种"服务"，而组织内的员工可以选择"买"或"不买"。这种情况下，每位领导者都有对应的上下游客户：上游有领导者必须回报的对象，下游是需要领导者指导和支持的下属。当下属认同领导的做法，就会"购买"领导力，支付的"货币"是他们的敬业度。当将领导力视为服务，就会意识到，可以改造蓝海战略中非客户转化为客户的概念和方法，帮助领导者提高员工敬业度。在它的帮助下，管理者可快速且低成本地释放员工潜力和能量的蓝海。[1]

与蓝海领导力相比，传统领导力的思维特点是红海思维的特点，即关注供应、聚焦领导者应成为什么样的人、忽视广大"非购买者"的视角。蓝海领导力聚焦于领导者应采取哪些行为和行动来鼓舞团队，取得最佳业绩。从战略的视角看待领导力，研究的重点转移到了"需求方"，聚焦于领导者怎样做才能激励团队、提升商业表现，这可以有效解放大多数组织中未被发现的人才能量蓝海。综合来说，蓝海领导力与众不同之处有三点：一是关注行为和行动，而不是价值观、品质等更难以影响和改变的东西；二是紧密关注市场状况，基层人员也可参与制定管理者的领导实践；三是影响所有管理层级，蓝海领导者的实施范围跨越公司三个独立的管理层级：高层、中层和基层。

### 7.3.2 蓝海领导力实施四部曲

现在让我们详述如何将蓝海领导力落到实处，共涉及四个步骤：
（1）洞悉领导力现状。很多组织在没有达成共识的情况下，讨论领导力应作出哪些变化，这是一个常见的错误。如果管理层对领导力缺陷没有统一的认识，强行推进变革往往以失败告终。修炼蓝海领导力的第一步是建立这种共识。我们采用的工具叫做现状"领导力画布"，管理者的行为和行动对应为"领导力画像"。领导力画布通过领导力潜在客户的视角分析各级领导者在不同管理行为中投入的时间和精力。在一个需要变革的组织中，画布显现的结果常常是：公司高管很少有时间去做本职工作，例如思考、探寻和辨认未来的机会，让公司全副武装，时刻准备抓住这些机遇等。通常有20%—40%的管理行为会被打上问号，这些管理行为无论对上还是对下产

领导力画布：带你走出管理困境

---

[1] W. 钱·金，勒妮·莫博涅，安健，刘铮筝. 蓝海领导力. 发现，2014（6）：5-8.

生价值的能力令人怀疑，三个层级的领导力都需要变革。

（2）描绘理想的领导力画像。领导力现状中总有一些"冰点"和"热点"，冰点是指管理者花费大量时间，产生价值却寥寥无几的活动；热点是指那些能激发员工，但领导者不去做或做得不够的行为。通过对这些行为的反思，再让不同层次的领导者或员工聚焦于他们在其他组织经历的理想领导行为，尤其是那些能被内部管理者效仿，产生巨大影响的行为，进行思考。这一步通常会激发出理想领导力的创新想法。但请注意，不要让这个问题演化成与明星公司对标，好点子往往来自受访者的个人经验。在生活中，我们大多数人都曾不经意地遇到给予我们正面影响的人，他们可能是体育教练、学校老师、祖父母甚至是前任老板。不管这些领导者的原型是谁，重要的是让大家明白为什么效仿这些行为会创造价值。

我们也可以用蓝海领导力矩阵，如图 7-2 所示，帮助人们思考：哪些打击员工士气的行动应该减少或消除；哪些激励员工的行动应该创建和增多；现状领导力画布中的行为以及员工建议的有益行为都应该归纳到矩阵中。然后公司可以利用该矩阵开发出理想的新领导力画像。

| 消除<br>哪些领导行为应该被永久消除？ | 增多<br>哪些领导行为的频率应高于目前水平？ |
|---|---|
| 减少<br>哪些领导行为的频率应低于目前水平？ | 创建<br>哪些有益的领导行为还未曾在公司出现？ |

**图 7-2**
蓝海领导力矩阵

（3）选择理想的领导力画像。对于不同公司中的不同层级的领导团队，经过前两个步骤的调查和研究后，再进行理想的领导力画像的选择。例如 BRG 公司在实施蓝海领导力的过程中，员工团队为基层领导者制定的理想领导力画像为"摆脱杂物、服务客户"。新的领导行为要求基层管理者不再将大量的客户质询传递给中层管理者，减少花在"走流程"上的时间。他们应将大部分时间分配给以下管理行为：培训一线人员，让他们在现场兑现公司承诺；解决客户难题；为有需要的客户提供紧急支援；进行交叉销售。这些行为不但能激励一线员工，赢得客户信赖，更可直接影响公司业绩。中层理想领导力画像为"解放、指导和授权"。它要求领导者的工作重点从控制员工转为支持员工。这涉及减少和消除一系列的监管行为，例如要求员工每周上交客户电话和办公用品开支报告。这些行为耗费员工精力，让他们无法干正事。还有一些新的行动需要领导者对下属的知识经验进行管理、分享和整合，这要求他们花费大量时间为员工提供面对面的指导和反馈。高层管理者的理想画像是"委派日常事务，掌舵公司未来"。经过基层和中层管理者领导力的调整，高层管理者得到解放，他们可以将时间用于思考全局，例如行业的变化趋势及其对公司战略和组织架构的影响。他们不再像以前一样，整日忙于四处救火。

（4）将理想领导行为制度化。在确定了公司的理想领导力画像后，每个层级的管理者都要了解画像，清楚哪些行为应该减少和消除，哪些应该增加和创建。每一位管理者实际上都是其他层级管理者的领导力"客户"，他们知道上级会根据他们提出的建议行动，因此所有管理者将共同推动变革。管理者还要将信息传递给自己的直接下属，并向他们解释新的领导力画像如何帮助他们变得更加高效。为了时刻牢记新的领导力行为，理想领导力画像将永久悬挂在领导者和下属的办公室里。每个月管理者要与下属开会，讨论他们在领导力转型中取得的进展。所有的评价者都要以事实作为依据。例如，管理者是否减少了那些应该消除或减少的活动？如果是，他们是如何做到的？如果不是，他们是在哪些情况下仍旧习不改。一开始这些会议会让人紧张不安，不管是指责上司行为的下属，还是将自己言行置于放大镜下的管理者，这需要一定勇气。但当人们开始看到领导力的转型对业绩的提升效果，建立起团队精神和互相尊重时，这种顾虑很快就会消除。

当然，任何变革都会引起质疑，它往往会引起人们恐惧和躲避的心理。蓝海领导力的执行也不例外，但它可以通过公平的执行解决这个问题。蓝海领导力实施四部曲的基础是公平程序（fair process）原则，包括参与、说明和了解预期。公平程序将贯穿于蓝海领导力实施的整个过程。

## 7.4 简约领导力

### 7.4.1 简约领导观

经典理论中，无论是静态的领导特质理论、领导行为理论，还是动态的权变理论，又或者是灵活多变的领导类型理论，这些都是以领导者为中心的领导观理论。被领导者在任何时候都围着领导者转。领导力研究中的一个新的分支——简约领导，认为，就领导活动本身而言，领导不应是越来越复杂，而是越来越简约；领导者不是越来越重要，而是越来越"不重要"。要不断减少领导工作的量，提高领导工作的质。[1]

莫迪的简约领导

---

[1] 刘峰. 简约领导 = Simplicity Leadership. 中国领导科学前沿丛书.

简约领导力理论的基石是领导替代。正如之前所说，传统的领导观是完全以领导者为中心的，被领导者任何时候都围着领导转；现在的领导者未必处在领导活动的中心，而追随者却时常处在中心，领导者要学会追随追随者，学会围着追随者转。用发展的眼光看，21世纪，原来意义上的被领导者在领导活动中扮演着更积极更主动的角色，他们的作用和影响越来越大，越来越重要。而原来意义上的领导者不再独领风骚，不再独揽大权，他们的作用和影响无可挽回地在减弱。换个角度说，被领导者的能力和自主意识越来越强，被领导者的地位和作用越来越重要。随之而来的结果是，领导者与被领导者的界限会变得越来越模糊。换言之，被领导者越来越成为一个积极的追随者，越来越成为一个自我领导者。当领导者成为简约领导者，被领导者成为自我领导者，领导似乎不能"被"了。

领导工作的开展和创新要特别注意发挥以下六个替代因素的作用。具体来说，一要充分发挥追随者的积极作用；二要发挥组织文化及规章制度的积极作用；三要发挥工作任务结构化、程度化及反馈化的积极作用；四要充分发挥信息技术在领导工作中的合理作用；五要充分发挥市场经济体制在领导工作中的合理作用；六要充分发挥民主政治的制度安排在领导工作中的巨大作用。

在领导替代的意义下，追随者替代了领导者的部分职能和作用，并不意味着领导者就无事可干了。可以这样认为，追随者替代的作用本来就应该是追随者自己应发挥的作用。领导者的职能和作用被部分替代以后，一方面要聚精会神地行使好剩下来的领导职能，另一方面还要适应变化了的形式，去行使新的领导职能，发挥新的领导作用。例如，当领导者的部分具体的业务型的决策职能被替代以后，领导者就应该集中精力去完成剩下的、更重要的战略决策的任务。很显然的，领导替代的理念催生出了新的、简约领导观，导致了新领导力的提升。所谓简约，就是要不断减少领导工作的量，不断提高领导工作的质。

"领导替代"告诉我们，领导不只是领导者自己的事，领导创新也不是领导者的创新。领导创新主要是创造环境，创造条件让追随者去创新。有时候，领导者少一点创新，追随者就会多一点创新。应对领导替代，必须学会简约领导。

### 7.4.2 简约领导力的实现

简约领导力在实践中的体现，表现在领导激励和管理决策方面的"四多四少"。

#### 7.4.2.1 简约领导力要少领多导

"领导"一词事实上可以拆分成两个字来单独理解,"领"和"导"是两个不同的概念,它们既有独立的内涵,又有相互包容的外延。领导工作的内容是丰富多彩的。有的时候要"领",要率领、带领,要领方向、领目标和领路径,"领"要明确,要果敢,要有权威;有的时候又需要"导",要引导、指导,"导"的对象是追随者,要与之互动。"领"在这里有四层含义:一是领方向;二是领团队;三是领要"明"(用明确清晰的目标和愿景去激励追随者的兴趣);四是领要"刚"(具有权威和号召力,一呼百应)。"导"在这里也有对应的四方面的含义:一是前面的方向的引导;二是旁边的业务的辅导;三是后边的事情的督导;四是全程的对组织成员的培养教导。领导者要善于与追随者一起共享"领导"。在简约领导力中,就领导中的"领"和"导"的关系而言,可以用如下十六个字概括:先领后导、少领多导、又领又导、重点在导。

#### 7.4.2.2 简约领导力要少激多励

如果说管理就是决策,那么领导就是激励。简约的管理重在决策,简约的领导重在激励。在简约领导力中,应该:先激后励、少激多励、以励促激、重点在励。

先激后励是指激励的程序。"激"在下属的行为之前,给他激发,让他喜欢干、愿意干;"励"在下属的行为之后,经过评估,发现他的行为符合领导意图和决策目标,就及时对之鼓励、奖励。少激多励是指激励的艺术。下属的能力越强,越不要多激而是应该多励。激是以领导者为中心的传统领导,励则是以追随者为中心的现代领导即简约领导。以励促激是指领导激励的机制。及时奖励、鼓励他过去的正确行为,就能激发他在未来延续并强化自己的正确行为。重点在"励"是指激励的重点在励不在激。

#### 7.4.2.3 简约领导力要少理多管

"领导"和"管理"作为现代组织实践中的两大基本活动,它们之间既有明显的差异,又有难分难舍的互补关系。

管理关注秩序和效率,依赖技术,崇尚科学。而领导关注目的和价值,注重培养人、影响人,以人为本,崇尚艺术。正如有关"领"和"导"的四个关系,"管"和"理"的关系也可用类似的四句话来概括:先理后管,多理少管,又理又管,重点在理。

(1)先理后管。管理是先跟下属讲道理,下属听进去就要少管或不管;下属不听就要快管甚至严管。

(2)多理少管。管是刚性的,权威的;理是柔性的,诉诸情感和心理的。管理当然是刚柔相济、恩威并用。但 21 世纪行政管理和社会管理的大趋势只能是多理少管。

（3）又理又管。管理中的"理"与"管"两种方式都是实现管理的效率目标的方法和手段，在管理工作中是很必要的，都是不可或缺的。那么，究竟何时、何处、以何方式去运用它们于具体的、特定的管理实践活动中，则只能是相机而动。

（4）重点在理。管理的理与管不是半斤八两，而是要突出"理"这个重点。行政管理和社会管理的重点是理不是管。理是道理之理，是条理之理，是伦理之理，是治理之理。

#### 7.4.2.4　简约领导力要多策少决

在领导决策的过程中，策与决是两个互相联系的阶段。第一阶段是"策"，是"出主意"；第二阶段是"决"，是"选主意"。同样，我们也用四句话来概括领导决策的程序、特点和重点：先"策"后"决"，多"策"少"决"，又"策"又"决"，重点在"决"。

先"策"后"决"是指领导决策的程序。先"出主意"，领导者、追随者包括专家学者都可以"出主意"，都可以参与"策"；后"选主意"，来"决"。多"策"少"决"是指领导决策的特点。多"策"就是民主，就是发动群众，群策群力。少"决"就是集中，就是简约。如领导少做决定，少做决策，一旦做出决定，下级便会雷厉风行，自觉执行。又"策"又"决"是指领导决策的角色。作为一名普通的领导者，面对上级他的职责是"策"，面对下级他的职责是"决"。

## 7.5　分布领导力

### 7.5.1　分布领导力的理论研究

管理学大师彼得·圣吉有这样一个判断：领导力是分布的；领导力并非只属于 CEO，它能够且应该渗透到公司的所有层级中。这描述的正是最近几年在西方领导力研究和实践领域最具革命性的概念之一：分布式领导。与传统领导学研究领导者个人特质或角色不同，分布式领导主要探讨由多人担任领导角色的领导模式。管理大师明茨伯格提出组织应该将以个人为中心的领导模式转变为分布式领导。分布式领导就是组织的不同成员根据自己的能力和环境条件的变化动态地分享领导角色。MIT 领导力中心甚至决定将未来 20 年的研究重点放在分布式领导上。

管理学的另一位大师查尔斯·汉迪也指出了分布式领导的重要意义，并且还用一个赛艇团队的例子说明了分布式领导的模式。比赛时，领导角色由站在船尾的矮个子担任，他可能并不会划船。尾桨手决定划桨的节奏，所以也是领导者。此时的船长只是一个普通的桨手。而在不比赛时，船长和教练分享着领导的角色。这也正与分布式领导开创学者之一的斯皮兰斯在 2004 年提出关注领导者、下属和情境三者的互动过程相吻合。他认为，随着时间和环境的推移，领导和下属的角色可以交换，而在某一具体时刻，领导者可以多于一人。极端情况下，所有人都可以共享领导角色。

戈隆（Gronn）提出分布式领导有<u>三种形成方式</u>，即自发的、本能的和制度化的，这对于认识分布式领导的运行模式有很大的帮助。如果为了解决某一问题，多人甚至是所有人都贡献出知识和领导力，问题解决完后大家的合作自动消解，几乎没有人意识到自己也提供了领导力，这就是自发的分布式领导。如果经过一段时间后，两人或两人以上形成了紧密的合作关系，合作伙伴之间也都意识到自己是"共同领导"，这就是本能的分布式领导。这两种情况在项目研发团队或咨询团队中都是比较常见的。而如果企业通过正式的制度或结构的调整将领导力分散下去，不管是正式领导还是非正式领导，都是在这样正式的安排下产生的，这就是制度化的分布式领导。比如，Dell 公司专门成立"CEO 办公室"，首席执行的责任通过制度化的方式分解给几个人，而非只是 CEO 一人担任。对于一个企业而言，现实的情况往往是三种形成的方式都存在，但通常应该是以一种方式为主。

### 7.5.2　分布领导力的相关评论

分布式领导之所以被认为极具研究价值和学术前景，且这一模式将会在未来的管理实践中扮演越来越重要的角色，并因此被称为领导力的明天，其主要原因在于以下几个方面。

第一，在迅速变革和全球一体化的浪潮下，竞争压力越来越大，领导者所面临的环境越来越动荡和复杂，具有比以往更高的不确定性。有限理性的领导者无法通过个人的命令对下属进行全面的控制，也无法通过个人的努力来梳理纷乱庞杂的信息，更无法仅通过个人的决策引领整个组织。与之相关的学术背景是，很多学者认为现代领导理论只关注英雄式领导是一种偏见，完全忽视了不同领导间的相互影响过程。分布式领导最主要的特征是认为领导是人与人互动的产物，重视非正式领导的作用，突破了传统领导研究中只探讨正式领导者所应具有的特质或行为的思维惯性，开始关注领导的功能被分布在各个层次或部门的实践，突破了原来的静态研究视角，转而关注领导角色转换、行为流动的动态过程。在企业中，种种问题也开始困扰英雄式领导。美国的民意测验表明，只有 16% 的人相信他们公司的领导者——"救世主"CEO 单枪匹马就可以拯救和发展企业，这样的例子越来越成为神话。在这样的背景下，领导力向外分布成为某种程度上的必然，英雄式领导所承担的巨大压力也会得到相应的释放。

第二，知识经济时代培养了越来越多的知识型员工，下属的全面提升对管理者提出了新的挑战。面对素质越来越高、专业技能越来越强的员工，领导者再也不是万能的，而下属也有了领导的能力及意愿，他们往往比领导者更了解实际问题并能想出合理的解决方案。尤其是具有专业知识的下属，往往是一个组织的核心竞争力之所在，因为个人的专长常体现为默会知识，而默会知识是高度个体化且难以言传的。当知识和领导力不匹配时，可以选择将知识转移给有领导力的人，或是将领导力转移给有知识的人，而考虑到专门知识转移的难度，后者的转移经常会成为企业的首选。在这样的条件下，分布式领导便自然而然地产生了，高素质的专业化中基层干部和员工开始有平台来充分施展自己的领导才能。微软中国提出的"全员领导力"在企业界引起巨大反响，其本质正是分布式领导。

第三，分布式领导具有相当的现实和理论基础。在一些教育机构、高层管理团队、咨询公司或项目管理团队中，尤其是在高科技企业的研发团队中，分布式领导的表现越来越多，扁平化团队、跨职能团队、虚拟团队、自我管理团队等模式的兴起也为分布式领导的推广奠定了基础。在理论界，最近出现的共享式领导、集体式领导、合作式领导和分散式领导等新兴概念都可以放到分布式领导的大框架下进行研究，心理学、社会学、管理学和经济学中的众多理论都可以在分布式领导的研究中发挥作用。

## 本章小结

1. 积极领导力意味着倡导活跃的工作环境，融洽的人际关系，符合道德的行为，积极向上的情感和富有活力的关系网络。关注积极因素可以形成"向阳效应"——所有生命系统都有一种获取积极能量、避免消极能量的趋势。

2. 五种实现积极领导力的做法：（1）利用向阳效应；（2）以道德的方式应对低迷；（3）关注超常差距；（4）创造积极能量；（5）采取积极做法。

3. 简约领导，认为，就领导活动本身而言，领导不应是越来越复杂，而是越来越简约；领导者不是越来越重要，而是越来越"不重要"。要不断减少领导工作的量，提高领导工作的质。简约领导力理论的基石是领导替代。

4. 简约领导力在实践中的体现，表现在领导激励和管理决策方面的"四多四少"：（1）简约领导力要少领多导；(2) 简约领导力要少激多励；(3) 简约领导力要少理多管；(4) 简约领导力要多策少决。

5. 蓝海，是一个经济学名词，指的是指的是未知的市场空间。蓝海战略就是指蓝海战略是开创无人争抢的市场空间，超越竞争的思想范围，开创新的市场需求，开创新的市场空间，经由价值创新来获得新的空间。基于蓝海战略的理论思维，蓝海领导力的核心原理是将领导力视为一种"服务"，而组织内的员工可以选择"买"或"不买"。

6. 谦卑可定义为一种发展的取向，这种取向与四个因素相联系，即正确看待自己的意愿、对他人优点与贡献的欣赏、可教性以及低调。

7. 谦卑型领导力主要会对三个对象产生影响效应，一是下属，二是领导者，三是组织本身。

8. 分布式领导就是组织的不同成员根据自己的能力和环境条件的变化动态地分享领导角色。

9. 分布式领导有三种形成方式，即自发的、本能的和制度化的。

## 思考题

1. 什么是积极领导？
2. 积极领导的实现步骤有哪些？
3. 简约领导的概念以及基础是什么？
4. 什么是蓝海领导力？蓝海是什么含义？
5. 谦卑领导力及其影响效应是什么？
6. 分布领导力的含义及形成方式是什么？

# 第四部分
# 责任与领导力的共生

## 第四部分开篇

经过前七章的学习,我们已经对职业责任与领导力这两个主题各自的相关内容有了一定程度的认识和了解,但是,责任是伦理学探讨的研究议题,而对领导力的研究则主要集中在管理学领域,为什么本书将这两个概念放在一起作为全书标题呢?在本书第四部分我们将会给出答案,其中的第八章就将重点论述职业责任与领导力这二者的融合。

无论是在理论层面还是现实职场之中,职业责任和领导力都是紧密相关、相辅相成的:职业责任是领导力的基础,领导力是职业责任的升华。在第二部分责任相关内容的论述中,我们总结出责任最基本的原则是共生共存原则,这一核心原则明确地点出了"共生"理念对于理解责任、实现责任的重要意义。不仅如此,"共生"理念作为一种脱胎于生态伦理学与环境哲学的思想,对于人类的生存发展具有普遍性的重要意义,并且随着人类社会的进步与发展,"共生"理念更是成为了新时代中商业生态观的精神内核,对现代企业的生存发展、竞争合作等诸多方面具有重要的指导意义。可以说"共生"一词点出了责任与领导力在深层本质上的契合，本书第四部分就将围绕"共生"一词展开。

日益复杂的商业环境使得企业面临着日趋激烈的市场竞争，对企业的管理者和领导者提出了更高的要求，而商业生态观将为其提供一种全新视角以实现责任与领导力的共生，从而更好地领导企业应对新环境带来的挑战。第九章将介绍企业生态系统，它是一种应对新竞争的企业架构方式，也是责任与领导力共生的基础。竞争者、供应商、消费者等群体结合成为一个经济联合体，并在这一共同的生态系统中协同演进、共生共荣。企业生态系统内部的成员企业之间存在着复杂的关系，构成了整个系统内部复杂的网络结构。而在网络中居于不同节点的企业扮演着不同的角色，应采取与商业生态位相匹配的运营战略，也即责任与领导力共生的战略，在取得自身发展同时也要维护好整个企业生态系统的健康，履行好角色责任并发挥影响力，第十章就将涉及这方面的内容。企业生态系统决定了企业的竞争环境，因而对于现代企业而言，首先应当认清其所属的企业生态系统并准确把握自身定位，理解企业所处的动态竞合状态，进而参与商业竞争中去，这也是领导者自身责任与领导力共生的实现途径。在第十一章我们总结出企业的领导者应以"动态竞合"思维分析竞争对手与竞争格局，并以"五星"领导力为指导发挥影响力，制定出有效策略领导企业实现存续与发展，真正落实责任与领导力的共生。

通过本部分的学习，希望读者能理解职业责任与领导力的关联，并认识到"共生"的重要性，它作为生态观的精神内核，既是责任的核心原则，又对现代商业中企业的领导具有重要指导意义，实现了责任与领导力在本质上的契合。进一步地，责任与领导力共生的基础是企业生态系统这一应时代要求而生的组织形式，而责任与领导力共生的实现则体现为企业所采取的生态系统战略以及"动态竞合"策略。希望读者能够掌握企业生态系统的基本内容以及成员企业所采取的生态系统战略，并对商业竞争中的"竞合"思维以及"竞合"策略建立起自己的理解。

# 第 8 章

# 责任与领导力的融合

 **开篇案例**

## "铁娘子"董明珠

　　董明珠，现任珠海格力集团有限公司董事长。她从基层业务员做起，先后任格力电器经营部部长、副总经理、总裁。自 1994 年底董明珠出任经营部部长以来，其领导的格力电器连续 11 年空调产销量、销售收入、市场占有率均居全国首位。2015 年《福布斯》亚洲商界最具权势女性榜单中，董明珠位于第 4 位。

　　一次访谈中记者提问董明珠：你最欣赏自己什么？董明珠回答道：我最棒的事情，是觉得自己就是一个普通人。说我能够成功，是因为我从来没有认为这个总经理的职务是身份象征，它只是我的一个责任，要履行更多的职责，它对我来说不是一个光环，而是一个负担。

### 1. 追债的业务员

　　1990 年，36 岁的董明珠辞掉了原先的工作到深圳闯荡，应聘到当时名为海利空调器厂的格力电器，成了一名基层业务员。就在董明珠跟着老业务员学习得不亦乐乎之时，总部突然派她去接手安徽市场。赴任后她才发现上一任业务人员留下的是一个烫手山芋——一笔四十多万的债务。董明珠回忆起这件事时说道："很多人也说董明珠你别去追了，那跟你没有关系。我后来讲我是格力的一个员工,我今天接替了他的这个位子,我就要对企业负责任。这笔债,四十多万追了四十多天。"

欠债方是一家颇具规模的电子公司,董明珠直接找到了老总要求对账,而对方看到追债的是个新人更是抵赖,坚决不同意对账。董明珠决定用"磨功"对付这种人,连续40多天堵到办公室要求退货或是还款,但对方老总一直拖延抵赖。

这种情况下一般人早已放弃追债,但强烈的责任感驱使董明珠不尽职责不罢休。一天早上,她雇了一辆5吨量"东风"车,直接开到了对方公司的仓库。她一件件仔细查找格力产品,并亲自带领工人搬运,直到她觉得装上车的"退货"抵得上那四十多万的货款时才罢手。多年后回忆这段往事时她说:"那一刻我哭了,因为追债太困难了,很多人也对这件事不理解,劝我说追到的债不是你个人的东西,你干嘛这么较劲。但是我觉得作为一个人来讲,他一定要有个做人的原则,就是要对别人负责任,你是这个企业的员工,就应该对你的企业负责任。"

### 2. 销售女王

1992年,凭着勤奋和诚恳,董明珠在安徽的销售额突破1 600万元,占整个公司业绩的1/8,随后,她被调往几乎没有一丝市场裂缝的南京。正值隆冬季节,她又神话般签下了一张200万元的空调订单。一年之内,董明珠的个人销售额上蹿至3 650万元。

靠着勤奋和诚恳,董明珠不断创造着格力公司的销售神话。当被问及营销秘诀时她的答案却相当朴实:"人家说我是营销女皇,但是我没有任何诀窍,只有两个字——诚信,一定要让经销商、合作者跟你共赢。"在她眼里,销售人员的个人诚信反映出的是一家公司对长期可持续性的看重:"我觉得营销是不是高手,取决于你这个人的诚信高与不高,诚信高,你可能就会成为一个营销高手,如果你是一个不讲诚信的人,那你可能短期不择手段,市场利益你能得到,但是那是不可持续的。而格力电器最大的特点就是它的可持续性。"

### 3. 执掌格力

董明珠推崇工业精神大于商业精神:"我觉得一个人需要利益的回报,但这个利益的回报应当是来自于一个'共赢',而不是一个人。而我们过去的商人他基本上就是从左手拿来东西、右手卖掉,完成了这个过程,他也得到了利益,此后就不用承担任何其他的责任。所以在这种情况下一个制造业它要有工业精神,就是它不仅仅是把自己的产品卖出去,它还要追求的是对消费者的责任。"

她认为工业精神归根结底是一种奉献精神,是企业责无旁贷地对消费者负起责任来:"我们需要一种吃亏的工业精神,就是先付出,再讲获取。我们奉献了自己的价值,人们用我们的产品改善了生活,拥戴你的人才会越来越多。"

从工业精神出发,这位格力电器掌门人还谈到了自己对企业社会责任的理解。也许提到企业的社会责任,很多人就会想到捐款、建学校等,"这固然重要,但不是全部。"她认为,企业的社会责任感主要体现在三个方面,首先,要做好自己的主业,产品首先得过硬。如果企业产品的质量频频出现问题,给社会和消费者的生活带来不便,谈何社会责任。其次,要对利益相关方负责,这包括员工、员工家属、合作伙伴等。最后就是应当承担大企业应承担的社会责任、国家责任。"打铁还需自身硬。要承担相应的责任,必须靠实干,用创新让自己有能力承担。"

视频资料：董明珠——北京卫视杨澜访谈录

本书第二部分和第三部分分别介绍了职业责任与领导力的相关内容，不论是在研究中还是在实际生活中这两个概念都有着重要意义。但为什么要将两者放在一起讨论呢？两者之间具有怎样的关联？如何构建起两者之间的联结从而实现职业责任与领导力的融合呢？

责任作为伦理学的研究对象，而领导力则是管理领域中研究主题；责任是对价值观的要求，更多地涉及道德和精神层面，而领导力关注的是领导过程，侧重实务活动中的能力。虽然责任与领导力看似相距甚远，但二者内在本质上却存在着紧密联系，本章就将对职业责任与领导力的融合作重点论述。

做事先做人，责任胜于能力，开篇案例中董明珠从基层业务员做起，以百折不挠的精神恪尽职守，为了履行好职责，她不止步于"尽力"而是"竭尽全力"。这位负责任的员工日后一步步成长，最终掌舵格力，得以在更高的平台上、在更大的格局中施展才华，以工业精神为指导率领企业发展创新，同时坚持履行企业的社会责任。从这一范例中我们可以总结出职业责任与领导力的关系：

职业责任是领导力的基础，领导力是职业责任的升华。

在具体内容方面，使命、道德、感恩、信任、服务将在职业责任与领导力之间建起五座桥梁，实现了职业责任和领导力理论的有效沟通和整合，形成一种良性的动态关系。需要注意的是，此二者之间并不是静态的关系，深入分析职业责任与领导力将会发现二者在本质上是契合一致的。

今天的我们已然迈进了一个瞬息万变的时代，有人称其为网络时代，也有人称其为信息时代或是大数据时代。林林总总的新名称体现了这个时代与以往大有不同，蕴含着更多的挑战与机遇，也对职业责任与领导力提出了新的要求，在前面章节论述内容的基础上，本章将补充进新时代为职业责任与领导力注入的新内容。在新时代的背景之下，"共生"理念的重要性愈发凸显，它既是责任的核心原则，对人类的生存发展具有普遍的重要意义，并且随着时代的发展，更是成为了现代商业生态观的精神内核，对现代商业中领导企业生存与发展、战略管理与竞争合作具有指导与借鉴意义。本章将对"共生"理念做简要介绍，后续章节就将围绕着责任与领导力的共生展开论述。

── 读完本章，你将了解： ──

1. 职业责任与领导力的相互关系；
2. 沟通职业责任与领导力的五大桥梁；
3. 新时代对职业责任与领导力提出的新要求；
4. 共生理念的内涵。

## 8.1 职业责任与领导力的融合

### 8.1.1 职业责任与领导力的综合模型

本书前几部分内容已经分别论述了职业责任与领导力理论，而对二者的融合将作为本章的核心和目标。为了让读者有一个整体的把握，我们首先给出职业责任与领导力的综合理论模型，如图 8-1 所示。

下面我们就该模型涉及的基本概念进行简明的阐释，并对模型所展示的职业责任与领导力的相互关系进行详细论述。

如图所示，该综合模型的基本要素可以分为三大部分：职业责任理论、领导力理论以及两者之间的关系。

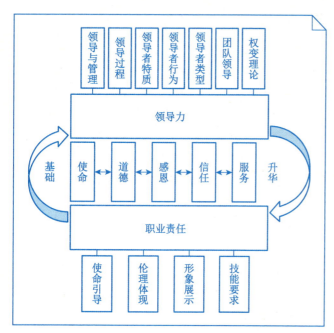

图 8-1
领导力与职业责任的综合理论模型

（1）模型的下层是职业责任理论，此为基础部分。根据前文列出的职业责任理论框架图可知，职业责任可分为广义职业责任和狭义职业责任，责任的相关理论可以帮助我们更好地理解广义职业责任，而狭义的职业责任则是将行为主体限定在职场之中而框定出的职业责任。职业责任本质上是一种契约责任，同时它也是个体责任的重要组成部分。此外，职业责任是通过职业化来体现的，所谓职业化指的是一种工作状态的标准化、规范化、制度化，具体包括使命引导、伦理体现、形象展示以及技能要求这四大方面，每个方面从不同的角度阐明了职业责任的内在逻辑，为职业化的实现提供了指导与参考。

（2）模型的上层对应于领导力理论，此为升华部分。领导力相关理论主要包括领导与管理、领导过程、领导者特质与行为、领导者类型、团队领导以及权变理论，这几个部分囊括了本书第三部分领导力的要点。首先我们界定"领导"的内涵并将领导与管理作对比，进而通过对理论的梳理，总结出领导过程是领导者对被领导者施加影响的行为过程，这其中包括领导者、被领导者、领导情境和领导目标四个基本元素。在领导过程中居于核心位置的领导者吸引了广泛关注，学者们对领导者的特质和行为进行了深入的研究，由此发展出了领导特质理论和领导行为理论。此外，部分研究者注意到了领导者还会从情感、价值观、愿景等感性维度施加影响以实施领导，因而关注于领导者影响他人时所调用的情感和象征方面，由此得出了不同的领导者类型理论。现实中领导过程往往要依托团队来开展，所以这一部分还分析了团队领导模型的相关理论和有效团队该如何建设。最后，我们将目光投向另一个长期被忽略的关键要素——领导情境，着重介绍了权变理论，该理论探讨了领导者应如何根据不同的情境调整领导方式以实现有效领导。这一论述顺序也大致上契合了领导学理论发展演进的顺序。

（3）模型的中间部分是本章将要重点阐述的内容，即职业责任与领导力理论的融合。所谓融合，一方面体现为职业责任与领导力在外延上的相互关联，另一方面又包括了职业责任与领导力在内容上的相互沟通。外延上的相互关联指的是职业责任与领导力两者是相辅相成的：从图8-1中两者的相对位置来看，职业责任位于领导力的下方，表明了职业责任是领导力的基础；领导力居于职业责任的上方，意味着领导力是职业责任的升华；而内容的相互沟通则是指两者的内涵中有五大方面是一致的，分别为使命、道德、感恩、信任、服务，这五个彼此相互联系的方面如同桥梁一般，将职业责任与领导力紧密结合在了一起，从而实现了二者间的有效沟通。模型中间部分形象地描绘出了一个联通系统，从外延和内涵两个角度分析了职业责任与领导力的相互关系，为职业责任与领导力的融合提供了理论上的依据和保障。

总的来说，职业责任和领导力之间是相互联系、密不可分的：职业责任是领导力的基础，是领导力的一个基本素质，领导者只有自身具备高度职业责任感，才能领导好整个组织实现目标；另一方面，领导力是职业责任的升华与延伸，它使得职业责任的实现上升到一个新的高度，同时也大大增强了责任实现的影响力。从外延转到内涵，使命、道德、感恩、信任和服务这五个方面作为职业责任和领导力共有的内容，它们本身既独立发挥作用，又协同配合、相互促进，共同构筑起了连接起职业责任和领导力的五大桥梁，从而实现了二者的有效沟通和整合。基于以上分析，我们总结出了这一综合模型，为实践中职业责任的培养和领导力的修炼提供了一个完整全面的理论框架。

### 8.1.2 沟通职业责任与领导力的桥梁

职业责任与领导力之间的外延关系是分别站在这两个独立概念各自的立场上从外部观察得到的，但是对此二者的整合不能仅仅停留在表面的静态关联，而应认识到职业责任与领导力在内容上也紧密相关，具体来说包括**使命**、**道德**、**感恩**、**信任**、**服务**这五大方面，它们构建起二者间的桥梁推动形成了一种良性的动态关系。下面我们就对使命、道德、感恩、信任和服务五个方面分别作具体分析。

#### 8.1.2.1　使命：职业责任和领导力的动力源泉

使命感是沟通职业责任和领导力的第一大桥梁，它是培养职业责任和提升领导力的动力源泉。

使命感在本质上是个人所感知到的一种呼唤，这种呼唤有三种来源：文化的、社会的以及个人的。具体到组织中的个人，我们将使命感分为两种，一方面是个人在自我层面上所感知到的呼唤，另一方面是个人在组织层面上所感知到的呼唤。每个人都有自己的价值取向，都有自己认为重要并愿意为之奋斗的目标，这便是个人使命，是个人基于内心深处的价值判断所形成的感知与认同；而作为一个组织，也有自己的使命，那就是它存在的价值以及设定的目标。从属于一个组织中的个人，既有来自自我内心深处的使命感，同时也应该认同组织的使命，若能将两者结合起来，则会为职业责任的培养和领导力的提升提供不竭的动力。

那么使命感是如何沟通其职业责任与领导力的呢？

首先，一个具有使命感的人一定会严格履行好自己的职业责任。使命感，就是知道自己在做什么，以及这样做的意义。一个人懂得了自己在做什么以及这样做有何意义，那么他就会更加自觉主动地履行自己的责任，从而出色地完成组织交给自己的任务。一个具有较高使命感的领导会更加积极主动地为员工的需要着想，为团队的合作着想，为企业的利益着想，为组织的发展着想，还会扩大到更广泛的层面为人类社会的进步着想，这本身就体现了领导者对员工、对团队、对组织以及对社会的一种负责任的态度；而一个具有较高使命感的员工，也会更加积极努力地为他人、为团队和组织着想，从而更好地履行自己的职业责任，完成自己所认同的使命。

其次，一个具有较大影响力的领导者必定是具有使命感的领导者。领导者的使命感贯穿于企业的整个发展过程之中，对企业的发展至关重要。《看清使命》一书说到："使命感是领导者的基石。"卓越的领导者能够高瞻远瞩、高屋建瓴，通过对未来市场需求和竞争等外部情况和企业自身的资源和能力等内部情况的分析和预测，勾勒出企业在未来相当长时间的愿景。而有效的领导者正是通过描绘出这种富有前瞻性和吸引力的未来愿景，向员工传达组织的使命、价值追求以及乐观的预期，从而激励员工向着组织的目标不断地努力。如在前文介绍过的变革型领导身上，这种使命感和对员工的激励就是一项重要特征。领导越是具有使命感，越是较多的向下属传达企业的愿景，那么下属就会越受到激励，对企业认同感和满意度得以提高，从而追求更高的绩效。

上述分析说明，在强烈的使命感基础上建立起来的职业责任和领导力并不是截然分开的,而是相互渗透、相互交融的。一个具有强烈使命感的人,同时也是一个具有较大影响力和较高职业责任感的人。这种强烈的使命感——不管是来自于个人层面还是来自组织层面的——都为职业责任的培养和领导力的提升提供了巨大的动力。

下面的例子中企业家马云就从"使命"出发,从创立企业到领导阿里巴巴走向成功的过程中,对"使命"的思考帮助这位企业家一步步走向了辉煌。

**案 例**

### 马云使命与责任——对使命的思考决定企业的高度

2015年马云在汉诺威的演讲中说道:"我有一个强大的梦想,我要帮助中小企业。"从他的个人梦想出发,阿里巴巴集团也相应地将使命定为:让天下没有难做的生意!

从这两句朴素而宏大的使命中我们不难看出,马云最初创办公司,是为了帮助小型企业在互联网上公平竞争,让中小企业利用创新和技术在国内乃至全球范围内获得更高效的发展。而阿里巴巴的所有决策也都是以这一使命为基础而制定出来的,并且在十多年的发展历程中企业使命也正一步步地得以实现。

2003年成为阿里合伙人的倪行军坦言道:"说实话,在刚进入阿里巴巴的时候,我对这句话真的没有特别深的感知。这句话是比较抽象的,我不知道它跟我所做的工作有什么直接联系。但当我看到我所开发的功能或者产品在被千千万万用户使用的时候,我知道我开始慢慢理解'让天下没有难做的生意'这句话,也开始慢慢理解什么叫做用互联网的手段去解决社会问题、去提升社会的运转效率,我发现公司的愿景和我所想要追求的东西,是一致的。"

马云以信念与行动吸引、感召了志同道合的人们加入阿里、践行使命。在他的领导下阿里巴巴发展壮大,从电商平台到现如今的生态系统,阿里步步为营,创造出神话的同时也坚实地履行着责任。2014年9月19日阿里巴巴集团正式登陆纽交所。敲响开市钟的共有八位,这八位敲钟人——两位网店店主、快递员、用户代表、一位电商服务商、网络模特和云客服,还有一位是来自美国的农场主,而马云和阿里巴巴的合伙人以及员工代表们则站在台下,一起为敲钟人鼓掌。这也再次验证了马云的客户第一,员工第二,股东第三的理念。马云在纽交所现场说:"我们奋斗了这么多年,不是为了让我们自己站在那里,而是为了让他们站在台上。"

#### 8.1.2.2 道德:职业责任和领导力的人格源泉

道德是沟通职业责任和领导力的第二大桥梁,是彰显职业责任和领导力的人格源泉。

这里说的道德既包括一般意义上人格品质,也包括具体的职业操守。

道德的约束力往往不是来自外部，而是来自个人的内心，一个人在多大程度上表现出正直、诚实、同情以及对他人关爱都是道德的体现。那么，道德是如何沟通职业责任和领导力的呢？

首先，道德的沟通作用是由领导者所处的特殊地位决定的。领导者在一个团队或组织中处在权力的核心位置，其一言一行都会对下属乃至整个团队和组织产生重要的影响。这要求领导者必须以身作则，在道德上严格要求自己，只有这样才能既尽到职业责任，又对周围的人和团队、乃至整个组织产生良好的影响力，从而真正提高自身的领导力水平。试想，如果领导者自己都缺乏职业道德，不认真履行应尽的职业责任，那么势必会对整个组织产生不良的影响。

其次，伦理型领导作为一种重要的领导风格类型，集中体现了中华文化历来倡导的道德要求，也为领导者在领导过程中对被领导者实施影响提供了理论指导。伦理型领导体现出较高的道德水平，他们可以通过发挥自身的榜样作用来增强员工对组织的认同度和归属感，从而提高员工的组织承诺水平。与此同时，员工的职业责任意识也得以加强，整个团队和组织绩效将会得到改善。在实际开展领导活动的过程当中，领导对下属的引导和培养也是不可或缺的关键部分，因此领导者应当以身作则，通过不断的学习和自我开发提高自身能力素质，并且坚定地履行好自身的职业责任，努力塑造自己成为下属们学习的典范和楷模，发挥表率作用从而引导和培养下属员工。

由以上的分析可以看出，高尚的德行本身就是高度责任感的体现，具备强大的影响力。一个具有德行的人——不管是领导还是员工——他会更加主动地完成任务、履行好职责，也会对他人产生积极的影响；相应地，因为责任意识本身就是道德的一个重要体现，故而一个严格履行责任的人，也往往具备高尚的品德和操行。因此，职业责任与符合伦理道德的领导力是密切相关的，两者相互融合、无法分割。

在下述案例中，王石坚持"三老"底线作为行事的原则，正是他对道德的坚守，也为广大的中国企业家们树立了良好的道德榜样。

**案例**

## 王石的"三老"原则

2009年，"企业家""登山家"王石又多了一个标签"不行贿者"。
这要追溯到王石本人公开发表的"我不行贿"的言论：

> 做一个企业，具体该怎么做老实事、说老实话、当老实人呢？我说我做企业不行贿，是不是老实话？如果说不行贿但没做到，那就是骗子，就是说一套做一套。……简单来讲，不行贿是我到深圳之后的做事原则。我是这样，企业也是这样。一个公司，如果从制度上已经确定看一件事不能做，那么财务上也就不能对此有资金支出。作为万科来讲，它在企业制度上不允许行贿，尽管到现在很多人仍不相信，但是至少还没有一个案例揭发说万科在行贿。
>
> 他认为，说老实话、做老实事、当老实人，这"三老"就是应该坚守的底线。虽然在先进社会中，这样做往往会吃眼前亏，但是从长远来看，老实人是不吃亏的。面对媒体对他冠以的标签"不行贿者"，王石自己坦言到既觉得有趣，又感到荒诞，因为这"三老"本应是为人做事最基本、最起码的要求，现在反而成了他与众不同的标志符号，可以说这是个荒诞的标签。
>
> 毕竟标签只是个噱头，但王石在领导万科的三十多年里对"三老"原则的坚持却是有目共睹的。他回忆道：创业之初，我在深圳搞玉米贸易，为了能弄到两个计划外火车皮指标，就让同事给火车站的货运主任送去了两条烟，人家没有收，打回来了。我第一反应：是不是我送的礼太轻？进一步接触，这位主任批给了我两个计划外火车皮的指标，但依然没有收下我的香烟。他表示：之前曾观察过我，还看到我和工人一起扛饲料大包，觉得我是一个认真做事业的年轻人。对这样有志气、实干的年轻人，主任十分愿意帮一把忙！
>
> 这件事情，让王石萌生了多年一直坚守的信念——只要你真心诚意，勤恳做事，不用走歪门邪道也可以"成事"，可以实现理想。
>
> 王石至今依然对这位主任心怀感激：其实，那位主任仅仅是偶尔目睹了一个人的言行举止，并不会对我有多么深入的了解。他之所以能拒绝贿赂，帮助我甚至鼓励我，不过是出于假定善意。他的做法和他说的话，鼓励了一个年轻人、一家小公司洁身自好，坚持理想主义，一直走到今天，成为销售套数世界第一的住宅开发商，成为中国最受尊敬企业。
>
> 此后，王石将这"三老"原则奉为圭臬，率领着万科一路走向了成功。他在演讲中回顾自己过往的历程，骄傲地说道："今天站在这里，我可以很自豪地说，作为一个企业家，一个房地产企业家，三十年中，从一个默默无闻做进口饲料的'二道贩子'成为全世界最大的房地产开发商，到现在还敢说：这'三老'就是我的底线。底线是什么？就是我们中国的传统精神，是大庆精神，是共产党要求的东西我才做。我相信，这'三老'到哪儿都通用。"

#### 8.1.2.3 感恩：职业责任和领导力的情感源泉

> 为天地立心，为生民立命，为往圣继绝学，为万世开太平。
>
> ——北宋著名理学家张载

感恩是沟通职业责任和领导力的第三大桥梁，是提升职业责任和领导力的情感源泉。

感恩是指对别人所给的帮助表示感激，并且对他人帮助给予回报。一个人要做到心怀感恩，那么他为人处世时首先要消除抱怨、遇事找解决方法而非借口，其次要能够全力以赴、勇担责任，踏踏实实完成好任务，最终以感恩之心超越自我、攀登人生高峰。由此可见，心怀感恩的人能够更好地承担职业责任。

一个懂得感恩的人，一定明白自己所取得的成绩绝不仅仅是自己个人努力的结果，没有领导、同事、下属以及整个团队的协作努力，或是脱离了组织所提供的合乎时宜的条件和环境，任何人都不可能在工作中有所成就；相反，一个不懂得感恩的人，总会认为是自己的努力成就了一切，取得的成功与他人的付出无关。而这就割裂了人与人之间的情感纽带，这样的人必然不会拥有良好的职业责任意识，也不懂得要承担对他人的责任，更不必说对社会的责任了。在现实中，可以说任何工作的正常开展和完成都需要各方面的协调和合作，懂得了这一点，我们就应该心怀感恩，积极承担起职业责任，乃至更大的社会责任。

一个懂得感恩的领导者，能够获得下属的认同和赞赏，从而在激励员工为组织的共同目标而奋斗的过程中发挥更大的影响力。心怀感恩的领导者必然会认识到，自己要想更好地发挥组织协调作用，必须依赖团队成员的积极配合和相互协作，以及他们对领导指令的良好执行和全面反馈。而当团队取得优异的成绩时，这样的领导也会将成绩归功于全部的团队成员，这将进一步增强下属对自己的认可和服从，从而形成一个良性循环；相反，一个不懂得感恩的领导者不会顾及员工和团队成员的感受和想法，一旦取得丝毫的成绩就会居功自赏，而这将会滋生出团队成员对领导者的负面情绪，从而损害领导者的影响力，最终降低组织和团队的绩效。

从上述分析我们可以看出，心怀感恩使人怀有谦卑之心，它不仅能让人认识到自己的不足以及他人的帮助对自己的重要性，对提高自身的职业责任意识起到促进作用，还能促成领导者和员工之间形成一个良性互动，从而提高领导者的影响力和领导力水平。由此，我们总结出感恩是职业责任和领导力的情感源泉。

重磅 | 马云：企业家对昨天要充满感恩，对未来要充满敬畏

#### 8.1.2.4 信任：职业责任和领导力的态度保证

信任是沟通职业责任和领导力的第四大桥梁，是提升职业责任和领导力的态度保证。

信任是一种由于信赖和相信而产生的一种人际依赖关系。具体来说，它是由个人价值观、态度、心情及情绪、个人魅力交互作用的结果，是一组心理活动的产物。组织行为学研究中，特别是在以领导成员交换关系为主题的研究中，信任占有重要的地位。这不仅仅是因为信任本身联结者众多的缘故，比如说信任联结了领导与下属、同事与同事之间的关系，而且还因为信任使得不同的关系主体之间具有了一种心理上的契约关系。正是因

为存在着这种心理契约[1]，组织内各种关系的建立和维持才得到有效保证，并且，心理契约也降低了隐性的交易成本，有助于提高组织的效率和绩效。这些都是组织层面的研究得出的结论，那么具体到实际组织中的个人，信任是如何连接职业责任和领导力的呢？

对于某一特定组织成员而言，首先，信任上级才能提高自己的执行力，这本身就是对上级负责任的体现。信任上级并不代表下级必须不加怀疑地一味接受上级下达的任何决策和命令。如果上级决策中存在严重的问题，那么负责任的下属应该采取恰当的方式及时指出并纠正。而如果上级是经过严格论证下达了最终的决策并要求得到执行时，下属就应该秉持信任的态度，积极主动地去严格执行。这一要求对于组织内的中层领导来说尤其如此，这一级别的领导者往往担负着执行企业战略决策的重要角色，起着联通上下的作用，在着眼于战略制定的高层领导和侧重于具体运作的基层领导之间构建了通道。因而，中层领导能否信任上级的战略决策并严格执行，对于整个组织的绩效将会产生重大影响。

其次，信任下级才能做到适当放权，从而更有效地实现领导者与下属之间的良性互动，这也是对下级成员和整个组织负责任的体现。随着组织结构的扁平化进一步加深，领导所面对的员工数量越来越多，再加上有些工作任务的复杂性程度也越来越高，这就要求领导进行有效地授权式管理，将部分权利下放给员工，这一方面将减轻领导自身的管理负担，另一方面也能提高员工的自我管理和自我激励水平。而要实现授权，前提就是领导要对下级有充分的信任。

最后，信任同事和团队成员，才能更好地进行团队合作，这也是对同事以及团队和组织负责任的体现。任何一个组织都离不开团队，越来越多的工作任务只有依靠团队的合作才能得以完成。团队有各种各样类型，如职能型团队、跨职能型团队以及自我管理型团队等，团队合作也有多种多样的形式，不仅包括部门内部团队的合作，也包括各部门之间的合作。而不论是何种类型的团队，开展的是何种形式的合作，好的团队合作最离不开的就是团队成员之间的相互信任。在信任的基础上，团队成员才能有效地相互配合协作，积极地履行好自己的责任，实现团队的共同目标。

上述分析说明了信任承担着连结组织内各种关系的功能，而这些不同的关系正是职业责任和领导力的载体和具体体现。信任一方面使得基于各

---

[1] "心理契约"是美国著名管理心理学家施恩（E. H. Schein）教授提出的一个名词。他认为，心理契约是"个人将有所奉献与组织欲望有所获取之间，以及组织将针对个人期望收获而有所提供的一种配合。"

视频材料：俞敏洪：让别人信任的四个维度

种关系的职业责任得以顺利履行和实现；而另一方面也使得组织内各种关系尤其是领导者与周围人之间的关系得以建立、稳固并改进，从而使得领导力水平得以不断提升。因而，信任成为了沟通职业责任和领导力的坚实桥梁。

#### 8.1.2.5 服务：职业责任和领导力的行为保证

服务是沟通职业责任和领导力的第五大桥梁，是提升职业责任和领导力的行为保证。

服务是指为他人做事，满足他人的需求并使其受益的一种活动。它本身是一个含义广泛的概念，而具体到企业层面，则体现为企业中的领导以及员工对社会的服务意识和行为。如果将服务的范围再进一步限定在组织内部，尤其是落实到领导者身上，则主要体现为领导者对下属和同事的关心。

首先，仆从型领导，或称服务型领导，这一类型的领导风格近年来越发受到了广泛的关注。服务型领导者常常被认为是"掌管公司资源的谦卑的管家"，他们最重要的工作就是激励并支持员工，以使他们发挥出最大的潜力，从而更好地实现组织目标。而服务型领导和职业责任的联系尤其紧密：服务型领导的行为方式，在本质上全面体现了领导的职业责任，其中既有对下属和同事的责任，也有对整个组织以及社会的责任。服务型领导不仅仅会通过自身的行为赢得周围人的信任，而且也能有效地引导下属及同事履行社会责任的积极性，从而带动了整个组织责任文化的培育。可以说，这一类型领导之所以受到如此多的关注，很大程度上正是因为它与职业责任之间的密切联系。

案例材料：仆从型领导的最佳例证：圣雄甘地

其次，再来看领导对下属的关心，这既是领导者个人德行的反映，又是领导者对下属履行责任的重要体现。在领导力理论中，对下属个性化的关怀既是变革型领导的一个重要维度，也是"仁慈型领导"的重要表现。领导者对下属的关心将使得下属心生感激，工作满意度和对组织的认同感也得以提高，受到领导关怀的员工将会更愿意回报组织，他们会更加积极主动地履行职业责任，增加对组织的承诺度并往往能取得更高的工作绩效。

以上分析体现出，服务行为既是职业责任的具体体现，又是领导力的一个重要方面。通过各种关心员工、服务员工的行为，领导者既是履行了责任，也提高了自身的影响力。因此，服务成为连结职业责任和领导力中不可或缺的重要方面。下例中，哈佛商学院工商管理硕士（MBA）毕业誓词就倡导"服务大众"，为的是唤醒从业者的良知与服务意识以遏制人贪婪之本性。

> **案例**

### 哈佛商学院 MBA 毕业誓词——商学院的《希波克拉底誓言》

**1. 哈佛商学院 MBA 毕业誓词诞生的背景**

2008 年，席卷全球的金融海啸暴露了金融业的贪婪自私，企业的道德操守备受关注。受到了哈佛大学教授拉克什库拉纳（Rakesh Khurana）发表在《哈佛商业评论》上的文章的启发，呼吁管理人员遵守道德守则。

在这样的背景下，哈佛大学商学院毕业的工商管理硕士（MBA）自发要求签署一份名为"MBA 誓言"的道德誓言，承诺不会为追求个人利益而做出损害别人的事，要做一个有益大众的商业管理人。另外，沃顿商学院、西北大学凯洛格管理学院和其他美国管理院校的众多 MBA 毕业生也做了同样的宣誓。这份誓言被称为商学院的《希波克拉底誓言》!

一位即将担任高盛西雅图投资经理的哈佛 MBA 毕业生 Estrada 说："当我面临艰难抉择的时候，我希望自己能够站在誓言的立场上。"

**2. 誓词内容**

作为一个经理人，我的目的是结合人力和资源，创造个体无法独自创造的价值，从而为更广泛的利益服务。因此，我追求的方向将是，增进我的企业能长期为社会创造的价值。无论是今天还是未来，我深信我的决定将影响深远，将影响我企业的员工以及企业外人士的个人幸福。当我要协调不同对象的利益时，我将面对的选择，对我和对他人都非易事。

因此，我承诺：

我将以最正直的方式行事，以符合道德规范的方式从事我的工作。

我将捍卫股东、合作者、顾客以及我服务的社会的利益。

我将诚实地管理我的企业，提防那些有助于我自己狭隘抱负但损害企业以及社会的决定和行为。我将理解并秉持那些指导规定我本人操行及我所在企业操行的法律和契约，无论形式或实际。

我将为自己的行为负责，而且我将正确诚实地描述所在企业的绩效和风险。

我将提升自己以及我管理下的别的经理人，以促进行业发展，并为社会福祉做出贡献。

我将努力为全球创造可持续的经济、社会和环境繁荣。

我将为吾辈负责，他们也将为我负责，此誓为证。

沟通职业责任和领导力的五大桥梁虽各有侧重、各自独立，但彼此之间并不是截然分开的，而是相互依存、相互交融的，并相互促进、协同作用，共同联通起了职业责任与领导力这两大主题。

五个方面相互区别，各自有所侧重，也分别都能独立地发挥出连接和沟通的作用。使命感、道德感以及感恩心，这三个方面都侧重于组织中的个人，并不依赖于工作中的各种关系，因而是相对静态的内容。而信任和服务则强调了组织中的人与人的关系，是通过成员相互之间的连结和互动体现出来，因而是相对动态的。

但五个方面又紧密结合，彼此间融会贯通。一个具有使命感和道德感的人往往能赢得别人的赞赏和信任，同时也会对别人持有较高的信任度；而使命感和信任感的提高使得个人能够常常心怀感恩，这将会促使他表现出更多关心他人、服务社会的行为；进一步地，通过服务行为此人又能赢得更多的信任，从而稳固和强化组织中各种不同的关系……正是因为这五大桥梁既独立发挥作用又相互协同促进，所以在此基础上职业责任和领导力才得以紧密地融合在一起，实现内涵上的统一和联动。

## 8.2 | 新时代下的职业责任与领导力

回顾人类发展的轨迹，从农耕时代到工业时代再到信息时代，是技术力量不断推动着人类创造出一个又一个辉煌成就。现如今的互联网就正在以席卷一切的强大力量，在全球范围掀起一场影响全人类的深刻变革。

我们正站在一个崭新时代的前沿，看到的是一个新生的世界，无数变革刚刚萌芽，旋即以摧枯拉朽之势重塑人类社会的构造，对经济、政治、社会、人性等方方面面产生了深远影响。然而剧变的时代中也总有些执着的坚持，正是这些永恒而美好的人性力量绵延出了历久弥新、源远流长的人类文明。接下来我们将深入思考互联网时代的本质，并列举出新时代对职业责任与领导力提出的新挑战和新要求，从而帮助读者更有准备地迎接这一新时代的到来。

### 8.2.1　新时代的挑战

"这是最好的时代，这是最坏的时代。"

——狄更斯《双城记》

有人将当今时代称为信息时代，也有人称之为互联网时代，而近年来大数据的热度居高不下，所以这一时代还被冠以"大数据时代"之名。不论名称如何，其实都是在昭示着一个不同于以往的崭新时代已经到来。人们原本熟悉的旧日世界正经历着前所未有的挑战，身处历史激流中的我们唯有站在时代、国家的高度才能洞悉时局，也才能看清时代来给人们的挑战。

下面我们从移动互联网切入，以此为视角解读新时代带来的深刻变革，并通过数据和实例勾画出随着移动互联网的发展我国社会所经历的最为突出的改变。

#### 8.2.1.1 传统生产方式的全面颠覆

互联网的发展正对传统产业空间产生冲击性、颠覆性的影响，新的生产力会促进新的经济结构、产业结构和服务模式的产生，这使得传统产业生产方式被打破，人们的生活方式也发生了根本性的改变。比如近两年，移动互联网的发展异常凶猛，无论传统企业还是互联网企业都逐步将重心转向移动互联网。早在 2010 年全球智能手机销售量为 48 800 万台，个人电脑销售量为 41 500 万台，智能手机销售量首次超越个人电脑，创下历史纪录。而在我国，截至 2014 年 6 月我国网民上网设备中手机使用率达 83.4%，首次超越传统个人电脑整体使用率（80.9%）。智能手机"高歌猛进"的同时传统个人电脑增长乏力，而智能手机反超个人电脑的历史性转折点更是说明手机已经颠覆电脑成为人们获取信息最主要的终端设备，这预示着智能手机引导的移动互联网已经到来。

而随着移动互联网的发展，互联网和终端之间的界限也正变得越来越模糊，与此同时各种数码产品之间的界限也越来越模糊。这对于传统企业无疑是一项巨大的挑战。为了应对这一挑战，越来越多的终端厂商向互联网公司转型，而互联网公司向终端领域进军速度也在加快。

#### 8.2.1.2 人们生活方式的全面重构

移动互联网技术正在改变着中国人的生活方式，并且近年来这种影响更多地从"广泛"转向"深入"。目前越来越多的中国互联网用户通过移动终端来接触互联网提供的各种服务，与此同时互联网对网民生活全方位渗透程度也在进一步增加。除了传统的消费、娱乐以外，移动金融、移动医疗等新兴领域移动应用多方向满足用户上网需求，推动网民生活的进一步"互联网化"。比如嘀嘀打车和快嘀打车，就是互联网发展对出租汽车行业产生颠覆性影响的"阶段性成果"，这类打车软件的出现极大地改变了人们的日常出行方式。总的说来，移动互联网的发展势必带来用户消费互联网的习惯变化，因此无论对互联网公司还是终端厂商，这是一场同时起跑的比赛，只有迎合用户消费行为变化，并致力于提升用户体验的公司才能在移动互联网时代取得成功。

2017 年双十一
各大电商的战绩

#### 8.2.1.3　企业商业模式的全面革新

"当今企业之间的竞争，不是产品之间的竞争，而是商业模式之间的竞争。"

——现代管理学之父彼得·德鲁克

互联网正在以颠覆甚至是破坏式的方式重构商业模式。移动互联网时代改写了游戏规则，给营销模式、服务模式、产品创新模式等带来了深刻变化，如林林总总的打车软件就是利用了O2O[1]这种全新的商务模式，结合了线下的商务机会与移动互联网，通过互联网力量将汽车资源整合起来；而乐视视频致力于打造"平台+内容+终端+应用"的所谓"乐视模式"，也是对商业模式的创新。在发布了乐视手机之后，乐视移动总裁冯幸如此总结道："传统手机企业都是馒头，因为只有硬件。而乐视手机做的是包子，承载的是内容、服务和生态……手机产业确实是红海市场，但只要商业模式有创新，你面前就永远是蓝海。"

确实如此，商业模式的创新与变革对越来越多的企业而言已成为当务之急。在各种新兴商业模式的冲击下，既有的商业模式可能已经进入微利甚至负利状态，商业模式的转变迫在眉睫，而最为核心的一点就是商业模式的互联网化，即利用倡导平等、开放、协作、分享的互联网精神，来颠覆和重构整个商业价值链，这一过程中需要企业准确把握网络化环境中三大竞争基石——架构、整合以及对网络的市场管理。[2]

机遇往往伴随着挑战而来。我们既要积极迎接时代带来的各种挑战，也要抓住移动互联网时代的机遇，争取有所突破。以下我们将回到本书讨论的重点，即职业责任与领导力这两大主题上来，探讨一下新时代为职业责任与领导力注入了哪些新的内容。

### 8.2.2　新时代下的职业责任

#### 8.2.2.1　大数据时代的职业使命

本书第二部分已经对职业责任有过系统论述。这里主要以举例的方式开放性地探讨新时代中几大行业展现出的新特点，正是这些改变赋予了职业责任以新的内涵。需要指出的是，无论时代如何变化，职业责任中一些关键要点仍是值得反复强调的。

---

[1] O2O 即 Online To Offline，意为"在线离线/线上到线下"，是指将线下的商务机会与互联网结合，让互联网成为线下交易的平台。
[2] [美]马尔科·扬西蒂，罗伊·莱维恩. 共赢——商业生态系统对企业战略. 创新和可持续性的影响. 商务印书馆，2006.

#### 8.2.2.1.1 探索行业新业态、新生态

对于零售行业的从业人员而言，零售行业的大数据应用体现在两个方面，一是商家可以利用大数据了解客户消费喜好和趋势，从而进行商品的精准营销，使得营销成本大为降低。二是商家还可以依据客户购买过的产品，为客户提供其他相关的产品以供选择，从而提高销售额，这也属于精准营销范畴。此外，零售行业的商家还可以通过大数据预测出未来的消费趋势，这将有利于热销商品的进货管理和过季商品的处理。不仅如此，零售行业的数据对于产品生产厂家也是非常宝贵的，零售商提供给生产商的数据信息将会有助于资源的有效利用，降低产能过剩，厂商可以依据零售商的信息按实际需求进行生产，减少不必要的生产浪费。

对于金融行业的从业人员而言，大数据在金融行业的应用可以总结为以下五个方面：第一，精准营销。依据客户消费习惯、地理位置、消费时间进行针对性的推荐。第二，风险管控。依据客户消费和现金流情况提供信用评级或融资支持，利用客户社交行为记录等信息实现反信用卡欺诈。第三，决策支持。利用决策树技术进抵押贷款管理，利用数据分析报告实施产业信贷风险控制。第四，效率提升。利用金融行业全局数据了解业务运营薄弱点，并利用大数据技术加快内部数据处理速度。第五，产品设计。利用大数据计算技术为财富客户推荐产品，利用客户行为数据设计满足客户需求的金融产品。

#### 8.2.2.1.2 大数据产品、服务提升人类生活品质

对于医疗行业的从业人员而言，医疗行业拥有大量的病例、病理报告、治愈方案、药物报告等信息，如果这些数据被有效整理和妥善应用将会极大地帮助医生和病人。

借助于大数据平台，可以收集到不同病例和治疗方案以及病人的基本特征，建立起疾病信息的数据库。在医生诊断病人时可以参考病人的疾病特征、化验报告和检测报告，参考疾病数据库来快速确诊，准确定位疾病。在制定治疗方案时，医生可以依据病人的基因特点，调取相似基因、年龄、人种，以及身体情况基本相同的有效治疗方案，制定出针对该病患最为适合的治疗方案，提高治疗效果，也能缩短治疗流程，从而使得更多患者可以及时就诊。

### 8.2.2.2 大数据时代的职业伦理

回顾之前对于职业伦理的定义，职业伦理是关于从事某种职业的群体或个人的一些总体性的价值要求。主要涉及两大方面的关系：一是同一职业的工作者之间的关系；二是同其他职业工作者以及一般群众工作者之间的关系。在新时代职业伦理中一些原有的核心内容值得再次强调。

（1）坚持诚信守法。"人无信不立，业无信不兴，国无信则衰"，中国人历来信奉诚实守信，古人就用"一言九鼎""一诺千金"等成语来比喻承诺的分量和贵重，"诚"与"信"可以说是中国传统文化的基石。而在移动互联网时代诚信的重要性更胜以往，一方面大数据能提供更为精确的信息和数据，一旦信息经过传播，原数据即刻形成，就会立即被社会公众接收到并且能够追溯还原出事件原貌；另一方面，在移动互联网时代行为可量化的程度急剧上升，一举一动都可以形成不同类型的社会信息，这些信息将会迅速在公众之中传播，如果行为丧失诚信、违反法纪将会造成严重后果。总的说来，新时代更加强调恪守诚信、遵守法纪，否则无论是组织还是个人，必将为自己的失信或违法行为付出高昂的代价。

（2）弘扬"三老四严"。新时代充满了机遇与挑战，但同时也容易滋生出浮躁心理与投机行为。构成了职业伦理重要组成部分的"三老四严"，作为大庆精神、铁人精神的重要内容，是一种踏实做人、严格做事的优良传统和作风，在新时代愈发弥足珍贵。"三老四严"主要内容是：对待事业，要当老实人，说老实话，办老实事；对待工作，要有严格的要求、严密的组织、严肃的态度、严明的纪律。

（3）做到敬业乐业。敬业乐业同样也是职业伦理所倡导的重要理念，它涉及两个方面：第一，对待工作要有恭敬的态度，也即敬业。企业都会注重团队精神、企业文化的塑造，敬业的工作态度不仅仅是个体的事情，更是个体之间互相影响、互相感染而形成的团队风气。要真正做到敬业个体应当具备高度的责任感和主动奉献的精神；第二，乐业说的是要对自己所做的工作感到幸福和快乐。对于从业者来说，乐业的职业态度可以使自己得以全身心投入到工作之中，最大限度地激发出自我的潜能，实现好职业生涯规划的目标。

（4）重视主动学习。互联网的本质特征之一就是它极大加速了信息的产生和传播，使得人们获取信息的成本越来越低，而传统知识的价值也愈发贬值。这种情况下人们唯有不断学习、提高学习能力才能在这个信息时代把握先机，而这也正是新时代为职业伦理注入的新内容。

对于组织而言，虽然很多企业都在强调学习的重要性、倡导建立学习型组织，但要注意的是，学习型组织并不是铺天盖地提供各种杂乱无章的培训，而应侧重在创造出一种学习型的组织环境和文化，引导员工自己以积极心态主动去获取更多的知识和技能，从而更好地胜任工作。

对于从业者个人而言，可以从以下几个方面提升学习力：一，重视身边的培训。各种培训机会是获取职业知识和技能的丰富来源，通过广泛的参与培训，可以增长知识见闻、了解相关专业、掌握技术能力，从而丰富个人学识、技能,提高素养以及自身竞争力;二,重视学习能力的培养。读书、听课、拜师、考察、讨论、研究等都是提升学习能力重要途径。在企业中,唯有做一个有心人才能不断地学习进步;三,重视学习过程的产出。学习的过程也是一个播种—收获的过程,首先需要抱有良好的学习动机,其次掌握适当的学习方法,活学活用、学以致用,最终才能获得高效的产出。在学习过程中,个人还要注意把远大理想和现实工作结合起来,以长远眼光来看待学习这一"投资"过程,不必急于一时成效。

#### 8.2.2.3 大数据时代的职业形象

本书第二部分对于职业形象的论述主要突出了"得体"二字,而新时代下职业形象又增加了一些新的侧重点,在此我们进行简单的补充。

(1)加强修养,提升个人魅力。修养决定了人格魅力,而人格魅力又会折射出修养的高低。因此,从业者要先在内心认可、敬重自己的职业,坚定个人理想、明确人生追求,在自己的工作岗位上付出应有的努力,恪尽职守地做出应有的贡献,唯此才会散发出人格魅力。

(2)不断学习,提高业务能力。学习是增长才干、提高素养的重要途径,是做好各项工作的基础前提。从业者应本着"干一行、爱一行、干好一行"的思想,孜孜不倦苦练基本功,不断提高业务工作能力。

(3)精心包装,打造个人品牌。美国管理学者华德士曾说过,"21世纪的生存法则,就是建立个人品牌"。确实如此,当今时代的职场上一个人只有拥有了自己的个人品牌,才能真正发掘出存在于自己身上的独特气质和潜能,从而更好地在社会立足,取得更加辉煌的个人成就。

(4)注重细节,提升个人品位。细节显示差异,也能影响和体现品质,更是能够决定成败。人们的举手投足、一颦一笑,无不是微小的细节,但却会给他人留下持久的印象,并产生意想不到的效果。注重细节的人,不仅认真细致地对待工作,而且因为注重细节往往能寻找到潜藏于细节中的机会,从而更可能走上成功之路。

(5)善用数据,塑造专业形象。大数据时代中,海量的数据更加的公开化、透明化,为人们提供了一座丰富的矿藏。从业者在大数据时代尤其要学会和掌握使用大数据的能力才能从中挖掘出价值,通过对大数据的分析从而全面深刻地掌握事物发展的内在规律,有助于作出更为高效准确的科学决策。

(6)增强创新,打造个性标识。企业唯有变革才能持续地生存下去,对于人也同样。面对大数据时代日新月异的变化,以及实践中不断涌现出来的新情况和新问题,就需要从业者提高自身的创造力和创新性,在思维方式、思维结果上都有独到的见解才能更好地应对新的挑战。

#### 8.2.2.4 大数据时代的职业技能

（1）"精一"的专业技能。大数据时代对从业者的职业技能提出了更高的要求，既要复合又要精深。所谓的"T型人才"形象地说明了新时代对人才的要求，横向上要掌握多领域的知识，博闻强识、见多识广，此为复合，纵向上要精通熟练于某一专业，深入钻研、谙熟于心，此为精深。

而横纵两个维度相对比，横向上的涉猎广泛、遍地开花往往易于操作，但选择哪一点深挖下去往往难以抉择，并且深挖的过程通常历时持久、耗费精力，因而纵向上的精深无疑具有更大的难度。因而我们主要就纵向来谈，着重强调"精一"的理念，即在众多目标中进行取舍最终确定一个目标，从而明确方向展开行动。对于从业者而言，以"精一"的态度提升专业技能，也是以个人有限的生命追求无限知识，深入一门、精通一门。

（2）开拓的创新思维。"要成为一个企业家，一定要记住，真正的企业家要富有创意，创意人创业不是为了赚钱，而是因为他们无从选择，必须完成它。"

——崔普·霍金斯

微软和苹果这两家公司在当今世界舞台上都居于举足轻重的地位，可以说两家公司的创始人都凭借各自的惊人智慧推动了人类历史的进程。当被问及"是什么使微软从小公司一跃而起"时，比尔·盖茨的回答是"我们拥有当时科技巨头们没有想到的点子，我们总在思考，曾经遗漏过什么可以使我们保持胜利的东西，如何才能成为一个成功创业者"；而乔布斯的看法也与之不谋而合，他更为明确地总结了苹果公司的成功秘诀，"领袖和跟风者的区别就在于是否创新。苹果的每一步，都是以创新作为使命来完成的。它的理念就是要成为一个行业的标杆，产业的领袖"。

创新思维是人类在探索未知领域过程中，发挥人的主观能动性，以超越常规的眼光观察思考问题、提出与众不同且又能经得起检验的全新观点、全新思路、全新方案以解决问题的思维活动。在瞬息万变的大数据时代创新思维的重要性不言而喻，甚至可以毫不夸张地说它决定着个人或组织的生死存亡，因而开拓的创新思维也构成了新时代职业技能在重要内容。

### 8.2.3 新时代下的领导力

第二次世界大战催生了计算机，随后的冷战加速了互联网技术的诞生。经过半个世纪的发展，互联网技术在技术、社会、文化、制度等多重因素作用下，逐步衍生为一张遍及世界各个角落、连接起无数节点的巨大虚拟网络，承载着海量的信息并实现了信息即时高效的全球流动。今天我们已经置身于一个互联网时代，在这个时代中信息越发地成为人类社会赖以

补充材料：你的领导风格与数字时代相匹配吗？

生存的基础，人与人、人与物、物与物之间的连接空前密切，整个地球缩小成一个村落，所有的生物在其中共生共存，在某种意义上人类徜徉万年、跋山涉水，复又回溯至文明的起点——群居时代，而这一次是虚拟的网络伴随着庞大的信息将人们的命运再次捆绑起来。

前文论述重点关注了以移动互联网为核心的高新技术对人类社会带来的冲击，人类的生产、生活、生存方式以及信息和知识的生产、传播都正在并将继续发生改变，这些都是时代冲击在宏观层面的影响。而在微观层面上，新时代带来的冲击则主要体现为任何个体的价值都更有可能被放大和升级。无论是作为用户、客户还是员工，新时代中的人正在以全新的方式、强大的能量深刻地改变着商业环境以及其中的现代企业。从企业的外部环境看，大部分的行业内的企业都在花样翻新推出更优模式或者引入跨界新兴模式，威胁甚至颠覆了原有的商业模式；从企业的内部结构看，企业因为亟须积极转型和升级，因而每个优秀的个体人才更加受到重视，他们正在成为企业生存和发展的关键贡献者，对现行的管理模式进行着调整重构和创新变革。

商业体系面临着巨大的变革和重构，为了存活下去并获得发展，更多的企业必须转型以适应环境。企业的转型首要的就是企业家转型。而企业家领导力作为企业最重要的生产要素和核心竞争力之一，是企业家对企业产生价值的重要方式，故而企业家的转型在很大程度上又体现为企业家领导力的转型。在移动互联网时代，企业家领导企业的任务内容正在发生革命性的变化，企业家领导力在企业中的作用机制也在悄然改变，因此，对企业家领导力的要求需要重新定义，领导力的修炼方式也需要进行相应的调整。

现代企业基于网络技术搭建的平台与信息流通的媒介，与各方利益相关者构成一个共生的企业生态系统，领导者面临着不同于以往的内外部环境，这对领导力提出的新的挑战。而要真正地应对挑战，高喊转型、创新的口号还远远不够，领导企业需要的是一种理念上的根本转变。除了已被广泛认可的全局观、战略思维等，"共生"这一来源于生态伦理学与环境哲学的理念，成为了新时代中商业生态观的精神内核，对于领导企业的指导意义愈发凸显出来，这一理念能帮助领导者在把握核心价值的基础上真正地看清转型的方向，从而走上创新的道路。因而新时代的领导力中应当融入进"共生"理念的思想精髓，也将包含更为丰富的内容和更加广泛的意义。一方面，在企业内部存在着关系交互、利益依存的人际生态圈，领导者要在共生理念的指导下协调各方利益、引领组织成员共创价值；另一方面，在企业外部的大环境中，企业与消费者、供应商、竞争对手、政府等构成了一张

视频材料：李开复专访：传统企业在互联网+时代应该怎么做

复杂的关系网，领导者同样需要遵从共生理念来制定经营战略、推动企业自身以及整个网络的协调发展。

总的说来，互联网时代提供了前所未有的巨大挑战和成功机会，新的商业环境正呼唤着具有生态思维的企业家和领导者，领导着现代企业真正实现共享与共赢的竞合发展。以下我们将在本章的尾声对"共生"理念作简要介绍，后续章节将围绕此进行更广泛、深入的论述。

#### 8.2.3.1 共生的理念

本书第二部分的阐述已经提到过"共生"这一概念，共生共存作为责任的根本性原则起着统领和核心作用，指导和谐发展原则和竞争协作原则，体现以人为本原则，对理解和践行责任具有重要意义；而新时代的商业环境要求现代企业的领导者具备生态思维，其精神内核同样是共生理念。因而在本质层面上，领导力与责任实现了内在呼应。

（1）自然生态圈的共生。"共生（Symbiosis）"的概念最早由德国生物学家德贝里于1879年提出，指的是由于生存的需要，两种或多种生物之间必然按照某种模式互相依存和相互作用地生活在一起，形成共同生存、协同进化的共生关系。在自然界，无论是物种之间还是物种内部生物个体之间毫无疑问地存在着生存竞争。与此同时，物种的生存和进化又必然受到生态系统内其他物种和环境因素的制约与影响，并通过自身的进化改变作用于其他生物的选择压力，引起其他生物发生适应性变化，最终导致整个系统成为一个互相作用的整体。

因而，物种在生态系统内的生存包括了生物之间、生物与环境之间相互受益和相互制约的两种机制，除了达尔文所说的生存竞争之外，更重要的是一种互补性进化。可以说在很大程度上，优胜劣汰的生存竞争只是共同生存、协同进化的一种特殊形式。而这种协同进化的模式即是"共生"的实现机制，在协同进化的过程中，某种生物生存和进化与另一些生物的生存和进化相互关联、相互受益，既表现为不同个体之间的相互制约，也表现为他们之间的相互受益。他们之间的这种相互影响和互相作用，形成了一个相互依赖、相互调节的共同生存和协同进化的共生系统。正是这种协同进化模式使得整个自然生态系统变得更加协调，认识到这一点对于理解人类社会中企业的生存发展至关重要。

（2）商业生态圈的共生。前文论述说明了共生是自然生态系统中生物生存的重要方式，与自然生态系统相相似，企业共生也是商业生态圈的根本特征。正如自然界中不同生物按照类别、地理条件等形成不同的生物群落，并在一定的食物链下共同生存和协同进化一样，企业之间也会由于外部因素或市场演化力量的作用以及自身有意识的行为选择而集结在一起形成企业生态系统，在一定的价值链下共同生存和协同进化，达到共同繁荣的目的。

在传统商业环境下，一个系统内成员企业间的关系多为负相互作用，也就是说企业为了争夺资源和市场而进行破坏性的竞争，如同自然界中弱肉强食、你死我活的厮杀，一个企业的存活是建立在损害其他企业利益的基础上。然而，随着新经济时代的到来，面对复杂多变的动态商业环境，企业清楚地认识到不管自身表面上有多强大，最终都将与整个生态网络同命运、共兴亡，因此现代企业更多地采取了企业生态系统的战略和经营理念，在实现自身生存和发展的同时，也更加重视企业利益相关群体的整体利益和生态系统的共同发展与繁荣，以实现整个生态系统的共同进化为最终目标。而为了实现这个目标，明智的成员企业超越了传统意义上二元对立的竞争关系，采取"竞合"策略以达到一种相互依存、相互促进的"共生"关系。当然，正如自然界中的生存竞争本身也是协同进化的一种，"共生"关系并不排除竞争，但这里的竞争强调得更多的是企业通过自身内部结构和功能的创新促进竞争能力的提高，或是为客户提供一种基于产品、技术之上的增值服务。

#### 8.2.3.2　企业生态系统

> 很久以来，我的兴趣一直是把商业当成是一门复杂系统的经济个人和组织的作用融于系统之中。多年来，我发现生态学是顿悟和灵感的丰富源泉。当你越来越深入地关注于转变和重建，构成一种经济共同进化的关系时，你就会发现，用生态学的透镜来观察全局是极有帮助的。
>
> ——詹姆斯·穆尔《竞争的衰亡》

<u>企业生态系统</u>就是商业生态圈中的一种重要共生形式，最先提出这一概念的是美国学者詹姆斯·穆尔（James Moore）。他从生态学的视角看待现代企业竞争问题，1993年在《哈佛商业评上》上首次提出企业生态系统的概念，将企业生态系统界定为以组织和个人（商业世界中的有机体）的相互作用为基础的经济联合体。

企业生态系统在形式上一般表现为大量互相联系的企业，为了获得更大的生存发展机会，依靠比较稳定的分工协作，在某一产业或产品生产中形成的具有竞争优势的群体。而在实质则是一个共生系统，为应对竞争环境的结构性变化，由具有互补性、彼此之间存在共生关系、产生共生效应的企业联合起来，通过互利共存、优势互补而形成的具有共同利益和目标的企业利益共同体。企业生态系统的优势在于成员企业间组织结构、经营方式、规模和技术水平相互适应，企业间的资源利用和利益关系由竞争转向互补和合作，因而能够实现资源和信息的共享和增值。

尽管竞争是企业生存必然面临的基本环境，同时也是企业发展的动力，并且企业的任何经营战略、模式和理念最终都是为了获得更大的竞争优势；但竞争又是多变的，在不同的竞争环境下，企业必须采取不同的竞争形式才可能保持长期的优势。在当今时代商业环境不断动态化与复杂化发展的情况下，传统的竞争模式已经不能满足企业生存发展的要求，这体现为传统的专注于企业内部资源整合所带来的竞争优势正被逐渐削弱，企业孤立经营的模式正在被打破，取而代之的是企业与顾客、供应商及其他相关群体之间日益密切的相互作用和相互影响，在组织界面上寻找提高生产力和竞争优势的战略。也就是说，在这种新型竞争格局下，企业之间的关系不只是竞争或竞争合作关系，而更重要的是生态系统内企业之间以及企业与其所处环境之间的共生和协同进化关系，企业追求的是通过在生态系统内与其他成员企业相互作用以及与外界交互影响从而达到共生和协同进化的结果。因此，在这种意义上，获取企业生态系统竞争优势虽然是企业生态系统形成的根本原因，但其动力源泉在于通过企业生态系统改变自身的生存环境形成共同生存和协同进化的"命运共同体"，而这正契合了"共生"理念的精髓。

"共生"理念是企业生态系统的精神内核，强调企业与其生存的环境之间的密切关系。企业作为一个复杂的生命有机体，与生存环境之间是相互依赖和相互影响的关系，与相关企业、消费者等利益方之间也应当处于和谐互动的关系。企业生态系统中的成员企业应当通过合作竞争、共同进化、在共生中实现自生，最终实现动态平衡的和谐关系，这正是企业生态系统的核心思想与目标内核。为了实现这一目标，领导者需要在"共生"理念下有意识地培养生态系统竞合思维并制定适宜的生态系统战略，领导企业实现自身发展的同时推进整个生态系统的可持续发展。

案例材料：一张图看懂阿里巴巴战略生态

## 本章小结

1. 职业责任与领导力是紧密相关、相辅相成的，二者的关系是：职业责任是领导力的基础，领导力是职业责任的升华。

2. 职业责任与领导力在内涵上有五大方面是一致的，分别为使命、道德、感恩、信任、服务，这五个彼此相互联系的方面如同桥梁一般，实现了职业责任与领导力二者间的有效沟通。

3. 使命感在本质上是个人所感知到的一种呼唤，这种呼唤有三种来源：文化的、社会的以及个人的。使命感是沟通职业责任和领导力的第一大桥梁，它是培养职业责任和提升领导力的动力源泉。

4. 道德既包括一般意义上人格品质，也包括具体的职业操守。道德是沟通职业责任和领导力的第二大桥梁，是彰显职业责任和领导力的人格源泉。

5. 感恩是指对别人所给的帮助表示感激，并且对他人帮助给予回报。感恩是沟通职业责任和领导力的第三大桥梁，是提升职业责任和领导力的情感源泉。

6. 信任是一种由于信赖和相信而产生的一种人际依赖关系，它是一组心理活动的产物。信任是沟通职业责任和领导力的第四大桥梁，是提升职业责任和领导力的态度保证。

7. 服务是指为他人做事，满足他人的需求并使其受益的一种活动。它本身是一个含义广泛的概念，而具体到企业层面，则包括企业中的领导以及员工对社会的服务意识和行为，以及领导者对下属和同事的关心。服务是沟通职业责任和领导力的第五大桥梁，是提升职业责任和领导力的行为保证。

8. 移动互联网时代中，传统生产方式遭遇到全面颠覆，人们的生活方式正经历全面重构，企业商业模式也正面临着全面革新。新时代的到来带来了人类社会的深刻变革，对职业责任与领导力都提出了新的挑战。

9. 新时代下的职业使命要能侧重于探索行业新业态和新生态，并能利用大数据产品和服务提升人类生活品质。

10. 新时代下的职业伦理仍旧强调从业者坚持诚信守法、弘扬"三老四严"，并要能做到敬业乐业与重视主动学习。

11. 职业形象增加了一些具有时代特色的新的要点：一，加强修养，提升个人魅力；二，不断学习，提高业务能力；三，精心包装，打造个人品牌；四，注重细节，提升个人品味；五，善用数据，塑造专业形象；六，增强创新，打造个性标识。

12. 新时代对职业技能提出了更高的要求，既要求从业者的知识与能力在横向上达到复合，又要求其在纵向上达到精深，这要求从业者以"精一"的理念对目标进行简化，选定方向后坚持不懈地深入学习与反复磨练，深入一门、精通一门；此外，发散而开拓性的创新思维能帮助新时代的人才以超越常规的眼光思考问题和解决问题，从容地应对瞬息万变的环境提出的挑战，因而也越发地成为新时代人才的必备技能。

13. 互联网时代中商业体系面临着巨大的变革和重构，现代企业更多地基于网络技术搭建的平台与信息流通的媒介，与各方利益相关者构成一个共生的企业生态系统，领导者面临着不同于以往的内外部环境，这对领导力提出的新的挑战。新的商业环境提供了前所未有的巨大挑战和成功机会，呼唤着具有生态思维的企业家和领导者以"共生"理念为指引，领导着现代企业实行转型与变革，真正实现共享与共赢的竞合发展。

14. "共生"对应于责任四大原则中的共生共存原则，同时也是新时代商业生态观的精神内核，对于现代企业的领导有重要的指导和借鉴意义。

## 思考题

1. 如何理解职业责任与领导力二者的融合?
2. 职业责任与领导力的综合模型各部分内容应如何理解?
3. 沟通起职业责任与领导力的五大桥梁分别是什么,如何理解?
4. 新时代的职业责任有何新的内容?
5. 新时代对领导力提出了哪些新要求?
6. "共生"理念有何内涵,它的重要意义体现在什么方面?

# 第9章

# 责任与领导力共生的基础

 **开篇案例**

### 海尔与鸡蛋的新故事

怎么创造一个平台让每个人都把他的价值充分发挥出来?一个鸡蛋从外面打破,一定是人类的食物,但从里面打破,一定是新生命的诞生。我们的任务是让每一个员工都能够"孵化"出来,都能够破壳而出。

——张瑞敏

海尔与鸡蛋之间,除了用冰箱存放鸡蛋,还能有什么关系?

海尔集团首席执行官张瑞敏给出的答案将会彻底改变蛋品行业圈。集团旗下的海尔金融正以食品农业作为布局的重点,利用金融工具搭建起一个贸易平台连接起生产鸡蛋的龙头企业和消费鸡蛋的千家万户,构建出一个基于家庭生活场景的生态圈。

实际上这个答案是海尔的员工邱兴玉和她的创客团队共同想出来的,在集团的支持下他们这个创意得以实现——海尔产业金融食品农业小微公司成立了。

中国人均每天消费一个鸡蛋,蛋品行业市场规模巨大,但受行业周期限制,企业很难持续盈利。而邱兴玉的小微公司从组织方式和商业模式上解决了蛋品行业企业的这一困局:蛋鸡产业链包含生产端（基地）、消费端（终端）以及连接两端的贸易（平台）三部分，邱兴玉的团队从需求端下手，以金融为纽带，将消费端、生产端和贸易平台连接了起来，建立产销联盟，提前锁定需求，将传统的供需分离转化为订单式农业生产，以销定产，定制客户化需求。而在生产端，海尔产业金融帮助改变了养殖行业传统的重资产经营模式，帮助企业进行轻重资产分离，从而使得企业能够以轻资产的模式实现分布式管理，此外还通过产业内的龙头企业输出先进的管理经验和技术在"圈"内共享，实现了对蛋品质量的有效控制，同时也有效解决了生产环节员工的激励问题。

事实上，邱兴玉的小微公司也确实取得了不俗的成绩，到2015年9月业务量已到达10亿元，她的创客团队也分到340万元的净利润。

华东区域鸡蛋第一品牌商鸿轩农业也在海尔打造的生态圈中获益。公司创始人徐鸿飞介绍说，公司与海尔产业金融合作，双方共同打造高效率养鸡、全渠道卖蛋、多方共同盈利的蛋品生态系统，在2014年一年内实现了销量翻番。

利用网络金融，海尔——这个曾经的传统家电企业，为自己搭建了一个平台，并借助于此平台实现了商业模式的华丽转型。海尔提供的平台把众多的生产商、消费者联结在一起，形成一个巨大的联盟，原本争锋相对的竞争者现在也成为了共创共赢的盟友，共享经验与技术。不仅如此，广大的消费群体也获得了好处，因为即使是一颗小小的鸡蛋，消费者也能享受到平台战略时代带来的速度和性价比的保证。

而食品农业只是战略布局的一个方面，海尔正在搭建一个更为庞大的生态圈。"共享价值将取代交换价值，单个企业间的竞争将转变为行业生态圈的协同共享。"海尔产业金融总经理周剑振表示，"海尔金融提供的远远不只是资金，而是为产业提供构建共创共赢共享商业生态系统的金融工具。"张瑞敏在海尔商业模式创新全球论坛上表示，海尔正变为互联网上的一个节点，构建"共创共赢"的生态圈，要创造出最佳的用户体验。

在海尔与鸡蛋的新故事中，邱兴玉是海尔内部员工中的创客，而徐鸿飞则是在海尔平台上的创业的外部人员。一颗鸡蛋能从传统的商业模式中跳脱出来，使得鸡蛋产业链上各方都在平台上创造并分享价值，在海尔平台上实现"共创共赢"，这正是企业生态系统的魔力与价值体现，也将将给其他众多企业带来启示：再小的细分市场，如果能成功地形成像自然生态系统一样能自我交换、自我服务、自我愈合的企业生态系统，那它将更具有持续的竞争优势，也更容易创造出优异的客户价值。现代商业环境下，竞争合作已成为主流趋势，企业依托于企业生态系统，收获到的是比单个企业更高的系统的稳定性和承受力，将能更为从容地应对挑战与风险，实现持续经营并创造价值。

面对新经济时代日益复杂的竞争环境，怎样更好地适应环境，利用环境，提升市场竞争力，做到可持续发展，已经成了所有企业必须认清楚、想明白的现实问题。新经济时代以知识经济、虚拟经济和网络经济为标志，它们极大地提高了这个时代的包容性，尤其是快速发展的网络化环境和信息网络技术企业之间的交流与合作提供了更多的可能，可以说网络、信息、知识与高科技已成为推动经济增长、企业发展的时代驱动力。但与此同时，企业生存环境的动态性、复杂性和不确定性也与日俱增，商业竞争的竞争范围扩大、竞争程度加剧、竞争级别提升，就连"游戏"的规则与形式等也都发生了根本性的变化。日益加剧的生存压力迫使企业思考这样一个问题：传统的组织管理形式是否还能继续成为新经济的载体。

管理学大师彼得·德鲁克曾强调："一个企业不一定要变得更大，但必须经常变得更好。"确实如此，一个企业能否拥有更长久的寿命、实现持续不断的发展，在很大程度上取决于企业自身的基本素质。一般来说，任何企业都具有持续性发展的机会和可能性，而企业要抓住机会、让可能性成为现实，其关键就在于探索出能使自身延续生命、实现可持续发展的合理方式。企业生态系统就是这样一种应对新竞争的企业架构方式，它是生态学与管理学交叉融合的产物，是利用生态学知识为解决商业系统问题提供的一种新视野和思维工具，也是责任与领导力共生得以实现的基础。在企业生态系统中，竞争者、供应商、消费者等群体成为经济联合体，实现协同演进、共生共荣，企业根据其生态位扮演不同的角色，通过履行相应责任并发挥影响力来实现责任与领导力的共生。而平台生态圈作为当下最具赢利潜力的商业模式，是企业生态系统的一个具体的呈现形式，本章将对平台生态圈这一重要范例作简要介绍。

前一章内容强调了"共生"理念，这一章中，我们将进一步系统性地论述基于共生理念发展出的企业生态系统相关理论。本章首先描述企业生态系统的诞生的大背景，并给出企业生态系统的定义。而后，我们深入探讨企业生态系统相比于过去其他商业竞争模式所具备的特性，并介绍企业生态系统的动态演化过程。最后，我们将着重介绍平台生态圈这样一个具体的企业生态系统，通过实例来深化我们对企业生态系统的概念、特性的理解。

> **读完本章，你将了解：**
> 1. 企业生态系统的兴起和概念
> 2. 企业生态系统的特点、内涵和架构
> 3. 平台生态圈及其价值体现

## 9.1 共生的基础——企业生态系统

张瑞敏：海尔要变成平台型生态系统

新时代中，生态思维尤其是"共生"理念的重要性越发突出，也成为企业及企业家顺应时代发展规律、追求卓越实现基业长青所必须具备的商业思维。开篇案例中介绍的海尔，以及我们熟悉的阿里巴巴、腾讯、百度等业界巨头，这些具备战略思维的企业无一例外地都在全力构建各自的生态系统，通过实业与资本的产融互动、共享与共赢的竞合发展、线上与线下的创

张瑞敏：互联网时代的海尔，真诚是一个生态体系

新迭代、传统与新兴的跨界融合等等途径构建平台、完善生态圈并为其注入活力。企业生态系统作为现代商业生态圈中一种重要的企业共生形式，对于当代企业而言的意义重大，也是企业领导者其责任与领导力共生的基础，本章就将讨论企业生态系统的相关理论以及现代实践。

### 9.1.1 企业生态系统的内涵

随着科学技术的迅速发展，各学科的交叉与渗透不断涌现并呈现出特定的趋势化，而在此过程中，生态学与诸多科学的渗透和融合尤其突出与明显。20世纪下半叶以来，生态学的研究逐渐渗透到经济、管理等不同领域并获得广泛的普及。在20世纪70年代，生态观点被引入到企业组织的研究中。到目前为止，生态学的思想、理论和方法与经济管理领域的融合已呈现出一种繁盛之势，特别是生态学的知识和理念能极大地拓宽商业问题的分析思路，为应对问题、解决问题提供了一种新视野和思维工具。

从生态学的观点看待商业，几乎马上会使公司的战略家自由地看到尚未被发现的东西。高级经理们都变成为田野自然主义者。在这个世界里，新的生物工程的物种不断在景色中延伸，将生态系统向各个方面转变和倒置。当他们穿过公司的门厅做笔记的时候，他们仿佛正在构思商业物种和生态场地的报告，像描写非洲的火焰树那样描写美国电报电话公司（AT&T），像描写尖叫的鸱鸟那样描写英特尔公司（Intel）。

——詹姆斯·穆尔《竞争的衰亡》

美国学者詹姆斯·穆尔（James Moore）最先创造性地利用生态学解释企业运作，把企业比喻为自然生态系统中的某种生物，从有机的、系统的、生态联系的独特视角审视现代企业与环境的关系，首先提出"企业生态系统"的概念，用以描述现代企业所处的环境以及企业与环境复杂的生态关系。他将企业生态系统界定为"以相互作用的组织和个体（商业世界中的有机生命体）为基础的经济联合体"。

穆尔指出创新是这个快速多变时代的主旋律，墨守成规的企业势必会遭到淘汰。要在当今复杂的生态环境中取得成功，企业必须抛弃传统的竞争思维和竞争模式，转而争取和其他组织的协同发展、共同进化。在此背景之下，企业生态系统应运而生。受穆尔的启发，管理者和学者们也纷纷认识到生态学隐喻对于理解复杂网络环境下企业与环境之间关系的重要价值。如今，企业生态系统已经获得很多学者和实业界人士的广泛重视。

自企业生态系统的概念被提出以来，相关的研究逐步兴起并愈发繁盛，我国学者也对企业生态系统开展了大量的研究。基于对系统成员认定的范围不同，国内学者关于"企业生态系统"的概念界定可以分为狭义的和广义的两种（表9-1）。在狭义的"企业生态系统"中，系统成员包括核心企业、一般供应商、关键技术供应商、互补者、竞争对手、客户等企业利益相关者；而在广义的"企业生态系统"中，系统内除了有上述狭义范围的成员之外，还包括企业所处的自然环境、文化环境、法律环境、经济环境等。显然，对于狭义的企业生态系统而言，自然环境、文化环境、法律环境、经济环境等是作为企业生态系统的外部组织环境而言的，而广义的生态系统则将这些环境同时作为企业生态系统的组成单元。

**表9-1 国内学者关于企业生态系统的界定**

| 企业生态系统 | 狭义的企业生态系统 | 广义的企业生态系统 |
| --- | --- | --- |
| 系统成员 | 核心企业、供应商、关键技术提供商、互补者、替代产品制造商、竞争对手、客户等企业利益相关者 | 除去狭义企业生态系统的成员，还包含自然环境、文化环境、法律环境、经济环境等 |
| 企业面临的生态环境 | 微观企业生态环境：供应商、销售商、竞争者、互补者、顾客等 | 宏观企业生态环境：自然环境、政治环境、经济环境、技术环境、社会环境 |

在对企业生态系统初步了解的基础之上，本章将着眼于狭义的企业生态系统，展开论述。我们的分析主要是站在企业层面，考虑商业性利益相关者群体构成的微观生态环境，并与后两章内容相衔接，为探讨狭义企业生态系统中企业的经营战略以及竞合策略做好铺垫工作。在这里我们将企业生态系统定义为：

企业生态系统是以相互影响、相互作用的企业与企业、企业和个人（主要指客户与消费者）为基础、以获得成员共同进化为目的的经济联合体，其构成要素包括处于不同生态位上的核心企业、供应企业群、销售企业群、竞争企业群、互补企业群、客户企业群和消费者群等。

企业生态系统的内涵从本质上来讲，它的出现是一种多主体的交互认知行为，既是一种经济组织学现象，也是经济文化学现象和经济伦理学现象。人作为企业和企业生态系统中的行为主体和基本单元，其所实施的活动都是以一定价值观为指导的理性行为。由此可推知，企业生态系统也是多类型的企业与个体在一定价值取向的指引下，遵守客观规律的约束，为追求可持续发展而共同组成的企业与企业、企业与个体间关系的集合。

企业生态系统的思维根基是企业的"生态观"，在企业生态系统中，指导成员行为的价值观必然与"生态观"保持一致。一般说来，生态观是人类对生态问题的总的认识或观点，它脱胎于生态科学，是一种蕴含着有机生命、内在联系与整体主义的观点。虽然不同的主体对于生态观有各自的理解，但基本而言生态观都强调了各种事物及各种因素间的相互关联与生态互动，并认为生命体追求的是通过信息或能量的交换实现一种生命力凸显的状态。

企业的生态观强调企业与其生存的环境之间的密切关系。作为一个复杂的生命有机体，企业与生存环境之间是相互依赖和相互影响的关系，企业与相关企业之间、企业与消费者之间应当和谐互动。企业通过合作竞争、共同进化，在共生中实现自生，最终实现动态平衡的和谐关系，是企业生态系统的核心思想与目标内核。为了实现此目标，企业必须明确自己是嵌入在一个企业生态系统中的生命体，与系统成员和整个系统共命运，因而在制定和实施战略时应充分考虑其他成员的相互利益和整个系统的共同利益，不仅如此，企业还要能考虑到自身及系统整体未来的可持续发展，也就是说企业追求的是在横向的空间维度和纵向的时间维度上都实现"共生"，而这正体现出了新时代商业生态观的精神内核。

综合以上论述，我们通过图 9-1 来直观展现企业生态系统的内涵。

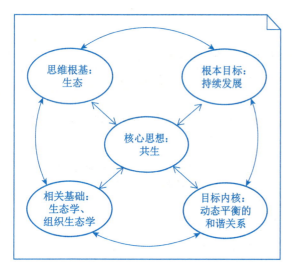

图 9-1
企业生态系统的内涵

### 9.1.2 企业生态系统的特性

企业生态系统的生态特性是根据生物生态系统的特性类推得到的，但这种简单的类推并不能完全反应企业生态系统自身的特性。为了全面理解其特性，我们不妨将企业生态系统看作是一个复杂自适应系统，从表 9-2 所示的四个维度来系统地解读其内涵。

表 9-2 企业生态系统内涵的多维度整合

| 解析维度 | 具体内容 |
| --- | --- |
| 主体维度 | 企业 / 人 |
| 空间维度 | 地理位置跨越至全球范围 |
| 时间维度 | 当前的成功发展以及未来的持续发展 |
| 功能维度 | 和谐共生的运行态与生存态 |

从"主体"维度来看，生态系统的主体是企业，而企业终归是由人集合成的组织，所以说企业生态系统归根结底是由人构成的；从"空间"维度来看，企业生态系统的成员不受地理位置的限制，能够跨越地理界限进行协调，在全球范围内相互影响、相互作用；从"时间"维度来看，生态观的目标要求企业成员既要追求当前的商业盈利，同时也要保证长远未来的持续发展；从"功能"维度来看，系统内各个成员之间是合作竞争、共同进化的，彼此之间是一种和谐共生的关系。这四个维度的分析，将帮助我们更好地把握企业生态系统的内涵，并更好地理解其具备的特性。

下面，我们开始讨论企业生态系统的组织特征和结构属性。

#### 9.1.2.1　企业生态系统的组织特征

虽然现有研究中学者们对企业生态系统的定义会因具体研究问题的不同而有所区别，但是企业生态系统具有一些被广泛认可的基本特性，这些基本特性也间接也反映了企业生态系统的组织规则，因而我们将其归纳为企业生态系统表现出的组织特征，总结为如下五个方面。

（1）**系统结构的松散性与系统边界的模糊性**。在企业生态系统中，每一个企业成员都与其他成员通过网络建立起联系，彼此相互影响并受到整个系统的约束，但同时又有着一定程度的活动自主性、独立性与灵活性，因而它们处于的是一个相对松散的系统。在这样一个形式松散的系统内，有形和无形的信息使得系统成员之间既相互独立又保持统一。

边界模糊化是指柔性的边界，这样的边界具有可变性与灵活性。企业生态系统呈现出网络结构，而网络本身就是无限的，并一直处在动态变化之中，可以无限地延伸与拓展。因而，企业生态系统没有严格的边界限制，而是能够根据创新与演化主题的需要，灵活改变系统规模的大小。系统的成员也不受地理位置和行业界限的限制，它们可以根据自己的需要改变所嵌入的网络关系，同时一个企业可以同时嵌入多个网络，成为不同企业生态系统的成员。所以说企业生态系统的边界是弹性的、模糊的、难以确定的。

（2）**系统成员的独特性与多样性**。在自然生态里，一类物种的存在价值和生长动力往往是在此类物种与其他物种的差异和互补关系中实现的。正是因为系统成员彼此之间异质、异能，存在差异和互补的关系，所以相互之间才可以取长补短，形成各种组合和互补优势，从而提高系统整体的活力和稳健性，最终推动生态系统的竞争力不断强化并实现可持续发展。

类似地，在企业生态系统中也是如此，不同的系统成员之间具有差异从而能够实现互补。从地理区域分布来看，企业生态系统既可集中在同一区域内，也可以跨越全球范围内的不同区域；从行业分布来看，成员企业可以处于相同的行业，但也不受行业边界的限制，可以跨越多个不同的行业。故而就分布来说，企业生态系统的成员呈现出一种跨边界的离散性分布。与此同时，系统内部的企业"物种"的个体之间也具有差异性，包括组织结构的差异、产品功能的差异等。因此，企业生态系统是由多样化的独特性成员构成的。

（3）**系统成员之间同时存在竞争与合作的互动关系**。在自然生态系统中，是各生物物种之间的相互作用使得生态系统的结构得以稳固、功能得以发挥，进而在生态过程中实现结构和功能的统一。任何形式的相互作用，不论是竞争还是合作，本质上体现的都是一种生态关系。

现代商业环境中，市场竞争日益激烈，产业和技术快速升级，消费者需求日新月异，同时社会分工日趋精细，一个企业单靠自身越来越不可能满足顾客的所有需求。为了求得生存与发展，合作愈发成为一种重要的竞争手段与生存方式，原本处于竞争关系的企业也必须通过多种形式的合作来实现企业存续与成长的目标。系统成员间通过合作与竞争的互动，共同创造消费者新的需求，开拓和培育新的市场，这也是企业生态系统的基本功能所在。系统成员间同时存在合作与竞争的互动关系，将有助于产品的创新和对消费者需求的满足，促进企业自身竞争力的提高。

（4）**企业生态系统具有命运共同体和利益共同体的性质**。企业生态系统的成员又是相互依存的，企业生态系统作为一个整体，代表着所有系统成员的共同利益。系统成员通过竞争合作实现互相促进与互惠互补，提高自身以及整个系统的经济和技术实力，共同形成对企业生态系统外的整体竞争优势，成员们共享着一种整体性利益。而当系统整体处于不良的生存状态时，成员各自的具体利益也会受到损害。

不仅共享着利益，系统成员的命运也是相互关联、荣辱与共的。"共生"的体现即为成员之间形成的一种相互依存、彼此牵动的命运共同体，这意味着只有保证了整个生态系统繁荣发展，企业成员个体才能获得长远持续的发展。因此，处于系统中的任何一个成员都应在追求自身发展的同时，以共建一个健康可持续的企业生态系统为共同目标。

（5）**系统成员的共生性以及企业组织之间的共同进化性**。这一点已经深入涉及了生态观的精神内核，是企业生态系统的最核心特性。商业生态本身意味着为特定的价值活动提供空间和关系等基础条件，而且这些价值活动的参与主体之间是相互关联、相互依赖、彼此共生的，而参与主体是通过共同进化的途径来实现"共生"的。在商业环境中，企业生态系统内的共同进化按照表现形式可被分为三种类型：竞争性共同进化、互惠性共同进化及探索性共同进化，如表9-3所示。

表 9–3　共同进化的表现类型[1]

| 共同进化类型 | 涉及对象 |
| --- | --- |
| 竞争性共同进化 | 竞争者之间 |
| 互惠性共同进化 | 互补者和合作伙伴之间 |
| 探索性共同进化 | 实力差异较大的企业之间 |

依次来看，竞争性共同进化主要发生在实力相近的竞争者之间，所谓"以敌为师"，将对手取得的竞争优势作为督促自己的动力，促使企业自身改善服务、升级产品、创新变革来提高竞争力，这一过程使得双方都实现了共同进化。比如说可口可乐为与百事可乐就是这样一对实力相当的竞争者，其中一方的可口可乐公司提出了"有对手才有自己"的口号，化恶性竞争为相互促进，与对手展开竞争的同时更是实现了自我超越；互惠性共同进化通常发生在互补者或是合作伙伴之间，例如早在 20 世纪 80 年代，IBM 主导着个人计算机市场，微软作为供应商为其提供磁盘操作系统 DOS（disk operating system, DOS），后来随着个人电脑市场的扩大，双方通过这种强强联手提升了合作联盟的竞争力，也都获得了各自企业的发展壮大，实现了互惠互利的共同进化；探索性共同进化一般发生在实力相差较大的企业之间，例如国际品牌与其代工厂商之间通常就是此类共同进化的关系，合作初期代工厂商以低廉的劳动力成本吸引到了海外订单，而到了合作后期，一方面，劳动力成本的提高使得国际品牌转移代工地区，另一方面，原本的代工厂商自身也积累了一定的工艺，具备了足够的规模，转而打造出自己的品牌，从微笑曲线[2]的底端向上移动，如我国鞋业企业安踏、科技公司富士康等都是代工厂商成功转型的范例。

苹果是如何打造 iPhone 生态系统，把你牢牢圈入它的围城里的

#### 9.1.2.2　企业生态系统的结构属性

从定义可知，企业生态系统是企业与企业、企业和个人形成的经济联合体，系统的整体性是通过系统内部各主体的联系得以实现的。对于由众多群体、单元等构成的复杂系统，如果将其中所有的主体都抽象成为一个个节点，将它们之间的关系抽象成为一条条联结，系统便具有了网络特征。

网络反映了系统存在的结构，而结构是系统发挥功能的基础。认识到

---

[1] 根据 Pagie L W P. Information integration in evolutionary processes. Open Access, 1999. 整理。
[2] 宏碁集团创办人施振荣先生于 1992 年提出了有名的"微笑曲线"（Smiling Curve）理论，该曲线中间是制造，利润最低；左边是全球性竞争的研发，右边是当地性竞争的营销，两端利润较高。

企业生态系统具有的网络结构特征对于理解系统内主体间的联系和互动极为重要。广义的网络通常有物理网络和逻辑网络两种形式：物理网络主要包括传递物料商品的物资网络、传递能量的能量网络和传输信号的信息网络这三种网络类型；而逻辑网络则更多地反映事物之间的内在逻辑关系，例如供应商与销售商的供销关系、企业与客户的供需关系等等。要注意的是，逻辑关系必须借助于物理网络来实现，故而逻辑网络必然会在物理网络上产生映射，也即建立起某种对应关系，而物理网络通常也要与逻辑网络相配合才能展现其价值。我们所关注的企业生态系统本质上也是一种网络，而且是物理网络与逻辑网络的综合体。

具体来说，就企业生态系统这一整体而言，"生态系统"是其存在的表现形式，反映出的是成员间基于交换的互动联系，而由此形成的关系网络则是系统的内核。在系统内部，成员的自主活动以及成员与成员之间、成员和系统整体之间的互动形成了多向、复杂的内反馈环路。就某一成员企业而言，该企业与其供应商、上游生产者乃至一切前向关系，以及与销售商、下游用户及一切后向关系形成一条系统增殖链，同时企业又与竞争者、互补者之间形成特有的合作竞争关系链。以每个成员企业为中心的链条又相互交织耦合，形成了企业生态系统的多层逻辑网络。

企业生态系统的网状结构是在不断的动态演化进程中的，系统中的各个主体的各种链接结构相互联系、相互作用，同时在这种互动过程中新的链状结构也在不断生成，最终使整个系统的结构在多元耦合中形成错综复杂的立体网络结构，将系统的各个组成部分联结成相互牵连的有机整体。网络中的节点就是系统的每个构成群体，各节点之间相互联系、共生发展，持续动态地形成彼此间互动关联的联结网，随着时间的推进不断演进出新的网状结构，保证系统能够适应环境的动态变化并有效地发挥功能。

而为了保证系统功能的实现，企业的网络结构要能够实现以下几种能力要求，这些能力要求也是保证企业生态系统的网络结构与组织规则相互契合与匹配的关键之所在。

（1）包容能力的要求。系统要能够灵活调整规模的大小，并要能够容纳一定数目的成员从而确保网络效应的产生。与这包容能力相契合的组织特性包括：成员的多样性和独特性，利益共同体与命运共同体，共生与共同进化特性。

（2）联结能力的要求。要求系统能够不受地理空间等阻碍因素的限制，联结多样化的创新主体。对联结能力的要求与组织结构的松散性和边界的模糊性、合作与竞争共存等特性相互匹配。

（3）反应能力的要求。系统要能够快速实现对环境变化的反应，并在此基础上实现持续的创新。组织结构的松散性，成员的多样性共生等都是与之相契合的组织特性。

综上所述，企业生态系统不仅仅是简单的一种组织形式或管理模式，它的组织特征和结构属性中体现出的是一种竞争与合作、自生与共生共存交织的生存和发展机制，反映出的是一种企业自身以及企业与企业、企业与环境相互影响、共同进化的通向持续发展的过程。也正是企业生态系统特有的组织规则和网状结构保证了其功能的发挥，使得它作为一种由生态观推动组织变革产物真正落实了"共生"的理念，为企业应对新时代的挑战提供了一种合适的组织形式。

案例资料：小米、乐视、苹果三大生态系统对比

### 9.1.3 企业生态系统的动态演化

在理解了企业生态系统的内涵和特性的基础上，我们进一步分析企业生态系统的动态演化规律。广义来看，企业生态系统是本身也是一个有机生命体，大致会经历开拓、成长、成熟、自我更新或衰退这四个阶段的动态演化。与此同时，系统成员间存在的相互关系和共生状态也会呈现出不同的演化特征。

> **Wintel 生态系统的动态演化**
>
> 英特尔公司（Intel）是全球最大的芯片制造商，同时也在计算机、网络和通信产品的制造领域居于世界领先地位。1971 年，英特尔推出了全球第一枚微处理器，不仅改变了公司的未来，也对整个工业产生了深远的影响，此外，更是推动了计算机和互联网革命，以小小的一枚处理器引领人类文明迈出了一大步。
>
> 微软公司（Microsoft）创建于 1975 年，是全球最大的电脑软件提供商，是个人和商用计算机软件行业的领袖。其主要产品为 Windows 操作系统、Internet Explorer 网页浏览器及 Microsoft Office 系列办公软件。
>
> 这两个业界巨人在市场上具有互补性。所以自 20 世纪 80 年代起，微软和英特尔在个人电脑领域内密切合作，组成了所谓的"Wintel 联盟"，极大地推动了 Windows 操作系统在基于英特尔处理器的个人电脑上运行。"Wintel 联盟"中的"Win"代表了 Windows，而"Tel"即 Intel，联盟虽然是由微软和英特尔共同引领的，但成员却远不止这两家公司。Wintel 联盟是一个包括用户、系统集成商、软件开发商、设备供应商、服务商、基础模块供应商以及咨询公司等成员的庞大的生态系统，成员之间通过特殊的契约建立起密切关系，共同合作、互惠共生，借助于虚拟而灵活的连接，将它们的命运

紧密联系在个人电脑的增长上，最终实现共同进化的目标。

迄今为止，Wintel 生态系统已历经了三十载的风风雨雨，也走过了演化的各个阶段。表 9-4 列出了演化过程各阶段中系统内成员的情况。

**表 9-4　Wintel 生态系统演化过程**

| 演化阶段 | 生态系统形态 |
| --- | --- |
| 开拓阶段（20 世纪 80 年代中期—1990 年） | 20 世纪 80 年代初期 IBM 主导个人计算机市场，选择英特尔公司为其提供中央微处理器的芯片，微软为其提供 DOS 操作系统。微软和英特尔公司通过嵌入 IBM 领导的生态系统内部，发展了自己的核心能力，并随着各自的发展壮大，两家公司认识到它们产品的互补性，逐渐结成联盟。Wintel 生态系统初步形成 |
| 成长阶段（1989—1993 年） | 英特尔和微软之间的联盟进一步加强。<br>英特尔开发并推出新一代芯片，以走在其"复制商"的前面；而微软公司则利用英特尔的微处理器的能力的迅速提高来提高其软件的运行能力。"Wintel"在发展自身的同时，也有意识地采取有利于生态系统的成长的策略，加强和培育同其他相关成员之间的关系。<br>英特尔公司举办各种不同的技术研讨会，加强与顾客——电脑公司的交流；再次，英特尔增进其产品与其他供应商的产品的适应性。<br>微软与其他软硬件制造商、解决方案供应商以及基于 Windows 平台服务的公司通力合作，共同打造产品市场。并推出全球合作伙伴计划（Microsoft Partner Program，简称 MSPP），协同推动整个生态系统的发展 |
| 成熟阶段（1993—1995 年） | Wintel 生态系统趋于成熟，英特尔和微软公司也成为生态系统的领导。<br>英特尔以高能奔腾处理器（Pentium ProProcessor）作为可兼容个人电脑的核心，统治了一个由硬件和软件销售商组成的庞大的生态系统。<br>微软于 1995 年发布了具有全新界面和强大功能的 Windows95，使得操作系统发生了质的变化。此外微软公司还创立了"de facto"标准以保证所有销售商销售软件都可与公司的软件兼容。<br>英特尔和微软主导的生态系统中包括硬件销售商、软件销售商、服务公司、咨询公司组成的种群，Wintel 生态系统持续进化 |
| 自我更新阶段——Wintel 生态系统的升级（1996 年—至今） | 世纪之交互联网的兴起带来了前所未有的挑战，近年来移动互联网深深地冲击了传统 PC 产业中的 Wintel，谷歌安卓和苹果 iOS 两大生态系统对 Wintel 造成了严重威胁。<br>英特尔加紧科技研发，相继推出了的奔腾、酷睿系列处理器，直至 2015 年推出应用于低价智能手机及平板电脑、可实现通信功索菲亚 4G 芯片。<br>微软开发了 IE 浏览器、Windows XP、Window7 等系统，至 2015 年初发布 Windows10，该系统的主打功能便是可跨平台运行——PC、平板电脑甚至是智能手机，也是出于进一步完善生态系统的考虑 |

近年来，随着个人电脑（personal computer，PC）销量下跌，"PC 已死论"甚嚣尘上，个人电脑行业的萎缩对于 Wintel 联盟无疑是巨大的冲击。2015 年 10 月微软和英特尔再次合作，这次合作秉持以往模式，仍建立在二者的新产品 Windows 10 操作系统和第六代酷睿处理器的基础上，但合作中也有创新，微软和英特尔首次引入个人电脑制造商惠普、戴尔和联想加入合作，共同推出"PC 能做什么"的广告推动销售，试图为个人电脑行业重新注入希望与力量。

#### 9.1.3.1 企业生态系统的动态演化阶段

生物学观点认为，自然生态系统的演化过程是一种从低级走向高级、从无序到有序的信息积累、自组织、自优化的过程。与自然生态系统一样，企业生态系统也是一个大的有机体，具有生存和发展的动力与新陈代谢的特征，会经历诞生、成长、发育繁殖、衰老和死亡的生命周期。

在很大程度上，企业生态系统的动态演化过程也正是其核心产品的生命周期过程。如上例中的"Wintel"生态系统，从早期 IBM 主导的生态系统，到微软与英特尔结成的均势联盟，再到后期引入电脑制造商的加入，这一系列的演化都是基于个人电脑这一核心产品而进行的。核心产品对于企业生态系统的演进意义重大，这一核心产品的竞争力状况将会决定系统演进的方向和速度以及持续发展的可能性。

我们不妨将企业生态系统视为一个整体，当某项新技术、新产品被发明出来时，或是新市场、新顾客被发现时，企业生态系统便开始进入萌芽状态，经过开拓期的殊死拼搏之后，如果能生存下来并获得一定发展，接下来就将进入成长期，然后不断壮大延伸成长为市场领袖。随着市场日趋成熟，生态系统逐步发展进入成熟期，之后可能通过创新变革实现企业生态系统的升级延续其发展，或因缺乏创新使生态系统逐步衰退而被新的生态系统所替代。

在企业生态系统动态演化过程中，系统成员的数量、质量及稳定性在各阶段大不相同，一般来讲成员数量是由少到多，然后趋于稳定，到系统衰退时，再衰减变少。而成员质量与稳定性则是伴随着企业生态系统的成长而逐步提高的，直至系统衰退再转为降低。

以下将对企业生态系统动态演化的各个阶段分别作简要介绍。

（1）开拓期。这一阶段主要由企业家探索或创造具有市场潜力的新的企业生态系统，只要能找到有创新意义且有价值的产品或服务，就有可能开始一个新的企业生态系统。在开拓时期，企业家一般都满怀激情地致力于开发出能更好地满足顾客需要的新产品或新服务项目，并努力吸引外部关注和投资，试图找到适当的供应商、投资者、合伙人、顾客，并把他们纳入价值创造系统中，初步建立起一种相互依存的、有序的共生关系，新的生态系统即初步萌芽。这一阶段成功的关键在于企业家的开拓进取和勇于尝试。

（2）成长期。当企业生态系统初步建立起来之后，逐渐发展并开始具备进化的能力和条件，就将迈入成长阶段。如前面所说，企业生态系统的成长速度是取决于核心产品的竞争力状况的，而具体说来，则取决于产品本身技术含量的高低，市场需求大小，竞争产品或替代品的状况，新产品或服务为顾客带来的价值大小等方面。随着生态系统的成长，其产品或服务逐步得到顾客认可，由于前期竞争对手相对较少，此阶段的利润一般较高。其他企业往往会被高利润率所吸引而进入该生态系统，故而生态系统将能集中各种资源，形成一定的规模经济。同时处于成长期的生态系统凭借着优良业绩和共享平台，还能吸引广大供应商、金融机构、媒体、政府机构等其他相关群体的加入，企业生态系统不断地扩展延伸，扩大覆盖范围。这一阶段成功的关键是企业生态系统中的领导者也即核心企业，要为系统长远发展设计一个发展目标，并控制系统的扩展速度，使其有节奏的健康发展，避免盲目扩张。

（3）成熟期。随着企业生态系统的快速稳定发展，企业生态系统的成员和结构都趋于稳定，通常表现出较大的规模、良性化的系统运行，并拥有强大的扩张能力和竞争力，这标志着系统逐渐进入了成熟期。在这个阶段系统成员已经经过竞争选择而处于适当的位置，在系统内扮演着相对固定的角色。为了使企业生态系统的成熟期延长，系统中不同定位的成员应该通过合适的运营战略扮演好自己的角色，为整个系统的发展做出贡献，这是该阶段成功的关键：一般而言，核心企业也即系统内的领导者一方面要带领和保持整个生态系统的创新，并做好系统的防御工作，另一方面提升自身的创新能力和竞争力以保持在生态系统中的权威性领导；而其他企业也即追随者们，要灵活机动地应对领导者提出的要求，并且与其他企业更多地协同合作、共同发展。

（4）自我更新或衰退期。由于技术发展、市场需求及政策等的变化，任何企业生态系统都面临着存续的风险，在经历前几个阶段的演化并取得了一定的成果之后仍不能一劳永逸。随着演化的推进，企业生态系统必然要面临两个进化结果：第一是当企业生态系统在其他系统的竞争时，如果满足于已有的成功而没能适时地创新变革以适应技术发展和市场需求，最终原有生态系统将会衰退落后直至被新兴的企业生态系统所替代；第二是生态系统成员尤其是其中的核心企业群及时地创新变革，不断提高产品或服务的客户价值，并打造出着眼于未来发展的核心能力和核心产品，以此为基础实现了自身企业以及整个生态系统的协同进化或升级，那么原有的生态系统将能保持活力并实现可持续发展。处于这一阶段的系统成员要有开拓的创新思维和变革精神，并要能立足现实、放眼未来，最大限度地为生态系统注入新的思想和活力，这是此阶段成功的关键。

#### 9.1.3.2 企业生态系统的动态演化特征

企业生态系统内的成员处于一种多重共生关系，这种共生关系呈现出立体性、网络性和同时性，并且也是动态演变的。总体来看，随着企业生态系统的不断的演化发展其共生状态会沿着两个大方向变化，一是在共生组织模式上，组织化程度提高、共进化作用增强，这一方向对应于一体化共生进化；二是在共生价值模式上，共生价值分配对称性提高，对应的是对称互惠共生进化。

在企业生态系统开拓阶段，核心企业发现新的技术或观念之后，需要获得顾客、供应商以及相关企业的支持，这时核心企业往往需要先期投资来培养系统的共同进化能力，通过给予顾客和供应商一定的收益激发出他们的热情进而投入更多的资金、人力和其他资源一起创建新的生态系统。因此在此阶段企业成员间尚未获得充分的信任和了解，因而组织一体化程度较低，并且此阶段的共生价值模式往往表现出以寄生为主导，因而互惠互利的成分也较低。

随着企业生态系统的成长、拓展直到进入成熟期，系统成员间经过深入的了解，彼此建立起了充分的信任和友谊，表现为签订正式或非正式的契约甚至形成了稳定的股权关系，这时，共生组织模式逐渐向一体化共生为主导的方向转化，共生价值模式也逐渐向非对称性互惠共生或对称性互惠共生的方向演进。

而到了企业生态系统的衰退期，成员企业往往会根据生态系统的具体情况来确定它们的共生模式，如果它们认为生态系统的改进是有可能的，那么它们会形成更加紧密的关系，从而共同努力为现存的生态系统带来新的观念，并通过持续的性能改进使企业生态系统升级，这种情况下的共生状态以一体化共生和对称性互惠共生为主。但如果环境条件的变化使企业生态系统必然走向衰落，那么成员企业就可能逐渐背叛并逃离现有的生态系统，此时成员间的共生关系逐渐减弱，甚至可能出现传统意义上你死我活的竞争关系。

## 9.2 企业生态系统的现代实践——平台生态圈

### 9.2.1 企业生态系统的现实意义

新时代中日益变化的商业环境对企业组织结构和管理模式提出了新的要求，与此同时技术进步与管理理念的变革也正在快速改变着各类组织的形态和结构，因而企业管理者应当顺应时代趋势并借力时代潮流，推动组织结构的演进与更新从而使企业具备更强的适应性、灵活性和反应性，并通过全新的管理思维模式来保持企业内部环境的动态稳定性以及企业对外部环境的适应性，提升企业生存和发展的能力。

而生态学与管理学的交叉融合，为实际的企业管理提供了一种突破性的视角，将企业视作存在于网络之中的有机生命体，与其他群体相互依存、共生共存，共同构成了企业生态系统。企业生态系统的观点打破了传统的以行业划分为前提的战略理论的限制，在企业生态系统整体的层面上，把商业活动分为开拓、成长、成熟、自我更新或衰退四个动态演化阶段。这一新视角对企业管理具有重要的指导价值。具体表现为以下几点：

（1）以整体论与系统观对企业生态的各种因素进行全面的、系统的思考，能帮助企业领导者发现和解决企业管理在宏观与微观上的失误。

（2）以生态平衡的视角考察企业生态系统的结构和功能，能帮助企业主动地调控企业外部和内部的生态失衡，从而确保企业自身和整个生态系统的可持续发展。

（3）运用生态的原理和规律，能帮助战略制定者深入洞察现代企业竞争的本质及其运行机制，更好地发挥企业生态的多维效益。

（4）以生态学为指导，有利于系统中的核心企业进行系统的规划布局、在各个演化阶段有侧重地调整发展方向，促进所有企业成员和生态系统的和谐发展。

（5）将生态意识整合到企业管理的过程中，能促使企业与利益相关者群体以及企业之间关系的转变，使得企业能够超越二元对立的思维看待现代商业竞争。

总之，生态学为现代企业管理提供了新视角、新思路、新方法和更为开阔的视野。企业生态系统的相关理论将极大地促成企业决策制定者思维方式的变革，进而对企业的战略管理具有重大影响。

**案例**

### 阿里巴巴的生态圈

今时今日，阿里巴巴作为行业翘楚，打造出的庞大生态圈已经渐趋成熟。回首其一步步的发展历程，我们可以清晰地看到阿里巴巴生态圈（图9-2）的延伸步伐：

从B2B到C2C再到B2C[1]；

从电商到金融到物流；

从PC端到移动端；

从国内到全球；

---

[1] C2C即Customer-to-Customer，指的是个人与个人之间的电子商务。而B2C即Business-to-Customer，指的是直接面向消费者销售产品和服务商业零售模式。

从城市到农村；

从物流到信息流、人流；

从电商平台，到"未来阿里巴巴提供的服务会是企业继水、电、土地外的第四种不可缺失的商务基础设施资源"。

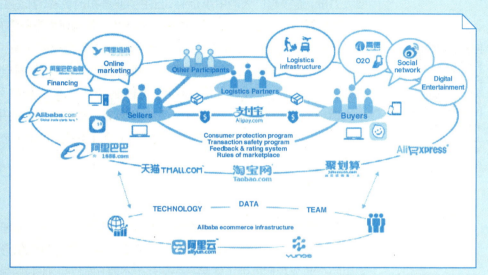

图 9-2　　　　　　　　　　　　　　　　　　　　　　　　　　　　　　阿里巴巴生态圈

最初，阿里巴巴以 B2B 模式和淘宝网起家，建立起大数据的土壤，并由此衍生出天猫、聚划算等多条业务线，参与的成员数量庞大，彼此间主要为买卖双方、批发零售的交易关系，形成了一张逻辑网；外一层，由支付宝、阿里小贷、菜鸟物流、阿里云等形成支持体系，从而形成资金流、物流、信息流的循环，这对应的是物理网；再外一层，则是来自于阿里巴巴近年来疯狂投资及收购的企业，如新浪微博、高德等等，它们作为外围，形成了潜在的业务拓展空间。阿里巴巴利用支付宝解决第三方支付问题，并通过并购雅虎进入搜索领域，实现纵向一体化，同时还以 B2B 平台为切入点，分别以阿里软件和阿里妈妈进入管理软件领域和网络广告领域，实现横向一体化，由此一个庞大的生态圈便构建起来了。

早在 2007 年，阿里巴巴就确立了"建设电子商务基础设施，培育开放、协同、繁荣的电子商务生态系统"的发展战略，正式将"生态型企业"作为发展目标。所谓"生态型企业"源自于对大自然生态系统的比拟，如果将商业生态圈与大自然生态圈相类比，那么，传统企业可以是商业"生态圈"中的某一元素，如某一种植物、动物，或是一条河流、一块土壤。而生态型企业则远远超越了这些传统意义的企业，它自身就构成了一个生态圈，生态圈内有"动植物群落"和"空气、土地等公共资源"。

现实中，生态型企业往往依靠着平台支撑和产业链不断延伸，沟通连接起价值链的各个点，构建起自身的"生态圈"，由此成为了真正意义上的生态型企业。而阿里巴巴正是生态型企业的典型，它依托电子商务平台的强大力量，连接起广大的中小企业、自主创业者和消费者，打造生态型企业商务供应链，而其中庞大的用户群和平台优势正是构建生态圈的有利土壤。

现如今，阿里巴巴的平台生态圈已全面涵盖了企业间交易、个人零售购物、个人生活服务三大互联网板块。阿里巴巴、淘宝网和阿里妈妈是生态圈所依托的三大平台，而阿里软件、支付宝、阿里旺旺、雅虎口碑等则是生态圈中的工具或资源，为搭建信息平台服务。在阿里巴巴的生态圈中，中小企业、自主创业者、消费者这三大群体实现了共生，整个生态系统也正有序地发展壮大。

聚焦阿里巴巴赴美上市：阿里"生态圈"如何震惊了华尔街

### 9.2.2　企业生态系统的实现形式——平台生态圈

我们已经对企业生态系统的相关理论有了初步的了解，而理论从实践中来终归也要回到实践中去。如何实现企业生态系统这种组织形式呢？现实中的企业为我们提供了答案——平台生态圈（推荐阅读图书：陈威如，余卓轩，《正在席卷全球的商业模式革命》。

不论是开篇案例中的海尔还是上述案例中的阿里巴巴，这些优秀的企业都通过搭建平台构建起了企业生态系统从而惠及平台中的各个成员，平台生态圈已经成为了企业生态系统在现代商业社会的一个重要实现形式。

#### 9.2.2.1　平台生态圈的内涵

近年来，随着信息网络技术的飞速发展和互联网的应用普及，平台经济作为一种创新型的商业模式正在迅猛崛起。平台经济是基于互联网、云计算等现代信息技术，以多元化需求为核心，全面整合产业链、融合价值链、提高市场配置资源效率的一种新型经济形态，它的是基于平台商业模式运行的。从定义来看，平台商业模式指连接两个或更多特定群体，为他们提供互动机制，满足所有群体的需求，并巧妙地从中盈利的商业模式。现如今，这种商业模式已经全面覆盖并深入渗透进我们的日常生活，出现于各种产业之中，包括社交网络、电子商务、物流快递、第三方支付、在线游戏、地产开发、商品现货和期货交易所乃至航空陆路交通枢纽等诸多领域。我们熟知的很多大型企业，包括苹果、思科、花旗、谷歌、微软以及国内的淘宝、腾讯、盛大网游等著名公司，都是通过平台商业模式获利并持续扩大版图，这些平台企业作为平台经济的灵魂与核心，通过满足来自双边及多边不同类型市场的需求，促进双边用户的交互和相互交易，进而形成独特的商业生态系统。因而，可以说平台经济的精神理念与构建企业生态系统的生态观是相契合的，平台模式承载了生态系统，而由此搭建出的平台生态圈是企业生态系统的一种重要实现形式。

平台产业与传统产业最大的不同在于，它塑造出了一种全新的产业模式，将传统产业单向、直线式的产业加值链重组为双向互动、环形的价值链。并且平台商业模式还具有正向的"网络外部性"，或者说能够实现"网络效应"，即随着一个平台中参与者的人数增多，该平台的整体价值愈发提升。不仅如此，平台的价值还体现在这种商业模式能够为传统产业提供转型、创新的契机，通过发掘出新的商业机会从而创造出巨大价值。

要成为一家平台企业，首先要鉴别出什么样的平台能够捕捉商机、判别哪些群体可以通过平台连接起来，而后跻身为平台中的一员或是打造建设一个连接各方的平台。如我们熟知的阿里巴巴，就率先利用新型的电子商务模式和淘宝网搭建起一个平台，连接了商品卖家和买家，让它们得以满足彼此的需求。然而一个成功的平台企业并非仅提供简单的渠道或中介服务，平台商业模式的精髓在于它能打造一个完善的、成长潜能强大的"生态圈"，也即平台生态圈。平台生态圈拥有独树一帜的精密规范和机制系统，能有效激励多方群体之间互动，达成平台企业的愿景。纵观全球许多重新定义产业架构的企业，它们成功的关键几乎都是建立起了良好的"平台生态圈"，通过连接两个以上的群体弯曲、打碎了既有的产业链。比如说苹果公司就是个经典案例，它以全新的方式对产业进行重组，凝聚音乐、出版、电信等各个环节，甚至创造出新的跨界产业，它构造的平台生态圈至今仍具有强大的生命力。

平台生态圈沿袭了企业生态系统的生态观，其中的某一方群体一旦因为需求增加而壮大，那么另一方群体的需求也会随之增长，如此一来，一个良性循环机制便建立了，而这也正是"共生"理念的体现。从更长远的角度来看，平台生态圈将会具备更强大的力量，其中的成员企业能通过平台模式达到战略目的，实现规模的壮大、生态圈的完善，乃至对抗竞争者，甚至是拆解产业现状、重塑市场格局。

#### 9.2.2.2 平台生态圈的成长

企业生态系统理论指出系统的动态演化经历不同的阶段，平台生态圈作为企业生态系统的实现形式，同样也会经历动态演化的过程。现实中我们看到了为数不少的平台企业及其构建的平台生态圈正经历着成长与发展，除了符合企业生态系统演化的一般规律，平台生态圈的成长有何特殊之处呢？

我们发现网络效应对于现实中的平台生态圈而言意义重大，一旦平台企业成功地引发了网络效应，它所连接的多方群体将如洪流般倾注而入，使平台生态圈以数倍的规模膨胀，而平台的价值也相应地呈爆炸式激增，也即到达了引爆点。因而企业如何引发网络效应并确保其持久性对于企业的发展以及平台生态圈的成长就具有极为重要的意义。以下的总结可为平台企业的策略行动提供一定的指导。[1]

（1）促进用户规模的持续扩大。当平台企业连接起多边市场后，补贴模式就是促使生态圈成长的核心战略，若实施得当则能快速促进用户规模的增长，往引爆点推进。然而在平台用户规模抵达引爆点之前，企业需要采取更多的策略性动作来吸引用户使用平台，增加用户群体的数量从而推动生态圈的发展。

（2）突破引爆点。若平台企业希望享受网络效应的果实，则必须满足这一前提：生态圈里的用户必须已经达到存活的最低"临界数量"。在平台模式中，"临界数量"即为平台吸引用户规模所要达到的一个特定的门槛，跨过去之后平台生态圈就能自行运转与维持。若平台能够推进使用者的加入并使其规模达到引爆点，那么此后，已经定居于生态圈里的使用者带来的加值效应将会自动吸引新的使用者进驻平台，由此形成一个自行运作的良性循环，生态圈得以有机的、自发地继续发展壮大，平台也将开始实现大量盈利。

（3）追求质的提升。并非所有的平台企业都单纯视规模增长为发展的唯一目标。对于某些平台而言，客户群的质量比规模更为重要，甚至盲目地追求数量的增长，很可能会对生态圈的商业定位产生负面影响。对这类企业而言，要在生态圈中建立起用户过滤机制，以此作为屏障维护生态圈的信誉标准，保证优质用户群体的规模增加。而具体到用户质量涉及到哪些方面和采用怎样的标准，企业则应考虑到生态圈的长远发展目标，将此作为最终依据进行战略性选择。

（4）细分市场精耕细作。平台模式的精髓在于连接多方不同市场，让他们彼此相互满足需求。就算是同领域的产品或服务，每位用户所看重或追求的细节也不一定相同，因此设立个性化机制将更精准地满足各方需求。这时，平台企业可以采取细分市场精耕细作的策略来精确定位不同需求的客户群体，通过生态圈建立双边连接，实现供需的配对。这一策略的实施往往是在平台生态圈已经发展到一定规模的阶段，这时平台规模仍在大幅增长，但设立精细的框架将为使用者提供更精确的匹配机制，使得双方能够进行更加多元而丰富的互动，这将进一步促进平台的壮大。

---

[1] 陈威如．平台战略．中信出版社，2013.

（5）实施定价策略。在生态圈的初始构建阶段，企业往往投入高额的初始资金，这在一定时期内属于无法立即回收的沉没成本，而过了开拓期之后的边际成本则往往较低，甚至趋于零。基于此，许多平台企业往往只能将其所能提供的服务价值为定价依据，但企业在研讨定价策略时还应当注意到这几个方面：对每一边群体的定价策略都会对其他群体产生影响，也即定价一边，影响全局；生态圈的发展阶段；产业竞争格局。总的来说，平台企业定价策略的终极目标是多元化，因为平台生态圈体系时时刻刻都在动态变化，多元定价策略可以协助平台企业摸清市场的脉络，有效捕捉用户群，以实现增长。

（6）拟定用户转化策略。市场营销人员在制定营销计划时，往往会以消费者对产品或服务的四大反应步骤——察觉、关注、尝试、行动——制定颇具针对性的策略，而平台企业也可根据潜在用户的这四个决策期来制定相应策略，通过逐步引导最终吸引用户进入平台生态圈。

（7）拟定用户绑定策略。将用户绑定在平台生态圈的关键，在于"转换成本"的高低。所谓"转换成本"指的是当用户离开平台时所需承担的损失。平台企业的用户绑定策略可以通过众多形式来实现，包括硬件设备的投资、消耗的时间与精神、长期养成的习惯、累积的人际关系等等，而这其中最为有效的壁垒则是协助用户在生态圈中建立起真实的归属感。平台生态圈作为聚集多方群体的场所，构建多元、优良的交流系统，能够放各边群体成为绑定彼此的力量，而赋予人们权利与选择的自由，塑造起归属感，在用户的潜意识中形成巨大的转换成本，往往能牢牢绑定用户。需要注意的是，对企业而言，绑定用户不仅在初创时期是关键问题，在快速发展过程中企业也应考虑到这个问题，随时调整策略在促进用户规模增长的同时也要确保进入平台的用户被牢牢绑定。

## 本章小结

1. 生态学的思想、理论和方法与经济管理领域的融合已呈现出一种繁盛之势，特别是生态学的知识和理念能极大地拓宽商业问题的分析思路，为应对问题、解决问题提供了一种新视野和思维工具。

2. 企业生态系统是以相互影响、相互作用的企业与企业、企业和个人（主要指客户与消费者）为基础、以获得成员共同进化为目的的经济联合体，其构成要素包括处于不同生态位上的核心企业、供应企业群、销售企业群、竞争企业群、互补企业群、客户企业群和消费者群等。

3. 企业生态系统的思维根基是企业的"生态观"。企业通过合作竞争、共同进化，在共生中实现自生，最终实现动态平衡的和谐关系，是企业生态系统的核心思想与目标内核。

4. 企业生态系统看作是一个复杂自适应系统，可以从主体维度、空间维度、时间维度和功能维度对企业生态系统的内涵加以理解。

5. 企业生态系统表现出的组织特征有：系统结构的松散性与系统边界的模糊性；系统成员的独特性与多样性；系统成员之间同时存在竞争与合作的互动关系；企业生态系统具有命运共同体和利益共同体的性质；系统成员的共生性以及企业组织之间的共同进化性。

6. 企业生态系统具有网络结构，本质上是物理网络与逻辑网络的综合体，网状结构是也是其发挥功能的基础。

7. 企业生态系统是本身是一个有机生命体，大致会经历开拓、成长、成熟、自我更新或衰退这四个阶段的动态演化。与此同时，系统成员间存在的相互关系和共生状态也会呈现出不同的演化特征。

8. 平台商业模式指连接两个或更多特定群体，为他们提供互动机制，满足所有群体的需求，并巧妙地从中盈利的商业模式。基于此模式搭建的平台生态圈已经成为了企业生态系统在现代商业社会的一个重要实现形式。

9. 平台生态圈作为企业生态系统的实现形式，同样也会经历动态演化的过程。在平台生态圈的成长与发展中，引发网络效应并确保其持久性对于企业的发展以及平台生态圈的成长具有极为重要的意义。

## 思考题

1. 如何利用生态观理解现代商业环境？
2. 如何理解企业生态系统的内涵和意义？
3. 企业生态系统具有怎样的组织特性和结构特征？
4. 企业生态系统的动态演化会经历哪些阶段，各阶段有何特征？
5. 如何理解平台生态圈的存在与发展？

# 第10章 责任与领导力共生的战略

 **开篇案例**

### 阿里巴巴的生态系统战略

自1999年成立至今,阿里巴巴从一家名不见经传的网站成长为一家业绩卓越的全球化企业,现在更是创造出了一个价值巨大的生态系统,并在其中居于毋庸置疑的核心中枢地位。表10-1回望了过去的十多年里阿里巴巴的走过的发展历程。

表10-1 阿里巴巴发展历程

| 时间 | 发展阶段和经营特点 | 理论指导和经营模式 |
| --- | --- | --- |
| 1999年前 | 初创期,屡败屡战 | 不断试错、尝试 |
| 1999年 | 创建阿里巴巴 | 科学愿景,凝聚人心 |
| 2003年 | 创办淘宝 | 商业模式的胜利 |
| 2005年 | 与雅虎美国建立战略合作伙伴关系 | 资本市场崭露头角 |
| 2008年 | 阿里巴巴与淘宝合并 | 平台搭建迈大步 |

续表

| 时间 | 发展阶段和经营特点 | 理论指导和经营模式 |
| --- | --- | --- |
| 2011年 | 阿里巴巴集团将淘宝网进行业务分拆，形成淘宝、天猫、一淘网 | 诚信体系建设大手术<br>组织系统大变革 |
| 2012年至今 | 阿里巴巴集团重组为25个事业部，并大规模的跨界整合 | 生态系统建设起步<br>大阿里战略 |

很多人都会问阿里巴巴究竟是如何取得这令人叹为观止的成功的？当然对此并不能简单作答，有着太多方方面面的复杂因素影响了阿里巴巴的成功。但对阿里巴巴的行动分析将有助于我们了解其企业战略，从而帮助我们解读阿里巴巴的成功。

在"让天下没有难做的生意"的使命指引下，马云创立阿里巴巴、打造网购平台、开拓电商市场、建立生态圈。多年前，他曾经打过一个形象的比方，"B2B是大哥，弟弟妹妹们上学都靠他来供；淘宝是妹妹，可以拿着大哥给的钱买花裙子，老三是支付宝，才上小学，但它最有志气，要在未来扛起养家的重担。"这正是马云口中生态系统的雏形，"共生"理念早就融入了这位企业家的构想之中。

1. 生态系统概念上市

2014年9月19日，阿里巴巴集团在纽约证券交易所正式挂牌上市，成为第一家以生态系统概念上市的公司。

上市前夕，马云发表了一封《在15年争议中如履薄冰，不回避挑战》的公开信。在这封信中，他27次提到生态系统："我们运营的不是一个公司，而是一个生态系统，一个用新技术、新理念组建而成，由全球数亿的消费者、零售商、制造商、服务提供商和投资者组成的仍在持续长大和进化的新经济体。"他强调基于生态系统的商业模式，并承诺会全心全意地服务好阿里巴巴生态系统以及系统内每一个组成部分的利益。"我们不是靠某几项技术创新，或者几个神奇创始人造就的公司。而是一个由成千上万相信未来，相信互联网能让商业社会更公平、更开放、更透明，更应该自由分享的参与者们，共同投入了大量的时间，精力和热情建立起来的一个生态系统。"

作为生态圈中当之无愧的核心型企业，阿里巴巴居于网络的中枢，一手打造起了平台、构建起了整个生态圈，并推动着生态圈朝向多样性、多元化发展，创造了多种缝隙市场以保障成员的生存以及成员间的利益共享。一位天猫卖家谈到自己对于马云口中生态系统的切身体会："他只是打造了一个生态系统，让大家在里面玩，外部循环让它自己搞定，并没有实质性的投入，但回报却不低。"

2. 生态系统战略

从根本上说，核心企业是企业生态系统中的领导者，它肩负着重大使命，不仅要为了实现自身的存续与发展而采取行动，更要以改善生态系统的总体健康状况为最终目标进行全盘考虑，而阿里巴巴的行动正体现出了一家生态型核心企业的战略考量。

2013年1月马云发布的内部邮件《变革未来》中有以下内容：

阿里2013年的考核，不再是销售额。而是考核市场化、平台化、数据化和物种多样化这四项指标。因为，这样才构成一个生态。

我们希望各事业部不局限于自己本身的利益和KPI，而以整体生态系统中"各种群"的健康发展为重，能够对产业或其所在行业产生变革影响；希望真正使我们的生态系统更加市场化、平台化、数据化和物种多样化（四化建设），最终实现"同一个生态，千万家公司"的良好社会企业生态系统。

2015年10月，马云在致股东公开信中阐述了阿里巴巴的战略定位：

狭义的电子商务仅仅是今天阿里巴巴集团战略的一部分，我们追求的是打造一个开放、透明、协同的商业基础设施平台。

建立起一个真正意义上的创新商业基础设施，才能全面的帮助中小企业做生意。由于中国商业基础的薄弱，给了阿里巴巴一个全球独特的机遇——打造中国未来商业的基础设施。

约半数的员工，以及关联公司蚂蚁金服和菜鸟几年来在努力从事着物流，互联网金融，大数据云计算，移动互联网，广告平台等业务，以及十年后基于数据技术的健康和数字娱乐业务，我们称之为"double H"产业：health and happiness（健康和娱乐）。

未来我们将会给中国数千万家企业提供电商、金融、物流、云计算大数据、市场营销服务、跨境贸易等服务。

阿里巴巴美国上市演讲

信息技术的进步促使电子商务、网络经济快速发展。现如今在经济全球化、竞争全球化的大背景下，以知识等无形资源为代表的新经济浪潮已经改变了过去相对稳定的环境，并且正如火如荼地塑造着崭新的人类世界。对于企业而言，面对着的是愈加复杂的环境以及更为动态不确定的竞争条件，诞生于上个世纪的传统竞争战略已经不能指导其在新环境下的发展。正所谓"穷则思变"，管理者与领导者们需要从根本上转变思路，以"生态观"为指导，依托于"企业生态系统"来应对动态变化的环境和日趋无限的竞争，在战略与决策的制定过程中追求责任与领导力的融合与共生。

环境的日趋复杂促进了理论的诞生与发展，本章首先回顾了战略管理理论的发展脉络：从传统静态视角下关注企业自身的核心能力，到引入动态视角考虑到对外部环境做出反应以及对外部资源利用和改造，再到承袭商业生态观而来的、将企业生态系统视为一个复杂自适应系统的复杂理论，还有在实战过程中，将全新的竞合思维融入进博弈思想来分析企业的竞争对手并描绘出竞争格局。我们将对这四种战略管理理论作简要介绍和比较，进而基于其中的复杂理论，重点讨论与企业生态位相匹配的生态系统战略，这也是企业及其领导者追求责任与领导力共生的战略。为了帮助读者更好地理解企业生态系统及其成员企业的发展目标，我们还简要介绍了生态位理论和系统健康的三大指标：生产率、强健性、缝隙市场创造性，这些都是现代商业从生态学借鉴而来的新的视角和思路。

若将企业生态系统中的企业视为一个个节点，节点间存在着复杂的联系，由此便构成了整个生态系统的网状结构。角色理论告诉我们，不同的关系定位衍生出不同的角色，这一认识也同样适用于此，在网络结构中居于不同位置的成员企业也扮演着相应的角色：在其中占据着中枢位置并且主导推动整个系统成长的是网络核心型企业，如开篇案例中的阿里巴巴；另一类也占据着重要地位但却一味攫取利益、抑制系统多样性的则是支配主宰型企业；此外，在生态系统中大量存在、占据缝隙市场的是缝隙型企业。进一步地，生态系统中的企业因定位不同而扮演着不同类型的角色，系统也就赋予其相应的角色责任，这就要求各种类型的企业采取相应类型的运营战略来增强自身的竞争力，与此同时保障整个系统的健康稳定、共同实现长期可持续的发展目标，从而在履行好角色责任的同时发挥影响力。

读完本章，你将了解：

1. 企业战略管理经典理论；
2. 生态系统中企业的类型；
3. 不同类型的企业运营战略。

## 10.1 战略管理经典理论回顾与比较

战略管理是指对一个企业或组织在一定时期的全局的、长远的发展方向、目标、任务和政策以及资源调配做出的决策和管理艺术，是高级管理者或是企业领导者履行责任与发挥领导力的集中体现。经济全球化、竞争的加剧、信息技术和科技的发展以及消费者需求的多样化，使得商业环境日益复杂化和动态化，商业竞争的游戏规则也在不断改变。企业经营环境的变化推动着战略管理理论的演进，指导企业运作的理论也呼应着现实的要求。

这一部分我们梳理了企业战略管理理论的发展历程，见表10-2，通过对四种战略管理理论的简要介绍和比较，既可以看出战略管理理论其核心逻辑经历的转变和演进，也可以了解到新时代对责任与领导力的共生提出的新要求。

表10-2 四种战略管理理论核心逻辑比较表

| 理论类别 | 企业能力理论 | 动态能力理论 | 复杂理论 | 合作竞争理论 |
| --- | --- | --- | --- | --- |
| 对市场条件的认识 | 相对稳定、线性可测 | 无序、突变、不可预测 | 混沌、非线性、周期性 | 互动性、系统性 |
| 对竞争优势的能力 | 难于模仿的 | 不断创新的能力 | 进化的商业生态 | 有效地合作竞争 |
| 对资源的认识 | 持久的核心能力 | 系统和合作能力 | | |
| 分析单元成的价值链 | 企业内部 | 企业与企业经营环境 | 企业生态系统 | 博弈参与者构 |

续 表

| 理论类别 | 企业能力理论 | 动态能力理论 | 复杂理论 | 合作竞争理论 |
|---|---|---|---|---|
| 战略重点升核心 | 培养、利用和提均势 | 快速、敏捷地打破系统进程 | 保持商业生态 | PARTS 模式分析 |
| 能力管理 | 发挥其杠杆作用 | 创造不连续的创新 | 优化和关系网络 | 保持合作竞争关系 |
| 合作的态度 | 机会主义的合作 | 短期的合作 | 共生的周期合作 | 竞争的合作 |
| 战略的特性、适应性 | 长期性、稳定性 | 短期性、不定性 | 周期性、互动性 | 动态性、互动性 |

### 10.1.1 企业能力理论

自 1959 年彭罗斯在《企业成长理论》一书中从企业资源与能力的视角揭示了企业成长的内在动力以来，企业能力理论经历了蓬勃的发展，其理论广度与深度不断拓展。企业能力理论超越了波特的产业竞争战略理论，为战略管理研究提供了一个新的视角，在这层意义上，它是战略管理领域的新兴企业理论。企业能力理论在解释企业持续竞争优势源泉方面具有很强的说服力，而且也超脱了企业所在行业的局限，可用以揭示影响及决定企业竞争优势的关键因素。

企业能力理论把注意力从关注企业外在的产业机会和市场吸引力，转向企业自身的内在资源与能力，强调企业内部因素的差异性，尤其是企业核心能力对企业获得超额利润的影响，并明确了企业能力分析这一环节在企业战略制订过程中的重要性。所谓企业核心竞争力就是企业竞争力中那些最基本的能使整个企业保持长期稳定的竞争优势、获得稳定超额利润的竞争力，由三个主能力共同决定：一是战略能力，作为企业最高层的能力，它指导企业的一切战略制定活动；二是流程能力，它是企业的内在能力，反映了企业的内部运作；三是市场能力，这是企业的外在能力，可以说它是企业的一切能力在外在市场的最终体现。总的说来，企业能力理论认为企业核心竞争力可使得各种看似不相关的业务有机地统一整合起来，从而提高企业的运作效率，获得长期的竞争优势。

### 10.1.2 动态能力理论

企业能力理论还是局限在静态视角，而当今市场环境日益动态化，技术创新加速，竞争趋于无限，企业如何在动荡的环境中保持自己的竞争优势并获得持续的增长，仍是困扰企业家和学者的一个重要问题。动态能力理论便是在 20 世纪 90 年代市场环境变化日益加剧的背景下诞生的，该理论是当代战略管理领域中一个正在发展中的理论前沿，它突破性地采用了动态视角看待企业竞争，集中探讨了企业组织能力的演进与竞争优势之间的因果关系，并把组织能力看成是企业竞争优势的根本源泉。

动态能力理论整合了企业能力理论与动态演化理论。长久以来，企业如何获得并保持企业竞争优势一直是管理学者和企业界人士最为关注的焦点问题，对此蒂斯（Teece）在核心竞争力的基础上给出了更为具体也更符合时代主旨的解答——动态能力，即"企业整合、构建以及重构内外部资源和竞争力以应对外部环境快速变化的能力"。动态能力本质上是企业应对外界环境变动的适应性机制，它嵌入在组织由位势和路径塑造的流程中，形成了企业不可复制的核心竞争力。蒂斯、皮萨诺和舒恩将动态能力界定为三个维度：定位、路径、流程，建立起企业动态能力战略整合模型，简称3P模型。他们认为特定企业的组织能力是难以被复制和被模仿的，因此企业的竞争优势来源于嵌入在组织过程中的能力，即在企业内部运行的、由流程和定位所决定的高绩效的惯例，而组织过程的惯例及其发展机会，又都明显地由企业所拥有的资源和企业演进的路径共同塑造，基于此分析，动态能力可被分解为如下三个维度。[1]

（1）定位（position）。定位是指企业不同资源之间的组合方式和结构以及资源存量的多少。以资源是否位于组织范围内可将其划分为内部定位和外部定位两部分，内部定位包括独特技术、企业声誉、智力产权禀赋、组织结构、补充性资产、客户基础等方面，而外部定位则包括企业行业结构、竞争环境以及市场地位等方面。

（2）路径（path）。路径即企业发展的历史过程，它反映了企业过去发展方式能够影响企业当前和未来的行为，路径对企业动态能力的影响包括路径依赖、企业惯例、组织学习、技术机会等方面。

（3）流程（process）。流程是动态能力的核心要素，它涉及组织与管理的协调与整合、组织的学习以及组织的创造与重构过程。协调与整合同样可以按照对象分为内外两部分，内部的协调与整合包括企业内各个职能版块、资源能力、业务活动等方面的协调与整合，外部的协调与整合则体现为对外部竞合关系、网络组织、上下游管理、客户管理、战略联盟等进行的协调与整合；学习能力具有难以模仿性和不可替代性，它可以使企业及时应对外部环境的剧烈变化并制定出相应的策略，而学习能力正是在学习流程中得以体现的，企业的学习能力主要包含了企业内部学习型组织的建立等知识的分享交流机制和企业之间的知识溢出和知识吸收；创造与重构则体现了企业在范式转变的环境下，做出重整资产、流程更新、能力再造等行动的能力。

---

[1] Teece D J, Pisano G, Shuen A. Dynamic capabilities and strategic manegement. Strategic Management Journal, 1997, 18(7):509–533.

### 10.1.3 复杂理论

上述两类传统竞争战略分析方法的共同假设前提是：企业的内部规划和有意识控制是竞争优势的来源，企业能够通过内部关键驱动力来获得成功。因此需要在企业内部建立战略性资产来支持能保持竞争优势的业务，如果自身不具备这样的战略性资产，则要通过内外部资源补缺来建立起核心竞争力。但是随着时代发展，激烈的竞争和动荡的环境很快就会把企业的既有优势侵蚀殆尽，一方面是因为动态竞争具有超越以往的高强度和高速度，另一方面则是由于全球化不确定性环境正在把有限竞争转变为无限竞争，因而企业如何在日益严酷的商业环境中存活下来，灵活敏捷地应对挑战并且不断创造新优势，这一困扰学界和业界的问题仍然没有得到解决。

而生态学视角，也即从企业生态系统的角度来应对动态、复杂的环境，能为企业制定和执行竞争战略提供了一个新思路。复杂理论便采用了生态学视角对网络经济环境下市场建立认识，并结合了企业生态系统和混沌理论[1]的研究，其代表人物为詹姆斯·穆尔（James Moore）。穆尔将企业生态系统视作复杂演化系统，运用生态学理论解释商业运作，采取系统观点来思索商业竞争的含义，他主张企业应当跳出"把自己看作是单个主体"的竞争思维定势，通过构建出容纳顾客、市场、产品或服务、经营过程、组织、利益相关者、社会价值和政府政策等群体的企业生态系统，以共生演化为主要机制在系统内实现共同发展。

复杂理论在战略管理中的应用，最主要体现在"共生的企业生态系统"和"共同演进"这两个概念的导入上。该理论对于企业管理的指导是，企业战略在动态非线性的复杂环境下应以创建一个共生的企业生态系统为重点，关注嵌入系统的不同参与者和过程的动态张力，以及他们之间的相互关系，同时，在自适应机理的作用下，这种"共同演进"不仅体现在系统内各企业组织之间的共同演进，还体现在环境和企业战略的共同演进。总的说来，就是要求企业在共生企业生态系统的战略思维引导下，强化企业网络组织结构背景下的关系管理能力和自适应能力，最终实现企业战略与环境，以及企业生态系统中各个网络组织的共同演进，达到企业业绩提升和企业生态系统进化的目标。

### 10.1.4 合作竞争理论

复杂理论已经指出，传统的竞争体现为一种你死我活的激烈竞争，一

---

[1] 1963年美国气象学家爱德华·诺顿·洛伦茨提出混沌理论（Chaos），是一种兼具质性思考与量化分析的方法，用以探讨动态系统中（如：人口移动、化学反应、气象变化、社会行为等）无法用单一的数据关系，而必须整体、连续的数据关系才能加以解释及预测之行为。

方的胜利必然意味着另一方的失败，结果往往导致两败俱伤或多败俱伤。而现实中大量的企业实践也证明了那种以消灭竞争对手为目标的低层次做法不但不能给企业带来最大的成效，还会造成社会资源的巨大浪费，不利于社会的可持续发展。合作竞争理论正是源于对竞争对抗性本身固有的缺点的再认识和对当今复杂经营环境的重新适应而提出的，拜瑞·内勒巴夫和亚当·布兰登勃格在《合作竞争》中率先指出企业经营活动是一种特殊的博弈，是一种可以实现双赢的非零和博弈，由此合作竞争理论得以发展并在企业实践中进一步推广。在合作竞争理论的指导下，企业不仅要以博弈思想分析各种商业互动关系，更要以与商业博弈活动所有参与者建立起公平合理的合作竞争关系为重点，制定竞争策略、谋求持续发展。

全球化不确定性环境正在把有限竞争转变为无限竞争。有限竞争有清晰的规则和界限、知道竞争者是谁、有明确的竞争范围，并且主要目标较为单纯，企业能够获胜或取得盈利即可。而无限竞争则没有时间限制，也几乎没有规则和界限，对于企业而言活下去比曾经获胜过更重要，敏捷性、联盟和加速发展取代了稳定性、利己主义和缓慢进展成为无限竞争中最为突出的关键特点。越来越多的企业逐渐认识到，任凭自身实力多么强大都不能仅靠一己之力就立于不败之地，若要在现代商业竞争中取胜，则必须吸纳进其他利益相关方，同时借助竞争与合作这两种形式的力量，也即展开"竞合"策略。竞争合作的成功关键则在于双方或多方都能从这种竞争合作中受益，而这就为社会资源得到合理的、优化的配置提供了可能，也使企业之间的竞争进入了一个较高的层次。有限竞争和无限竞争的比较详见表10-3。

**表10-3　有限竞争和无限竞争的比较**

| 有限竞争 | 无限竞争 |
| --- | --- |
| 固定的规则 | 灵活的规则 |
| 设定边界 | 边界不清晰 |
| 明确的收益 | 目标是在竞争中生存 |
| 竞争 | 更多的合作 |
| 以时间为基础 | 不可预测和持续的 |

在这样的背景之下合作竞争的新理念愈加得到重视，合作竞争理论对于企业战略管理的价值也更加凸显。合作竞争理论本身是对网络经济时代企业如何创造价值和获取价值的新思维，强调合作的重要性，能够有效克服了传统企业战略过分强调竞争的弊端，不仅为企业战略管理理论研究注

入了崭新的思想，更为企业制定竞争决策、建立战略联盟提供了理论支持与指导。对于竞合的相关内容，我们将在下一章节作具体介绍。

## 10.2 生态系统战略

基于上述对战略管理理论的回顾，我们看到传统商业模式下，企业的管理理念、战略思维和方法均忽视了利益相关者以及外部宏观环境的需求和权利。然而实际上，利益相关者和外部环境的可持续发展是企业的可持续发展的前提条件。生态系统内部的所有成员在很大程度上共享着相同的命运，所以企业在强调自身生存与发展的同时，还应承担起对利益相关者的责任，这一要求本质上正契合了"共生"的原则与理念。当代及未来商业社会中，企业面临着的是愈加动态复杂的环境，企业只有从企业生态系统的角度出发制定经营战略，才能获得持久的优势，存续下去并实现长远的可持续发展，这也是实现责任与领导力共生的要求。传统竞争战略与生态系统战略的比较详见表10-4。

表10-4 传统竞争战略与生态系统战略的比较

| 战略类型 | 战略特征 | 运行特点 | 战略结果 |
| --- | --- | --- | --- |
| 传统竞争战略 | 特有的市场地位 | 强有力的外部市场整合 | 竞争优势 |
|  | 独特的资源和能力 | 高效的内部协同发展 | 与众不同 |
| 生态系统战略 | 协同进化<br>共生共存 | 生命体的活力释放<br>与环境和谐发展 | 可持续发展 |

### 10.2.1 生态系统战略的基本概念

以生态观指导企业战略制定的基本思路是：将商业生态环境下的企业视为"有机生物体"，其外部环境即为生态环境系统，利用生物物种在自然界中相互竞争的规律，在特定条件下为企业的生存选择一种较为有利的对策。总的说来，企业通过效法自然，制定出最适宜的竞争战略以应对全球经济动荡的形势与日趋激烈的竞争，成为适应性强、反应能力强的生态型企业，在严峻的环境中求得生存发展。

在具体分析企业应如何利用生态观实际指导生态系统战略的制定之前，我们首先需要明确一些基本的生态学概念。

#### 10.2.1.1　生态位原理与企业竞争战略

生态位（ecological niche）是生态学专有名词，指的是处在生态系统中的个体或种群在时间空间上所占据的位置及其与相关个体或种群之间的功能关系与作用，它本质上反映了生态系统结构中的一种秩序和安排。

生态位理论指出，在自然生态系统中，生活在同一群落中的各种生物所起的作用是明显不同的，并且每一个物种的生态位都同其他物种的生态位明显分开，这种现象就称为生态位分离。生态位分离使得整个系统中的全部资源能够被充分利用并容纳尽可能多的物种，同时还能使生物间的竞争减少到最低限度，彼此间实现共存。生态位理论又进一步衍生出了竞争排斥原理，揭示出每个生物物种在长期的生存竞争中都拥有一个最适合自身生存的生态位，而生态位重合程度高的两个物种往往是相互排斥的。生态位重合度高意味着这两个物种具有相似环境要求，它们为了争取有限的食物、空间等环境资源，大多不能长期共存，除非环境改变了竞争的平衡，或是两个物种发生生态位分离，否则两者之间的生存竞争迟早会导致竞争能力差的物种灭亡而被取代。

自然环境中的生态位原理同样可以投射到企业生态系统中加以运用。企业基于环境资源空间特性和企业固有性质互动的客观关系定位即为企业生态位，它是企业与环境互动匹配适应后所处的客观状态。具体说来，企业在一定社会经济环境下，以核心技术能力、生产制造能力为支撑，通过组织内部战略管理、组织界面管理、营销管理、学习创新管理等子过程的交互作用而获取企业生存、发展、竞争的能力，企业生态位就反映了企业在整个生态系统中所能获得并利用的资源以及企业自身所具备的竞争能力，它体现出的是企业与环境之间所形成的一种共存均衡状态。

企业在系统内各个资源维度上都占有一定的资源空间，并在整个企业群落中发挥着一定的功能和作用，由此共同构成了该企业的生态位。而如果两家企业的组织类型或是所需资源的相似度越高，又或者产品服务和目标市场越相近，它们之间的竞争就越趋于激烈。比如可口可乐与百事可乐，统一与康师傅等，两两之间企业生态位重合度极高，这时竞争排斥原理就可以解释它们之间为争夺生态位而展开的长年累月的激烈竞争。而在生态位分离原理的指导下，企业可以通过减少正面冲突从在激烈的竞争中存活下来实现存续和发展的目标，而这就要求企业发展出自身独特的生存能力和技巧，获得相较于其他企业的核心竞争优势，此外还要拓展已用资源并利用一切可利用的资源去填补企业生态系统中的生态位空缺，占据最适于自己生存与发展的空间。

#### 10.2.1.2 生态系统健康状况的基本指标

企业生态系统的健康状况保证了系统内成员企业的良好运行，也保证了整个系统能够在长期内实现有序的发展和价值创造，因而具有极为重要的意义。一般认为，一个健康的企业生态系统应该具备完善的内在防御机制，能够快速对抗外界环境变化，具有较高的稳定性，并且能够不断挖掘内在潜力实现可持续发展。

现今对企业生态系统健康状况进行衡量时主要采用的是由伊恩斯蒂和莱文提出的评估体系，包括生产率、强健性和缝隙市场创造力这三大维度，每个维度都包括多个具体评测指标，能够让企业根据细致准确的标准来评测其所属生态体系的健康状况，并可用以预测系统的可持续发展性。[1]

（1）**生产率(productivity)：** 一个自然生态系统的生产率就是该生态体系把原料转化成有机体的能力，它是评判生态体系的健康程度和其成员获益多少的重要指标。把生产率的概念与企业生态系统的绩效评估相结合，可类比地将其解读为企业生态系统将特定的创新理念变为市场中产品的能力，它能衡量该系统能在多大程度上将技术用以降低生产成本或是将创新性的原材料持续地转变为新产品。

（2）**稳健性(robustness)：** 稳健性维度主要衡量的是企业生态系统应对扰动的能力，稳健性高的系统面对环境变化能够顽强地抵抗干扰并最大限度地正常运作，故而稳健性也主要表现为恢复性和抵抗性。而一个系统之所以具备稳健性往往是因为系统内成员的多样性对外部冲击起到了一定的缓冲作用，所谓多样性指的是企业生态系统成员在业务内容、运作形式等方面的丰富程度，正是因为一个系统内存在多种多样的成员，所以这个系统也能服务于多种多样的顾客群体，也即具备了顾客价值多样性，因而当外在环境发生变动时，系统仍然可以依托于不同顾客群体获得价值来源，从而应对外部冲击的扰动。

（3）**缝隙市场创造力(niche creation)：** 缝隙市场创造力，也称为利基创造力，指的是企业生态系统打造出新的优质的利基市场的能力。健康的生态系统应当呈现出多样性，因此系统应当维持多种物种共同生存从而保证系统内生态的多样性，这就需要系统具备利基创造力来创造出新的缝隙市场，并且这一市场具有足够的盈利潜力能够容纳一定数量的新企业在其中生存。

---

[1] Iansiti M, Levien R. The Keystone Advantage: What the New Dynamics of Business Ecosystems Mean for Strategy, Innovation, and Sustainability. Personnel Psychology, 2004, 20(2):88-90.

## 案例

### "3Q 大战"与互联网企业生态系统健康

2010 年到 2014 年,奇虎 360 与腾讯两家公司上演了一系列互联网之战,被业界形象地称为"3Q 大战"。这场纷争是企业在发展过程中发生的跨越企业边界的利益冲突,是网络时代企业既相互联系又相互掣肘从而积聚爆发出来的新型的矛盾,更是暴露出互联网生态系统不良的健康状况,也为生态系统演进、成员企业发展等带来了诸多启示。

1. 事件回顾

奇虎 360 以主营 360 杀毒为代表的免费网络安全平台和拥有问答等独立业务的公司。该公司主要依靠在线广告、游戏、互联网和增值业务创收;腾讯则是中国最大的互联网综合服务提供商之一,也是中国服务用户最多的互联网企业之一。从主业上看,腾讯主推基于即时通信的社交网络,360 则主推互联网安全服务,两者并不存在业务交叉,更谈不上是竞争对手。但在 2006 年底,双方的业务开始出现交集,随后双方"明星产品"公开"互指":2010 年 360 发布了其新开发的"隐私保护器"专门搜集 QQ 软件是否侵犯用户隐私,而后腾讯 QQ 立即指出 360 浏览器涉嫌借黄色网站推广,到 2012 年大战升级至白热化阶段,腾讯宣布在装有 360 软件的电脑上停止运行 QQ 软件,强迫用户"二选一",最终两家公司走上了诉讼之路。

随着经济的发展,我国互联网企业依托方便的网络技术和资金平台飞速崛起。但是,商业网络在带来业务运营上的高效率和创新的同时,传统的管理思维方式已经不再适用像互联网这种庞大的、无边界的、无定形的生态网络,互联网企业如果一味追求自身利益而掠夺性竞争,最终将会导致系统健康状况恶化,危及所有成员的生存与发展。

"3Q"大战折射出的正是互联网生态系统的健康问题:网络行业开放性不足,成员企业在互联网行业生态系统中所扮演角色与其所承担义务之间没有合理匹配,才导致了此次纷争的爆发。为了解决问题,系统内的企业成员应当找准定位进行策略调整,及时诊断以便对症下药。

2. 各自角色

腾讯公司凭借其数量庞大的活跃用户,在推广新产品和新业务时便具有了先天的巨大优势,可以无所忌惮地"挟用户以令诸侯",从而获取丰厚的利润。比如当腾讯公司开始涉及网络游戏时,当时的行业龙头——联众游戏便受到了巨大的冲击。联众游戏后来的衰落可能有多方面的原因,但与腾讯的介入不无关系。从这个意义上说,腾讯可被认为是一家支配主宰型企业。

360 是一家专注于互联网安全领域的服务供应商,而且是免费安全的首倡者,颠覆了互联网安全行业长久以来的商业模式,其特征与以高度专业化态势专注于狭窄细分市场的缝隙型企业相一致,并且也承担了系统内价值创造和创新职能,因此360可以称得上是缝隙型企业的典型代表。

从企业在商业生态系统中所扮演角色来看,一方面,网络核心型企业在系统中发挥着积极创造价值和分享价值的作用,缝隙型企业则是系统大部分价值创造和创新的主角,因此网络核心型与缝隙型企业对于造就一个繁荣健康的商业生态系统来说是不可或缺的。另一方面,支配主宰型企业的价值攫取行为将导致整个生态系统生产率的低下、强健性的衰落和缝隙市场创造力的萎缩,从而最终使得整个生态系统崩溃并断送自己的命运。因此,商业生态系统应远离并拒绝支配主宰型角色的企业。不难看出,腾讯有必要主动实现从支配主宰型到网络核心型的角色转换,积极搭建价值分享的平台,为整个互联网行业的商业生态系统提供有效的价值创造途径。

### 3. 健康状况

通过对衡量企业生态系统健康状况的三个指标分析,互联网行业作为高新技术产业的支柱和代表,虽然具有较高的生产率,但生产率的高低并非个别企业所能决定,因此,企业改进的重点是提高系统的强健性和缝隙市场的创造能力。

(1)强健性——提高商业生态系统的强健性,首先要保证系统成员的多样性,包括系统内成员的类型多样以及同类型成员的层次多样。从理论上说,网络行业完全应该是开放性较高的行业,但事实并非如此。大企业往往利用他们前期积累的大量用户,拓展自己的发展领域,严重挤压了中小型企业的生存空间,阻碍了整个行业创新和前进的步伐,最终会影响到整个生态系统的健康和发展。

(2)缝隙市场创造能力——关于缝隙市场创造能力的提升,则需要网络核心型企业和缝隙型企业的共同努力才可实现。一方面,网络核心型企业要为广大缝隙型企业提供价值创造的"平台",为商业生态系统创造行之有效的价值创造途径。同时,网络核心型企业还应积极与其他企业分享价值,共同将市场做大。另一方面,缝隙型企业则要时刻保持敏锐的市场嗅觉,不断提高自身的创新能力,专注于特定的细分市场,以差异化求得一席之地。

"3Q大战"帷幕已经落下,但它影响深远,使得互联网行业市场竞争更加充分,加速创新驱动的同时也促进了产业健康发展。在日益开放与复杂的商业环境下,一个公司不能仅仅从自身角度考虑问题,它必须建立具有分享功能的商业模式,并由此产生一种具有特殊成长力和机动性的健康商业系统,在自身获利与系统健康之间找到平衡,从而实现真正长远的发展。[1]

补充视频资料
8大战新闻背景之争始末:奇虎360与腾讯

---

[1] 参考"钟耕深,陈衡,刘丽英.企业发展与商业生态系统演进——基于奇虎360公司和腾讯公司纷争的案例分析.东岳论丛,2011,32(10):159-164."改编。

### 10.2.2　生态系统中企业运营战略

本章的重点就是确定企业生态系统中不同类型参与者的关键行为，类似于自然生态系统中的生物体占据着不同的生态位，这些成员企业也在所处环境中拥有各自的企业生态位，并基于此衍生出了相应的角色。这些企业所做出的行为不仅决定着自身的绩效，也会影响到系统中的其他成员，更是会影响到整个生态系统的健康状况，因而企业要扮演好自己在系统中的角色，不仅要通过制定适当的战略确保自己有效地运营，还要履行对相关群体以及整个系统的责任。我们将归纳出生态网中几种不同类型企业的基本运营战略，企业及其领导者可以此为参考采取相应的生态系统战略，以追求责任与领导力的共生。

#### 10.2.2.1　生态系统中企业的类型

企业生态系统中，企业因具有不同的企业生态位而扮演着系统内的不同角色，对整个系统健康的作用和重要性也不尽相同。如何制定运营战略以促进企业自身的发展并保持整个系统的健康和稳定，取决于企业目前和未来在系统中担任的角色。

按照穆尔基于共同进化模式而提出的企业战略设计思路，企业应根据生态位确认其所属的类型，进而针对性地制定战略。通常情况下，按照生态位可将生态系统中的企业划分为三种类型：处于某一网络中特有的、为数不多的中枢或节点位置的核心型企业（keystone），在该生态系统中占据主宰地位、攫取价值的支配主宰型企业（dominator），以及在大多数生态系统中大量存在的、在利基市场中求生的缝隙型企业（niche player）。各个成员企业扮演的角色类别不同，对生态网络的影响也就不同，企业在系统中生存获益的机会与方式也各有不同。下面将分别介绍这三种类型的企业。

1. 核心型企业

根据生物学的研究成果，在食物链以及其他类型的生态系统互动网络中，那些处于中心地位的物种能够在给整个生态系统提供助益的过程中，改善自己在动态环境中求得生存的机会。此种"核心物种（keystone species）"对于生态系统及其成员而言极为关键，甚至于该核心物种的消失将会带来整个生态系统的崩溃。要理解"核心"之意，首先需要认识到生物生态系统的主要特征是成员之间存在着一系列的互动，其中既有双方的直接互动，但更多的还是涉及多个主体的间接互动，而核心物种居于生态网络的中枢位置，通常是各条互动路线的必经环节。因此，核心物种能够凭借着整张网络对整个生态系统都施加影响。

作为企业生态系统中至关重要的核心角色，核心型企业也发挥着类似于核心物种的关键作用。核心型企业不仅占据着中枢节点，更是利用给自己在网络中所处的关键中心地位，为系统成员提供服务、共享资源，并找到行之有效的方法与成员企业一道共同地创造价值并分享收益。从根本上说，核心企业所采取的行动改善了生态系统的总体健康状况，也通过价值创造和价值共享提高了系统整体的绩效，而在这样做的同时，核心企业其自身的持久绩效也得到了保障。不仅如此，核心型企业还支持支持系统的多样性，它在系统中居于中枢位置，但只占据较小的一部分空间，为其他类型企业的存活而留下或开拓出充足的市场空间，因而各种不同类型的企业能够在生态系统中寻得匹配的生态位得以生存发展。核心企业所支持的多样性会形成系统应对外界冲击的一种缓冲力量，确保系统在动态多变的现代商业环境中，仍能实现期望的生产率，并保持总体结构的稳定性和必要的成员多样性。例如虽然微软和英特尔作为计算机行业的巨头影响力甚广，但在整个计算机的生态系统中却仍然只占很小的一部分。该行业自诞生以来不过经历了大半个世纪，但却一直经历着大大小小的技术变革与转型浪潮，这使得计算机行业的生态系统始终处于极大的动荡之中，但尽管如此，"Wintel"联盟的总体结构、生产率和多样性并没有受到损害，生态系统整体的健康状况依旧良好，其中的核心企业——微软、英特尔等也都存活下来并发展至今。

案例：谷歌中国"帝国反击"

### 2. 支配主宰型企业

在一个生态系统中，占据着中枢位置的除了核心物种还有支配主宰者（dominator），它们与核心者的不同在于：一方面，从自身的实体规模和其所拥有的资源量来看，无论以何种指标衡量，核心者通常只在其生态系统中占据很小一部分，而支配主宰者则与相反，往往自身规模庞大占据着网络中的大部分节点，也占用着系统中的大量资源；另一方面，支配主宰者不鼓励多样性，它们不仅不会给其他物种留下足够的生存空间与资源，而且还会凭借其所拥有的主导地位和支配力量，将其欲取缔的物种所具有的功能接管过来或是直接取消这种功能。而核心者即使大量存在也往往还是留下了许多有发展前景的缝隙给其他物种，以保证生态系统具备足够的多样性，支配主宰者则恰好相反，它们的存在就压缩了其他物种的生存空间，甚至使得其他物种被威胁或被驱赶，最终导致系统的多样性大为降低，更加难以应对外界环境的变动。

与自然生态系统类似，企业生态系统中也存在这类支配主宰者。不同于核心型企业以某种间接的方式行使其中枢位置所赋予的领导权力，系统中的支配主宰者以更为传统的直接方式来施加影响，它们利用自己的重要地位，要么直接接管整个网络，要么从网络中榨取尽可能多的价值。一个企业生态系统中支配主宰者也有多种类型，这类企业普遍都会采取各种手段来对整个系统施加控制,其中有两种类型尤其值得注意,一种是传统的独占者(classic dominator),亦称支配主宰者,或称生态系统资产独霸者。它采取扩张性行动,通过纵向或横向一体化直接控制或占据网络中的大部分节点,最终该企业囊括了网络中绝大部分的价值创造活动从而得以独享利益,当然不可避免地是,网络中留给其他企业的盈利机会已所剩无几。IBM 公司在成长的早期阶段就是传统支配主宰企业的典型,在 20 世纪 60 年代,IBM 公司就自制其生产大型机所需的每一种技术组件,并为顾客提供几乎每一项服务,其业务范围包括了从存储器组件的生产,到客户应用软件的开发,以及安装服务和资金结算等的方方面面,IBM 通过占据价值链的各个环节以及提供全套的产品和服务,基本上不给其他组织留下任何市场空间;另一种是价值独占者,或称居于网络中心位置的坐收其利者(hub landlord)。与传统的支配主宰者不同,它并不追求对网络中的价值创造活动实施控制,而是只关注于价值分配环节,单纯地追求对利益分配的控制,也即攫取利益。这种类型的企业并没有参与价值创造活动给网络提供价值,而是将网络产生的价值"阴险"地据为己有,这对于其他企业造成负面影响,对于整个系统而言具有"负的外部性",它的存在使得生态系统的价值创造活动面临威胁,甚至会危及整个企业生态系统及其成员的健康状况。曾经的美国安然公司(Enron Corp)可谓声名显赫,在破产之前是世界上最大的天然气和能源批发交易商、资产规模达 498 亿美元,然而它居于网络核心位置,却只是利用这一角色从客户和股东那里榨取利益而不创造价值,甚至粉饰报表瞒天过海,从而更加无节制地攫取价值,终致资金链断裂爆出丑闻。安然公司作为典型的坐收其利者,也向我们揭示了这类企业对于生态系统的巨大危害。

视频资料:安然:
房间里最聪明的人

### 3. 缝隙型企业

一个生态系统中数量上占据主体的是缝隙型物种,它们占据着较小的生态位(ecological niche),也即在缝隙中存活。就单个生物体或单个物种来说,它们不会对生态系统中的其他物种产生多大的影响,但因为其总体构成了生态系统的大部分,故而凭借巨大的数量和繁多的种类,缝隙型物种的整体也对生态系统具有广泛的影响力。在很大程度上,它们的存在保证了生态系统的物种多样性,它们各自发挥的功能对于维护系统的正常运作必不可少。

"利基"(niche)一词对于管理领域人士而言并不陌生,早在 20 世纪 80 年代,美国商学院的学者们就将这一词引入了市场营销研究,用利基市场(niche market)形容在大市场中被市场统治者或是拥有绝对优势的企业所忽略的某些细分的小市场。而在企业生态系统中,依赖于特定利基市场得以生存和发展的大多数企业即为缝隙型企业（niche species）。

这类企业的行动贯彻了生态位分离原理的思想，它们致力于开发或增强其特有的专长以使自身与系统中的其他成员区分开来，该类企业不仅最大限度地运用自身所拥有的资源，往往还会有效地利用其他缝隙企业或是核心企业提供的互补性资源，来开发特有的竞争力用以创造价值。虽然仅占据狭小的缝隙，但它们对外部资源的高效利用，避免了资源的重复配置，在生态系统范围内实现了更有效的劳动分工，有利于促进整个生态系统的健康和发展。这类企业在各自发展形成独特的竞争优势的同时，彼此之间也进行着更为紧密和高效的合作，在生态系统范围内共享资源、共同发展。

案例材料：利基营销网站，Aeolidia

#### 10.2.2.2　生态系统中企业运营战略

系统中不同类型的企业扮演着各自的角色，也相应采取着与角色相对应的经营战略，以此来履行角色责任并发挥影响力。企业的生态系统策略可被划分为四种类型，分别为：网络核心型战略、支配主宰型战略和坐收其利型战略，以及缝隙型战略。占据不同生态位的企业首先应明确自身在系统中所处的位置，基于此进而考虑企业发展目标以及当前具体的运作环境来制定合适的战略。一个好的生态系统战略要求企业不单考虑自身发展，还要能谋划全局，时时关注整个系统的健康状况，与其他成员共同维护整个企业生态环境的健康，使所有系统成员共同受益，从而形成良性循环实现"共生共荣"。下面我们将具体讨论企业生态系统中不同类型的企业运营战略。

（1）网络核心型战略。企业生态系统中的核心企业占据着具有广泛联系的网络中心位置，为创造更多的缝隙市场提供了空间。成功的核心企业都采取了网络核心战略（keystone strategy），这是旨在改善生态系统总体健康状态、并能使核心企业自身取得可持续绩效的一种运营战略，该战略注重外部资源的管理和部的网络结构的构建，通过积极维持整个网络的健康状况以提高绩效水平并使得系统成员从中受益。

核心企业采用网络核心战略，调整生态系统成员之间的各种联系，并致力于增进整个系统的多样性和生产率。它通过创造和利用遍布于网络中的重要资源和能力，打造出一个稳定的、可预测的、可依赖的生存平台将各个利益群体联接在一起，并以多种方式共享信息、技术和有形资产来有效改善其生态系统的生产率和效率。同时，它们还通过对新技术创新活动的持续投资和整合来保持系统更新的活力，通过基础设施建设和向第三方输出新技术等方式吸引新的成员加入进来，增加成员构成的多样性以此增进整个网络的稳健性。并且它们认识到作为商业网络的中心，占据这样的位置将使它们得以积极主动地管理各种影响到效率和创新的客观可能性，由此而产生出创造巨大价值的潜能，因而它们仅仅为所在的生态系统提供一种关键的服务，以留足市场空间保证成员依托于平台得以在系统内部自由发展，高效地创造价值并共享成果，由此促进生态系统创造出更多的缝隙市场。

评判一个核心企业战略是否有效主要看两方面内容：其一，要能在生态系统内部创造价值。倘若一个核心企业找不到一种行之有效的创造价值的方法，那它就无法吸引或留住系统成员；其二，核心企业要与系统中的其他成员分享价值。系统成员参与进某一生态系统最终还是为了获利，倘若核心企业不能很好地与系统成员分享价值创造成果，那么这些成员为了实现自身更好的发展最终将会背离核心企业的领导或是直接脱离该生态系统。

（2）支配主宰型战略和坐收其利型战略。支配主宰型战略（dominator strategy）指的是企业通过纵向或横向一体化，来管理和控制某一生态系统或其中某一块业务领域的一种运营战略。采取这一战略的企业不仅支配了生态系统业务领域的价值创造活动，也主宰了其价值分配环节。现实中这些企业更多采取的纵向一体化的方式控制了整条价值链，它们自身承担了从研发设计到生产营销直至交付产品的所有任务，为了确保绝对的控制力，企业通常采用封闭的产品结构以杜绝其他企业利用这一产品作为平台、改进或扩展其自身产品的可能性。

采取支配主宰型战略的企业利用其在生态系统中占据的关键位置而对整个系统施加影响力，它们不断地竭力扩张使得其市场上的其他企业被排除出去，在对现有生态系统完全掌控之后它们还会将业务领域延伸至新的市场，随后采用同样的套路试图取得该市场领域的支配地位而后取缔其他系统内的主导企业。

坐收其利型战略（hub landlord strategy）不同于支配主宰型战略，采取该运营战略的企业不通过纵向一体化以控制某一生态系统或其中的某一业务域，而是直接控制利益分配环节从系统的价值创造成果中攫取尽可能多的价值。这本质上是一种不连贯的战略，企业既没有通过其控制的关键资产进行业务运营，但又抽走了其他成员提供的价值和创造出的价值成果，造成了系统内价值创造和利益分享的不平衡，致使系统内其他成员企业自身利益受损，长此以往还会面临业务模式上的不可持续问题。总的说来，坐收其利型战略本身就存在问题，采取该战略的企业将系统创造的价值过多地占为己有，对于整个系统及其成员而言都造成了危害。正如前面提到过的安然公司采取了坐收其利的运营战略因而最终走到了破产的地步，可以说正是坐收其利型战略本身的不连贯特性，注定了企业是无法成功的。

从以上描述中，我们可以清楚地看出无论企业采取的是支配主宰型战略还是坐收其利型战略，都有可能对它们所处的企业生态系统造成相当程度的破坏。但要认识到的是，这两种战略对于系统的影响是复杂的，而且现实中企业常常会奉行混合战略，也即，企业在一个业务领域扮演网络核心者的角色，同时在另一业务领域采取支配主宰型战略。此外，企业在自身发展的不同阶段，或是随着系统的演进发展，也会改变所采取的策略。如上例提到的 IBM，在其早期阶段采取的是支配主宰型战略，但是随着信息技术的飞速发展，它也不得不改变原有的运营策略，近年来 IBM 已联手谷歌，陆续召集起硅谷芯片制造商英伟达公司、台湾服务器供应商泰安电脑等高科技公司，联合起来构建起"Open Power 联盟"。该联盟得名于 IBM 微处理器设计所基于的一种被称为的"Power"技术架构，IBM 向多种应用开放了其 Power 架构的部分技术，参与结盟的成员可以在芯片设计中使用 IBM 设计的电路，与联盟其他成员一起开发服务器、网络和存储设备等相关产品。显然这时的 IBM 采取的是网络核心战略，在"Power 生态系统"中扮演着核心领导者的角色。

案例材料：IBM：混合云架构能真正实现跨架构管理

**（3）缝隙型战略。**所谓缝隙型战略（niche strategy）是指企业通过实现自身能力专业化而在某一生态系统领域经营差异化业务的运营战略。

采取缝隙型战略的企业其成功很大程度上依赖于系统内的其他企业，因此，分析自身所处的生态系统环境状况，识别其中的网络核心企业或是支配主宰企业的特征，是制定出缝隙型战略的必经步骤。这类企业要思考的问题有：生态系统内中是否存在强有力的网络核心企业？是否有多家网络核心企业争相扮演同一个角色？要与支配主宰型企业保持多远的距离？应该与多少个网络核心企业建立联结？

缝隙战略的实质是实现专业化，而这不仅要求企业充分运用自身掌握的资源，还要能高效利用其生态系统中网络核心企业所提供的服务以及其他缝隙型企业共享的资源。此外，采取缝隙型战略的企业不仅要能把握住并利用好生态系统所提供的机会取得自身的独特优势，同时还要尽可能避免在生态系统环境中运营潜在的各种挑战和陷阱。总的说来，缝隙型战略的成功运用对企业提出了不小的挑战，但对于这类本身受资源能力所限的企业而言，也只有审时度势、灵活机变、最大限度地利用资源、寻求合作，才能突破局限，在缝隙市场中生存盈利并取得良好的发展。

基于对现实中企业实际运用的缝隙型战略所作的观察，我们总结出一个成功的缝隙型战略其首要推动因素即为价值创造，同时这也与整个系统的最终发展目标相一致。对于企业而言，价值创造在制定并执行缝隙型战略的过程中主要体现为以下三个方面：

其一，特有能力上的专业化。一个有效的缝隙型战略，需要企业通过选择一个真正与众不同的且拥有持续发展潜力的专业领域来创造价值。根据迈克尔·波特竞争战略理论，企业竞争战略之一是保持差异化，尤其是对于这类为数众多的缝隙型企业而言，专注于狭窄的细分市场所形成业务差异化是它们生存的基础。一个执行得当的缝隙型战略使得缝隙型企业拥有自己的专注领域从而形成了一道坚固的屏障，企业在面对核心企业或支配主宰企业试图扩张其领地甚至试图吞并它们时，能凭借自身的高度专业化显示出较强的防御能力。

一个典型的专业化缝隙型企业就是开发出《愤怒的小鸟》的罗维奥公司（Rovio），这是一家创立于2010年8月的芬兰娱乐媒体公司，它活跃于脸书（Facebook）和聚友网（MySpace）等社交网站上以及苹果智能手机iPhone上，其最成功的作品《愤怒的小鸟》系列在苹果应用商店上已经创造了超亿美元的营收。这家公司专注于应用游戏的开发，围绕其大热的作品，公司的盈利模式主要包括对游戏下载、道具购买、广告支持收费，并利用主题电影、毛绒玩具等一系列衍生品延长价值链。罗维奥公司作为缝隙型企业专业化的成功典范，正是因为精准地打造出自身的特有能力，专注于狭小的领域不断研发改进、精益求精，才推出了一炮打响的成功产品，为自己赢得了广阔的市场空间。

其二，利用网络核心企业获得必要能力。缝隙型企业往往规模较小，掌握的资源也较少，这是其生存与发展的劣势，但是作为生态系统的成员，缝隙型企业可以将自己的专业化资产与核心企业以及其他成员提供的平台和互补性产品相整合，有效地利用其在生态系统中可能得到的各种工具、技术、服务和产品。站在更高的层面来看，缝隙型企业这种最大限度利用资源的行为也有利于形成一个系统性资源配置的解决方案，以此作为"支点"系统内的成员各自的运营以及彼此间的互动所能创造出的价值将得到进一步放大。

另一家应用开发商卓亨信息技术有限公司（Droidhen Games）则是很好的代表，该公司开发了著名"切水果"游戏，在安卓市场的游戏下载榜单中始终位居前列。卓亨寄生于安卓开放平台，在整个安卓市场前100位应用中大约有10%出自该公司。卓亨同样也是一家典型的缝隙型企业，它通过与平台的紧密衔接得以借助平台所提供的丰富资源，实现公司自身的高速成长。

其三，持续创新。对于缝隙型企业来说，不论与其他企业如何展开合作，其技术战略的核心都在于通过整合生态系统中可获得的各项技术资源不断地进行自我创新，以提高企业自身的竞争力。这要求缝隙型企业能够开发出独特的解决方案,并将之与企业内外部的关键资源相整合。持续创新对于缝隙型企业自身的存续和发展至关重要,不仅如此,大量缝隙型企业在经营策略中追求创新,也成为了推动生态系统不断创新变革、提高生产率、提升竞争力的一个重要源泉。

基于上述内容对企业生态系统中不同类型企业及其经营战略的论述,表 10-5 比较了这几种类型的生态系统战略,以帮助读者对各种战略进行横向对比,并认识到不同类型战略之间的微妙差异。

表 10-5　网络中企业运营战略的分类

| 战略类型 | 定义 | 存在的显著性 | 价值创造 | 价值占有 | 侧重点及挑战 |
| --- | --- | --- | --- | --- | --- |
| 核心型 | 积极改进生态系统的总体健康,并从此举中收益,使企业自身获得可持续的绩效 | 其存在一般并不引人注目;仅占据少量节点 | 将价值创造的绝大部分活动留给网络;将内部创造的价值与外部广泛分享 | 在整个网络分为内广泛分享价值;将价值共享与在有选择领域中的价值占有相平衡 | 侧重于创设平台,并促进问题解决方案在网络中的共享;主要挑战时在价值占有与价值共享关系平衡中持续地创造价值,并有选择地确定其支配主宰的领域 |
| 支配主宰型 | 纵向或横向一体化,以占据和控制网络的大部分节点 | 其存在及其引人注目;占据绝大部分节点 | 自己负责绝大多数的价值创造活动 | 自身占据大部分的价值 | 主要侧重于控制和拥有;确定、占有和指导网络所进行的大多数活动 |
| 坐收其利型 | 从网络中抽取尽可能多的价值,但不直接控制网络 | 其存在很不显眼;占据非常少量的节点 | 几乎没创造什么价值;依赖网络成员创造价值 | 自私地占有绝大部分价值 | 本质上是一种行为与收益不匹配的战略。这类企业不控制网络,却将其作为自己唯一的价值来源。因为从网络中榨取了太多的价值,它们的存在对网络构成威胁 |
| 缝隙型 | 拥有使自己区别于网络其他成员的专业能力 | 单个的存在非常不显眼,但当被允许在网络中生存和发展时,其总体构成了生态系统的大部 | 在一个健康的生态系统中,它们联合起来创造了大部分价值 | 享有它们创造的大部分价值 | 依赖所在生态系统之核心企业提供的服务,专注于一些专业领域的活动,这些领域通常是它已拥有或将来可以开发出独特能力的领域 |

### 本章小结

1. 企业经营环境的变化推动着战略管理理论的演进,指导企业运作的理论也呼应着现实的要求。从企业能力理论、动态能力理论,到复杂理论再到合作竞争理论,战略管理理论的核心逻辑经历了转变和演进。

2. 企业能力理论把注意力从关注企业外在的产业机会和市场吸引力,转向企业自身的内在资源与能力，强调企业内部因素的差异性。企业核心竞争力就是企业竞争力中那些最基本的能使整个企业保持长期稳定的竞争优势、获得稳定超额利润的竞争力，由战略能力、流程能力和市场能力这三个主能力共同决定。

3. 动态能力理论整合了企业能力理论与动态演化理论，认为企业的动态能力，即"企业整合、构建以及重构内外部资源和竞争力以应对外部环境快速变化的能力"，形成了企业不可复制的核心竞争力。企业动态能力战略整合模型包括定位、路径、流程三个维度。

4. 复杂理论采用了生态学视角对网络经济环境下市场建立认识，并结合了企业生态系统和混沌理论的研究，将企业生态系统视作复杂演化系统，运用生态学理论解释商业运作，为企业制定和执行竞争战略提供了一个全新思路。

5. 合作竞争理论认识到竞争对抗性本身固有的缺点以及当今企业越来越多的处于"竞合"关系的现实，认为企业经营活动是一种可以实现双赢的非零和博弈，企业应借助竞争与合作这两种形式的力量，展开"竞合"策略在现代商业竞争中获胜。

6. 运用生态观理解现代商业环境需要明确一些基本的生态学概念：生态位体现的是生物种群在生态系统中的空间位置、功能和作用，本质上反映了生态系统结构中的一种秩序和安排；生态位分离使得整个系统中的全部资源能够被充分利用并容纳尽可能多的物种，同时还能使生物间的竞争减少到最低限度，彼此间实现共存；竞争排斥原理揭示了生态位重合程度高的两个物种往往是相互排斥的。

7. 企业生态系统的健康状况保证了系统内成员企业的良好运行，也保证了整个系统能够在长期内实现有序的发展和价值创造，因而具有极为重要的意义。评价企业生态系统健康状况时主要从生产率、强健性和缝隙市场创造力这三大维度进行衡量。

8. 按照生态位可将生态系统中的企业划分为三种类型：处于某一网络中特有的、为数不多的中枢或节点位置的核心型企业，在该生态系统中占据主宰地位、攫取价值的支配主宰型企业，以及在大多数生态系统中大量存在的、在利基市场中求生的缝隙型企业。

9. 系统中不同类型的企业扮演着各自的角色，也相应采取着与角色相对应的经营战略。企业的生态系统策略可被划分为四种类型，分别为：网络核心型战略、支配主宰型战略、坐收其利型战略，以及缝隙型战略。

## 思考题

1. 如何辨析不同战略管理理论的区别？如何理解战略管理理论的发展和演进？
2. 如何理解四种战略管理理论的主要内容？
3. 如何运用生态观来分析企业所处的商业生态环境？
4. 企业生态系统中有哪些不同类型的企业？它们各自采取着怎样的运营策略？

# 第11章 责任与领导力共生的实现

 **开篇案例**

### 苹果与三星

既是竞争对手、又是合作伙伴的态势,现如今已普遍存在于当代企业的相互关系之中。在信息技术行业内的企业之间,特别是操作系统持有者与平台制造商之间,彼此的关系可谓犬牙交错、错综复杂,更是常常出现"敌我不分"的局面,对于同一家企业而言,既没有明确的敌人,也没有固定的朋友,一切都以公司利益为出发点进行划线站队。

多年以来,苹果和三星彼此间便处于这种对手与同伴共存复杂关系里,它们既是激烈较量的竞争对手,同时又是密切配合的合作伙伴。

**1. 合作结盟**

三星和苹果之间的渊源要追溯到苹果的智能手机 iPhone 上市之初。早在 2007 年 iPhone 上市以前,苹果就意识到需要找一个芯片供应商为 iPhone 量身打造合适的芯片产品,而芯片被业内称为 IT 设备的大脑,决定着设备的运行速度和完成任务的表现,因而谁来承接这个艰巨而神圣的任务对于苹果而言意义重大。最终,苹果相中三星,两家一拍即合,并迅速成立了一个专门生产"逻辑芯片"的业务部门展开了合作。在此之前两家公司就已经在显示屏和内存芯片领域有过合作经验，再加上新签订的芯片供应协议，三星遂成为 iPhone 和 iPad 使用的 A 系列芯片的独家供应商。

**2. 专利大战打响**

然而好景不长，自从三星推出与 iPhone 和 iPad 直接竞争的 Galaxy 智能手机和平板电脑以来，两家公司的关系就开始出现了微妙的变化。在智能终端领域，苹果看到合作伙伴竟成为自己最大的竞争对手，并且分享着由产业链上下游产生的协同效应带来的收益。到 2012 年第二季度，属于谷歌 Android 操作系统阵营的三星已经成为全球最大的智能手机生产商，其智能手机出货量在全球市场占比高达 33%。

事实上早在 2010 年，苹果公司的高管便现身三星电子大厦，指责三星产品剽窃，打响了这场血腥商战的第一枪。2011 年 4 月 15 日，苹果一纸诉状将三星告上法庭，称三星侵犯了苹果的专利权，对三星提出了 16 项指控，索赔 25 亿美元，并要求其停止销售平板产品。三星也果断还以颜色，2011 年三星就决定拿苹果新一代 iPhone 4s 下手。为禁售 iPhone 4s，三星要求查看其源代码，并诉讼其侵犯了自己的天线系统专利，三星最终胜诉。

随后的几年间，苹果和三星以商业历史上前所未有的规模在世界各地的法庭上展开厮杀，这场旷日持久的专利战总花费超过 10 亿美元，而涉及的法律文件更是多达数百万页。与之相伴的还有数量繁多的裁决、判决和听证会。

在这场蔓延全球的诉讼大战中，没有哪一方敢说自己大获全胜。韩国法院裁定苹果侵犯了三星的两项专利，同时裁决三星侵犯了苹果的一项专利。东京法院驳回了苹果的专利诉讼，并要求其支付三星诉讼费。德国法院下令禁售 Galaxy Tab 10.1，原因是它与 iPad 2 的外观太过相似。英国法院做出了对三星有利的判决，认为其平板电脑不太可能令消费者产生混淆。美国加州的法庭认定三星侵犯苹果的 iPhone 和 iPad 专利，判处三星败诉。

**3. 合作与竞争共存**

2014 年 8 月，苹果新任 CEO 蒂姆·库克（Tim Cook）同意停止与三星之间的专利诉讼纠纷，站在诉讼大战留下的一片焦土上，科技行业中最大的两个竞争对手将为了新产品的制造而休兵言和。苹果与三星的敌对关系有了解冻的迹象，这也是自史蒂夫·乔布斯点燃两家企业之间的战火，迫使他们终止了曾经的供应合同并进行成本高昂的法律纠纷后，首次出现改善的迹象。

姑且不论曾经的诉讼战中谁是谁非，目前的合作无疑对两方都有利：二者结盟后，苹果公司将借助三星雄厚的芯片制造实力——后者是世界上最大、最先进的芯片制造商之一；三星则可为其核心芯片业务赢得来自苹果的关键订单，以弥补手机利润停滞不前的影响。当然在智能终端市场上双方的竞争依旧硝烟弥漫、互不让步。苹果和三星这对"冤家"无疑是一对典型代表，它们彼此间的关系反映了当今商战之中竞争与合作动态性的交互影响，这也将给现代企业以启示，身处于越发动态复杂的现代商业竞争环境中，唯有以"竞合"思维为指导，准确分析竞争对手与竞争格局，才能把握先机、展开行动，获得竞争优势。

"分久必合，合久必分"，这句语出《三国演义》第一回的古谚意味深远，而时间滚滚而逝，新时代的浪潮翻涌袭来，到了现代商业生态环境中，竞争与合作这组概念之间的复杂关系更是变幻莫测。

如今，越来越多的现代企业发现它们正身处于极其复杂的交互关系网中，战局混乱、敌友难辨：不仅对竞争对手或是合作伙伴的定位会迅速变化，而且同一企业可能同时兼具这两重对立的身份，此外，企业自身的一个行动也可能同时具备竞争与合作的本质。古老的博弈昭示出的竞争与合作是相互排斥，非此即彼的，然而现在企业面临的往往是相互竞争与相互依存关系同在的局面，二元对立的竞争思维已经越来越难以分辨现今复杂动态的形势，因此必须打破思维定式，引入全新的竞合思维来重新解读当今商业环境中的竞与合。

具体说来，随着国际化持续进行、商业竞争日趋激烈，传统的静态战略模型其局限性日趋明显，越发难以适用于现代企业的战略分析与制定。想要看清竞争形势并取得竞争优势实现长远的发展，企业需要的是一个灵活、全面的策略架构，尤其是企业的领导者或管理者要能够发挥出契合时代主旨与商业生态观的领导力。现代企业的竞争关系取决于其所处的生态环境，企业领导者一方面要能够看到竞争与合作的关系可以存在多种可能性，以"竞合"思维识别竞争对手、分析竞争格局，在此基础上建立策略展开行动；另一方面还要能够发挥出强大的领导力，领导着企业应对动态复杂的商业生态环境与日趋无限的现代商业竞争，这两方面也是新时代中责任与领导力共生的要求。

在这一章中我们首先论述现代商业中企业间的竞争关系，指出竞争与合作并非如传统观点认为的那样彼此间对立，而是存在三种可能的交互关系，企业处在动态的竞争关系之中。在现实的商业竞争中，是商业生态系统构成的生态环境决定了现代企业的竞争关系，而企业生态系统的网状结构使得其中的企业面对着的是更为复杂的相互关系，竞争与合作也不再是简单的二元对立。这种情况下，企业的竞争理念需要相应地更新和转变，超越对立看待竞合，从"零和"转到"共赢"，这体现出的正是"竞合"思维在现代商业环境中的重要指导意义。在动态性竞争环境尤其是现如今的企业生态系统背景下，企业需要的是一个动态灵活的策略框架，企业领导者需要的是兼容并蓄、彰显"共生"精髓的领导力，本章以动态竞争模型和"五星"领导力模型为例加以说明，二者都是契合时代要求、实现责任与领导力共生的有力工具。

读完本章，你将了解：

1. 竞争与合作的三种关系；
2. 竞合的定义与内涵；
3. 动态竞争模型的内容；
4. "五星"领导力模型的内容。

## 11.1 现代商业竞争关系

"竞争"一词来源于生物学，意为"两个或多个生物之间为了争夺生存空间与资源而发生的一系列行为与关联"[1]。而人类毕竟也是生物的一种，终究难逃自然规律，自古以来人类社会中就充斥着各种形式的竞争。而博弈这一具有悠久历史的思想，见诸东西方文明史，凝结了人类参与竞争活动时展现出的智慧结晶，发展到20世纪诞生出的博弈论学科，更是归纳出了各种典型的博弈模型，作为经济学工具为解决企业竞争问题提供了规范的指导框架。

"商场如战场"，没有永远的朋友、也没有永远的敌人。在现实的商业环境中，企业之间为了各自利益进行着对资源、市场的争夺，与此同时也会为了共同利益而共享资源、联合行动，可以说竞争与合作两大策略是企业经营策略的主轴，但现如今商业互动日趋复杂，企业决策制定者如何妥善处理竞争与合作之间的关系变得更具挑战性，而这也吸引了广大学者的研究兴趣。可以说，竞争与合作这一组概念对于战略研究学者和企业经营决策者都是重要的核心命题。

当当网与1号店结盟：电商平台从竞争走向竞合

传统观念认为，竞争与合作是互不相容的，彼此间构成一种二元对立（paradox），但企业生态系统在当今商业环境中越来越多地成为企业赖以生存的组织形式，由此，系统内外的商业生态环境决定了企业之间的竞争与合作具有更多可能的形式，二者高度关联性并动态地交互影响。网威公司创始人雷·努尔达（Ray Noorda）发现现实中一些大型企业也与竞争对手签订协议，争取合作共赢，由此提出了"竞合（co-opetition）"一词用以描述现代企业之间这种动态复杂的相互关系。"竞合"已愈发成为商业竞争的一种常态，企业应当更多地用"竞合"思维来分析并制定竞争策略，也即用超越对立的视角去理解竞争与合作的关系，不必只做非此即彼的"二选一"决略。

### 11.1.1 竞争与合作的三种关系

学者们为解释企业之间的竞争关系及其行为特征与规律而开展了大量研究，也得到了丰富的理论成果，在此我们借鉴陈明哲教授对竞争与合作交互关系所作的分类，以集合的方式来展示出竞争与合作间交互状态的多种可能性。图11-1表示了三种相互关系，分别为：独立对立、相对关联对

---

[1] [英]达尔文. 物种起源. 译林出版社, 2015.

立、相对依赖对立，从上往下在包容程度上逐渐递增，从非此即彼的"二选一"到兼收并蓄的"两者皆可"。[1]

（1）独立对立（independent opposites，图 a 所示）假设竞争与合作相互独立，甚至相互对立，竞争与合作所代表的两股力量会相互抵消，这是典型的零和游戏思维，也是新古典经济学中的寡占市场论点。在寡占市场中，竞争与合作位于两股相反力量的两端：第一股是企业基于共同利益展开合作追求利润的最大化，第二股是每家企业仅追逐自身利益各自采取行动增加本身收益。在寡占的观点下，竞争与合作就如同水与油一样，两股力量无法融合与并存，企业若要提高合作行为，必须先降低竞争行为，反之亦然。苹果与三星持续多年的专利战便是独立对立的典型体现。比如苹果 iPhone 与谷歌 Android 系统所代表的两大阵营就处于水火不容的对立，基本上它们之间只有单纯的竞争而无法合作。

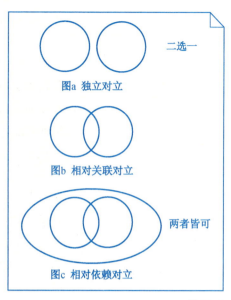

图 11-1
竞争与合作的三种关系

（2）相互关连对立（interconnected opposites，图 b 所示）强调了二者之间可能存在模棱两可的关联。试想，通用汽车提供了 1 000 美元的汽车零件购买折价券，而这种折价券可在任何竞争对手的店铺使用。此时，通用的竞争对手福特公司，就不该秉持一贯思维仍然将通用看作死敌，而应接受折价券能够带动自身品牌汽车销量的事实，将通用汽车的这项方案视为是合作的举动。再比如说网络公司之间也存在类似的模糊不清的情况，当某家公司发明了一套标准时，他们需要与其他公司合作去建设此标准，并创造出一个用户专属的单一网络兼容系统，例如传真机、银行提款机网络、高画质电视、手机网络等等。因此，发明并建立此标准的行动同时兼具合作与竞争的特性。当一套标准建立之后，该网络内同业竞争者之间的竞争便会升温，然而所有的公司都必须共同维持这套标准，以避免造成巨额投资的浪费，这时产品市场上的竞争对手又是统一标准的共同拥护者，竞争与合作的力量会相互拉扯、共同作用于企业的策略制定过程。例如 1980 年代日本 JVC 公司开发出 VHS 与索尼研发的 Betamax 竞逐录像系统标准规格，随后索尼的 Blue-Ray 与东芝的 HD DVD 争夺 DVD 光盘规格。然而，当某一套标准胜出后，所有的公司一方面必须共同维系这套标准，以避免巨额的投资无法回收，另一方面因同业纷纷展开收割行动，彼此间的竞争压力也明显加剧。这种合作与竞争相互关联对立的局面，隐含着竞争与合作两者在对立之外也具有互补的可能性，更是揭示出商业生态系统内

---

[1] 陈明哲. 竞争与合作：超越对立视角. 管理学家：实践版, 2014(5):37-41.

企业需要同时面对的机会与压力。

（3）**全部包含的相互依赖对立**（all-inclusive interdependent opposites，如图 c 所示）图中描绘了竞争与合作不仅有交集，在双方外围的大圆圈更是代表了竞争与合作形成了一个整体性组合。该图反映出某些行动及关系在本质上具有竞争性，某些则具有合作性；而重叠的区域则是那些相互关联的对立，在本质上具有混合及含糊不清的现象；此外，竞争与合作不明朗的状况也存在，它们如同被框在一个不透明的箱中，彼此之间可能具有一种潜在的、无形的互动关系，这也正是图 c 与图 b 最大的区别：一方面，竞争行动与竞争响应是企业间许多错综复杂策略往来中的一环，企业的一项竞争行动可能引发对手希望合作的回应，而两家企业的合作也可能招致竞争者采取报复措施或吸引其他企业进入市场从而增加竞争强度。因此，竞争与合作之间隐含着多重的交互影响。另一方面，任何行动或关系可能同时具备竞争与合作的本质，而且是随着时间推进而逐步显现的，虽然一开始相当单纯但却隐含潜在的对立根源，初期的合作伙伴在日后情况发生改变或是条件成熟之后，也可能倒戈相向，对曾经的合作者猛烈进攻甚至将其彻底取代。

### 11.1.2　企业竞争的动态性

在全球经济格局发生重大变化的今天，企业面临的竞争关系越发错综复杂，纯粹单一的合作或竞争关系越来越少见：两家企业间可能是某一领域或环节的竞争对手，同时又是某一环节的合作盟友；一方也不会将对方绝对地划分为单纯的竞争对手或者盟友，而是在一种动态而模糊的意义上将其归为竞争对手或盟友潜在范围内。现代企业之间的竞争关系越发呈现出动态性的特质。

如何理解企业竞争的动态性呢？狭义的动态竞争指的是"在特定行业内，某一个或某些企业采取的一系列竞争行为，引起竞争对手的一系列反应，这些反应又会影响到原先行动的企业，这是一种竞争互动的过程"。而为了更全面地认识这种竞争所体现的动态性，我们还可以从其广义的三个层次加以理解：第一层次，动态竞争（dynamic competition），指的是企业在越来越动态的经营环境下竞争；第二层次，竞争互动的动态化（dynamic competitive interaction），是指企业之间多点和快速互动的趋势越来越明显，竞争对手之间博弈、学习、模仿和创新已经导致企业竞争优势的发挥和可维持性受到威胁；第三层次，竞争动力学（competitive dynamics），则是从根本上指出了创新与速度正逐渐替代规模而成为企业竞争优势的主要来源，因此企业需要发动不同于以往的竞争性行为来获取优势。

由此可见，动态竞争并非仅止于通常意义上的随着时间推移竞争关系有所变化，而更加强调竞争各方在"攻击—反击"的配对中相互对抗与制衡，并关注到竞争者之间的对抗与互动怎样发生以及如何演进，更加强调<u>竞争对手</u>以及<u>竞争格局</u>：对于某一企业而言，竞争对手的动态性体现为竞争对手不是静态的、一个或一类简单的组织，而是一个在数量上不固定、在资源或能力上具有差异且处于动态变化之中、在与我方企业的关系上动态不确定的企业集合，竞争对手的动态性直接决定于不同资源禀赋的企业在特定环境要素下的生存状况；而在竞争对手动态的视角下我们再进一步来理解竞争格局，市场或商业环境首先导致的是社会及市场资源分配的不均衡，而这种资源的不均衡决定了依赖于不同稀缺资源的企业间的关系，从而进一步决定企业的竞争对手集合。从宏观层面来看，某一个行业内企业围绕着不同稀缺资源进行生产与经营，由此形成的相互间竞争关系的总和构成了某一特定环境下行业的竞争格局。

下例中我国的"三网"即电信网、广播电视网和互联网的竞争关系将帮助读者更好地理解企业间的动态竞争。

## 案例

### "三网"融合下的竞合之道

自 2010 年国务院发布《推进三网融合的总体方案》之后，三网也即电信网、广播电视网和互联网的融合已成为不可逆转的趋势，所谓三网融合不仅停留在物理性合并，更多的是指将现有三大网络的资源及服务进行有效整合共享，从而使三网实现一种水乳交融化。那么在三网融合时代不可避免的是，运营商处于一种"竞合"局面，它们应采取怎样的生存与竞合之道呢？

1. 他山之石可以攻玉

英国的三网融合可谓是运营商之间"竞合"关系典范，对于我国的三网融合极具借鉴意义。早在 2003 年，英国政府就推出了一部新的《通信法》成立了统一的监管机构——OFCOM（通信管理局），全面负责电信、电视和无线电的监管，彻底打破了信息领域中存在的各种壁垒，使技术和业务进一步融合。OFCOM 的成立使得原本厮杀惨烈的电信业、广播电视业走向了有序发展的"竞合"之路，运营商们"无间"合作，避免了重复投资建设，大大提高了行业的竞争效率。不仅如此，运营商开始进行"跨产业合作"为用户提供了融合业务。比如固定通信运营商 BT 和移动通信运营商 Orange 联合提供 VOIP 业务，在 Orange 的移动通信信号覆盖不到的地区或室内区域利用 BT 的 Wi-Fi 无线宽带向 Orange 的用户提供无差异的移动通信服务，也使得产品和服务得到了进一步的优化。

2. 中国的三网融合时代

三网融合的大背景对三大运营商产生了巨大的影响，使得电信网、广电网、互联网更深地嵌入在竞合关系中。表 11-1 简要列出了三网融合对三大运营商的影响。

**表 11-1　三网融合对三网运营商的影响**

| 企业 | 三网融合对三网运营商的影响 |
|---|---|
| 电信网 | 电信网可延伸服务链、拓展业务范围。<br>　　三网融合后，电信运营商在监管的前提下，可开展非时政类节目的广播电视节目生产制作、除广播电台电视台形态以外的公共互联网音视频节目服务、手机电视分发服务、IPTV 传输服务和互联网视听节目信号传输等。电信运营商获得的这些新权利，可以带来新的亿级用户的增量业务；<br>　　再者，由于广电网络带宽无法承载电视台的高清电视、IPTV、互联网电视等新型视听类业务，电视台将借助三网融合的契机主动与电信运营商合作，利用电信网络承载这些新兴业务，还将用户群体延伸到了电信宽带用户，同时，电信运营商也扩大了自己的业务经营范围，这是双赢策略 |
| 广电网 | 广电网与电信网密切合作，取得共赢。<br>　　广电不但掌握了 IPTV 播控权，还获得政府许可，进入电信的部分重要业务领域：广电运营商可以发展自己的业务以及增值电信业务；而电信网和广电网是完全可以嫁接和承载下一代互联网，所以三网融合本质上是电信网和广电网的融合发展。就目前而言，广电网在三网融合中占据了主导地位 |
| 互联网 | 三网融合利好整个互联网产业。<br>　　网络方面：三网融合促使电信运营商提升网络质量，有助于互联网的内容经营；<br>　　终端方面：移动互联网飞速发展，智能电视的出现成为三网融合的新载体，扩大了互联网内容的应用范围；<br>　　内容方面：互联网内容将搬上电视银屏，大大增加其商业价值。<br>　　商业产值方面：移动互联网和网络电视节目的发展，能催生出新的产业集群 |

3. 广电网

虽是三足鼎立的局面，但并非势均力敌。以三网融合的两大系统电信与广电为例，人们普遍认为电信是强者，而广电实力较弱。但广电从内容到网络上都具备相当的实力，完全可以通过资源互补、良性竞合扭转自身的劣势地位。

4. 广电网与电信网的竞合

就整体格局看，广电确实处于弱势，但在一些细分领域却可大有作为，尤其是早与电信网的竞合关系中蕴含着无限的价值：广电运营商不仅拥有覆盖上亿家庭用户的有线电视网络，更拥有一整套电视节目制作与播放运作体系，每天都有大量新的视频内容产生。如果类比到传统的生产制造业，广电运营商不仅源源不断地制造产品，而且也拥有一套完整的销售渠道。但广电运营商与设备供应商的合作不足，不具备遍布全国的渠道网点和优秀的营销服务队伍，也没有自身的细分用户市场。而电信企业拥有覆盖全国的有线和无线通信网络，几乎垄断了通信市场，广电运营商如果利用电信运营商现有的高质量网络资源，相比于广电自身再对网络进行全网扩建和双向改造，投入产出比要高得多，这就为双方合作提供了契机。

（1）深度合作成果 CMMB——广电系旗下的中广传播与电信系统下的中国移动合力推出的中国移动多媒体广播 CMMB（China Mobile Multimedia Broadcasting，CMMB）就堪称电信与广电两大系统深度合作的经典之作。CMMB 国内自主研发的第一套面向手机、笔记本电脑等多种移动终端的系统，主要运用了"卫星通信网＋地面移动通信网"的技术，实现卫星电视信号的移动传播。

> 2009年,中广传播与中国移动签订了CMMB捆绑TD手机[1]销售3年的协议,中国移动研究院还与中广传播联合召开了移动多媒体广播技术论坛,向G3终端厂商、Pad等单向终端厂商和芯片及方案厂商推广移动多媒体广播内置天线技术,希望更多的终端厂商可以在产品规划期就加入CMMB内置天线。仅此一事,就足以看出双方对合作的态度是既积极又重视。不仅如此,广电还表示CMMB的大门是向中国联通和中国电信敞开的。如果三大移动运营商未来都能成为中广传播的合作伙伴,那么电信与广电在三网融合中竞合发展将带来更加可观的市场前景。
>
> (2) NGB引领未来发展——竞争的动态性本质上体现了竞争动力学,则是从根本上指出了创新与速度正逐渐替代规模而成为企业竞争优势的主要来源,因此企业需要发动不同于以往的竞争性行为来获取优势。因而,目前竞合关系的存在确实对广电而言是机遇与价值,但打造持续竞争优势赢得未来更是一项艰巨的挑战。
>
> 广电而言应当在加深合作的同时还要着重发展自身的核心竞争力,着眼于未来打造出自主核心技术的创新链与产业链——以有线电视数字化和移动多媒体广播电视(CMMB)的成果为基础的下一代广播电视网NGB(next generation broadcasting network, NGB)。NGB家庭网络在网络、业务、终端、用户、运营和安全等各个方面都引领了广播电视网技术发展的趋势,不仅能支撑以家庭信息化为基础的现代服务业,更是开辟以家庭网络与服务为中心的相关新兴产业,开辟出一个三网融合的崭新时代。

### 11.1.3 商业生态系统决定竞争关系

企业生态系统构成了企业所处的竞争环境,决定了现代企业间的竞争关系。一个企业生态系统给企业成员分配了不同的生态位,企业据此扮演着不同角色,彼此之间可能是竞争对手、合作伙伴、互补企业、供应商等等,相互依存的同时可能也存在着竞争、合作与竞合等多种关系。生态位重合的企业之间往往存在着激烈的竞争,但与此同时,共生于同一企业生态系统又加大了成员企业间合作的可能性,企业更可能通过共同协作从而实现共同演化,提升整个系统的价值。通过前一章节的学习我们知道,不论是网络核心型、支配主导型、还是数量上占据主体的缝隙型企业,它们的目的都是在一个健康并持续发展的生态系统中经营并获利,从而实现自身的生存与发展。

考虑到当今商业环境尤其是在企业生态系统中,单纯静态的竞争或合作已经越来越少见,传统的静态分析模型不仅未考虑企业竞争策略的多样性与灵活性,以及企业在竞争交战中主动攻击或被动回应的结果,更未能关注以及预测对手可能采取的对策。现代企业的经营活动较以往更加动

---

[1] TD手机是3G手机中的一种,采用以中国3G TD—SCDMA通信标准制式制作而成。

态、复杂与多样，不仅业务跨越数个产业，竞争活动涉及不同产业的参与者，自身竞争优势更是根植于整个平台生态圈或其他形式的企业生态系统。

企业生态系统决定了现代企业更多地处于竞合状态，根据内勒巴夫和布兰登勃格在《合作竞争》中的定义，所谓"竞合"指的是"无须扼杀对立者的竞争，以及无需忽略自身利益之合作"[1]，这正体现了"共生"理念的精髓，也与企业生态系统的核心本质相契合。现如今竞合已越发成为了企业关系的常态，因此无论何种类型的企业，都应当深刻理解本身在所属商业生态系统中的定位、自身与其他参与者间的竞合关系以及所属生态系统与其他系统相对的特殊价值与竞争优势，有目的地强化本身的优势、补足合作伙伴的劣势。

## 11.2 | 共生的实现

传统理论以及静态模型的局限性暴露出的是其背后决策思维与战略观念的陈旧，时代的变化亟待全新的思维与理念来指导企业的战略制定以及领导活动的开展，而"动态竞合"的思维与策略与"共生"理念恰恰契合了时代的主旨，将帮助领导者更好地领导企业应对现代商业生态环境并在竞争中取胜，在新时代、新环境下实现责任与领导力的共生。

下面我们将以动态竞争模型与包季鸣教授提出的"五星"领导力模型为例，二者都是响应时代要求而提出的，落实了"动态竞合"的思维与"共生"的理念，是实现落实责任与领导力共生的有力工具。

### 11.2.1 动态竞争模型

企业的竞争行为随着生产技术、社会文化的不断进步正不断创新，这决定了刻画和描述竞争现象的战略理论研究将应与时俱进，不断演化发展以适应当今的动态竞争现状。在愈演愈烈的商业竞争中，竞争行为的动态性显得尤为突出，企业迫切需要的是一个动态竞争模型，用来刻画竞争对手的动态性并描绘出全面的竞争格局，从而更准确地指导战略制定与执行。

在动态竞争中企业面临着日益复杂的竞争关系，应运而生的动态竞争理论为企业的策略制定提供了指导，要求企业能识别真正的竞争者并深刻

---

[1]［美］内勒巴夫，布兰登勃格. 合作竞争. 安徽人民出版社，2000.

全面地了解竞争者，努力降低竞争者对抗性，在每一次竞争中积聚优势以谋求企业的长远可持续发展。这正是当今商业博弈中企业面对复杂竞合关系时应采取的有效对策，本质上是对"竞合"思维的实现，而能否高效地进行动态竞争分析将成为企业建立相对竞争优势、左右竞争态势的关键。

所谓知己知彼，百战不殆。竞争分析从竞争者分析开始，首先识别竞争者，进而分析竞争者的行动并预先制定应对策略。接下来我们将以陈明哲教授提出的动态竞争模型为例，简要分析企业生态系统背景下企业如何运用动态竞争模型来制定竞争战略。该模型了反映竞争动态力学，旨在预测和衡量公司间的竞争较量，分析过程主要包括两个步骤：第一步，基于市场共同性—资源相似性（MC-RS）框架识别竞争对手；第二步，运用察觉—动机—能力（AMC）分析法来识别预估对手反应。

（1）"市场共同性—资源相似性"（MC-RS）架构。动态竞争理论这样理解竞争者：在相同的市场中针对相似顾客群提供相似产品的企业，或者在不同市场但采用相似的关键资源或能力开展竞争的企业。这与生态观的认识类似，生态位重合的企业，在市场空间和资源利用等方面极为相近，因而为了争夺生态位成为了竞争对手。动态竞争分析抽出了市场和资源作为两个主要维度，认为每一家企业在市场共同性和资源相似性这两个层面上与竞争者会有不同程度的重叠。

在理解"竞争者"内涵的基础上开始进行竞争者分析，这是指导公司理解其所处竞争环境的工具，其主要目的是衡量和预测两家或多家公司为了在某一行业中获取竞争地位而展开的对抗状态。竞争者分析包括研究竞争对手的未来目标、当前策略、各种假设以及各种能力。了解竞争者包括对竞争者的市场目标、拥有的资源、市场力量和当前战略等要素进行评价，是为了全面掌握竞争者的竞争优势和劣势，了解竞争者的战略目标，并且预测竞争者可能采取的竞争行动，并从中找出企业自身在竞争中的相对竞争优势，从而决定自己应采取的竞争行动，同时也要弥补自身的弱项，不断增强自身的竞争实力。

市场共同性—资源相似性架构能够帮助企业进行竞争者分析，通过将竞争企业纳入此框架，对其市场形态和企业资源进行比较和分析，来判断他们是否属于真正的竞争者以及开展合作的可能性。该框架涉及两个关键概念，即竞争者之间的市场共同性及资源相似性：

① **市场共同性**（market commonality）指的是企业与竞争者所呈现的市场重叠程度，即双方产品的相似与替代程度，或者在多个市场同时展开竞争和对抗的情况。此概念关注的是一家公司与其竞争对手共同涉及的市场的数目，以及每个单独市场对于各方的重要程度。定义中的"市场"是一

个包含了产品基础和顾客基础的广义概念，诸如地理市场、产品细分或品牌等。比如联想、戴尔和惠普在全球多个区域市场展开笔记本电脑的销售竞争，中国移动、中国电信和中国联通在移动、固定、宽带用户等细分市场进行较量，三星和苹果在全球智能手机市场激烈角逐等。

② 资源相似性（resource similarity）反映的是企业和竞争者具有相似的资源类型和数量。这里的资源包括组织结构、组织文化、经营团队、管理流程等各种有形和无形的企业资源。根据资源基础观，一家公司可被看作是由有形和无形资源以及各种能力组成的特殊个体，公司在发展过程中又能获取新的资源、资产以及资源和资产管理方式，不同公司所掌握的资源的不同导致了公司的异质性，公司在行业中的相对位置和拥有的竞争优势就是由其特有的资源组合所决定。按照这一思路分析，拥有相似资源组合的企业，可能在市场上具有类似的战略性能力与竞争优势，并且这两家公司也有可能使用类似的策略，那么为了占据和利用相似的关键资源，即便是不同行业的企业也可能成为竞争者。比如联邦快递，它的核心资源之一是众多熟悉全球供应链管理的顶级信息化人才。而沃尔玛在全球信息化的建设上与联邦快递采取相似的竞争策略，因此，它高价挖走了联邦快递的信息化高管人才，对关键人力资源的争夺使沃尔玛成为了联邦快递的跨行业竞争对手。

该架构可以帮助企业在复杂多变的竞争环境中识别竞争对手。如果双方产品极其相似、替代程度高，在多个市场同时展开竞争和对抗，那么两者往往互为竞争对手，例如苹果与三星在全球智能手机市场上的竞争就是一个典型。如果双方在组织结构、组织文化、经营团队、管理流程等有形和无形的企业资源上的配置非常相似，也可以视对方为潜在的竞争对手。例如沃尔玛高薪聘请联邦快递的信息化高管，联邦快递应将沃尔玛判断为潜在的跨行业竞争对手。

下面我们来看运用"市场共同性—资源相似性"框架时的具体操作（图11-2）。需要注意的是，为了反映竞争关系的本质，竞争者分析在分析对偶公司的关系的基础上进行，以公司层面而非某个业务部门层面的竞争为研究分析基础，故而分析时将公司作为基本单元。

竞争者分析首先从两家公司着手，即焦点公司和竞争对手。一家公司可以根据图中两个维度划分出的四个象限逐一比较每家对手企业与自己的差异度，辨识出直接、间接与潜在竞争者：

第Ⅰ象限"高MC-高RS"内的企业，市场与资源两个维度的重叠性都比较高，通常确定为直接的竞争对手。例如可口可乐与百事可乐有着很高的市场共同性和资源相似性，是传统观念中的竞争者，但在它们之间，价格

```
第Ⅱ象限：因目标市场重           市场共同性      第Ⅰ象限：通常是直接竞争者，但是
叠且关键资源互补，最优                         为了应对共同的挑战或挖掘商机，发
可能合作。（淘宝与物流                         挥"1+1>2"的协同效应，也可能合作，
公司）                                       此即为一般意义上的"竞合"。（Google
                                             与Facebook在社群网站激烈竞争，但
                                             合作创新）
                                                                     资源相似性

第Ⅲ象限：可能基于标杆学           第Ⅳ象限：因冲突性较低，若能发
习而合作，其目的在汲取不同         掘共同的利益，也有机会合作。目的
产业领导者的经验与做法。由         在于填补缺角的企业版图（海航集团
于彼此没有利益冲突，这种异         收购匈牙利航空）
业学习往往可以成为企业成长
与创新动能的来源（Google 与
P&G的员工互换计划）
```

图11-2　　　　　　　　"市场共同性-资源相似性（MC-RS）"架构

战从来都不是首位的，反倒是在广告代言人、货架陈列、新饮料品种、餐厅特许经营、有机健康食品的多元化经营等方面的竞争无处不在。然而，这种情况下的竞争对手之间有时为了应对共同的挑战或挖掘商机，发挥出"1+1＞2"的协同效应，也可能展开合作，此即为一般意义上的"竞合"。如开篇案例中的苹果和三星，两方终端产品市场上的竞争始终处于白热化状态，但在上游要素市场的合作关系也密不可分。

第Ⅱ象限"高MC-低RS"内的企业，两方有着共同的市场故而在市场内直接交锋，但彼此的资源属性不同，根据资源与规模差距的不同，可以是直接或间接的对手，但更多的情况是因目标市场重叠且关键资源互补而实现合作。如阿里巴巴以淘宝为核心构建的生态圈中，淘宝的平台上既有天猫也有其他网上商铺，两方的用户群体相似度极高，但各自的资源尤其是规模差距较大，相互间虽然构成了直接或间接的竞争对手，但它们又都共驻淘宝平台、在阿里巴巴的大生态圈中共生，因而也是某种程度的合作伙伴。此外，淘宝作为电子商务网站拥有巨大的用户市场，与第三方物流公司合作以利用它们的供应链系统将货物送达给客户，这显然是资源互补而开展的合作。

第Ⅲ象限"低MC-低RS"内的企业间的交集不大，有可能是间接或潜在对手，但也可能组成跨界联盟展开合作。如乐视与跑车制造商阿斯顿·马丁在2015年底共同宣布签署研发合作伙伴谅解备忘录，在智能互联汽车技术及新型电动汽车制造方面展开合作，共同打造互联网电动汽车。一方是中国年轻的互联网企业，一方是英国汽车制造业的百年老店，若用传统

眼光来看这对合作伙伴，无论是在市场上还是资源上都几乎没有交集，但这种突破式的创新合作恰恰契合了互联网时代的精神，阿斯顿·马丁贡献其在高端车型生产制造领域的经验，乐视则致力研发电动化、智能化、互联网化、社会化的超级汽车。不论结果如何，它们的合作都将推动互联网与汽车产业进行广泛且深度的融合与变革。

至于第Ⅳ象限"低 MC-高 RS"内的企业，比较多的属于潜在对手，随时有能力进入彼此的市场。此情形常见于跨国界的公司合并，较为典型的是在能源行业，如中石油收购意大利石油集团埃尼运营的东非天然气区块，中石化收购阿帕奇集团的埃及油气业务，中海油收购尼日利亚石油公司等一系列中国三大石油石化企业对全球范围内其他地区能源企业的并购。再比如轰动一时的吉利收购沃尔沃，这场"中国农村小伙和欧洲贵族公主的联姻"中，双方市场区域不同、产品定位不同，但是同样作为汽车制造企业有着高度的资源相似性。吉利早在 2001 年就对世界汽车工业格局的变化做过战略性评估，认为未来十年内一些传统的世界汽车巨头将面临新一轮的洗牌，这一竞争格局将为吉利创造机会，而跨国并购正是吉利从"低价策略"向"技术领先、质量可靠、服务满意、全面领先"的战略转型中的关键一步。于是吉利把握住全球金融危机重创欧洲汽车制造业的时机，瞄准与自己具有"低市场共同性—高资源相似性"的沃尔沃，于 2010 年收购了沃尔沃汽车集团全部实物资产和无形资产，包括其完整的研发体系、供应链、员工培训体系、安全试验中心、大型试车场以及遍布全球的销售与服务网络，填补了吉利企业版图的缺角。这次并购的背后是对双方互利的合作，如吉利董事长李书福所说：战略性并购的本质是战略性合作。

总的说来，对特定企业而言"市场共同性-资源相似性"架构就像一张检核表，提醒企业跳出产业与市场框架，从"内部-外部""上游-下游"与"买方-卖方"的角度同时辨识竞争者。而在竞合思维的指导下，竞争者同时也可能成为合作者，所以此架构虽然分析的是竞争者，也同样能够判断出潜在的合作可能性。

（2）察觉-动机-能力（AMC）分析法。竞争者分析的最终目的是预测竞争对手的行动，这就要求企业能"设身处地"从竞争对手的角度来看问题，"看穿对手"，进而根据对手可能采取的行动拟订对策。企业在应用"市场共同性、资源相似性"（MC-RS）架构准确识别竞争者或选择合作对象之后，察觉-动机-能力（AMC）分析法将能提供一种预测竞争回应的分析方法，通过分析竞争对手的察觉度、反抗动机和反击能力等方面来预测竞争中可能发生的进攻和回击，帮助企业预先制定下一步行动。

察觉-动机-能力分析法中"察觉"是对手采取回应的前提,"动机"解释了回应的原因,"能力"则关乎企业的资源与行动能力。运用此模型时要注意的是,尽管每个因素都能单独影响竞争者的回应,但是只有三个要素一起作用时竞争对手的回应才会实际发生。

① 察觉(awareness)是指防御者发掘竞争者的行动,并且洞悉这个行动的意义与影响。觉察是回应的前提,只有发觉到了对方的行动并解读出其含义才能后续采取应对策略。觉察度反映的是防御者的敏感程度,这既与防御者自身有关,也与竞争行动的醒目度有关,如果竞争者发起的攻击行动越是受瞩目,则防御者的察觉程度也就越高。某些醒目的行动,如策略转型、高层更换、重大资本投资、推出新产品或新服务等,很容易引起防御者的察觉;而另一些行动,如组织内部调整、增大研发计划、与卖方或买方秘密缔约等,则很难被对手察觉到。

一般而言,两兵交战时双方一定会对敌营的一举一动时刻关注,同样的道理,企业也一定会对主要竞争者的动向保持高度的察觉,避免错失任何有关对手的信息。然而如果对方是与自己实力差距很大或顾客群体不同的竞争者,企业则容易大意或是忽略。例如,几年之前三星并不会特别关注中国大陆的低价手机供应商,如华为、中兴通讯等公司的动向。但从现实中的企业实践来看,大企业往往要为这种忽视或大意付出惨痛代价。正是因为大企业的轻敌,使得小企业光明正大地扩张自身的疆界,到2014年,包括小米、华为、联想等国内品牌已迅速占领中高端手机市场,威胁行业巨头三星的地位。因而,大企业如何提高对小企业的察觉,尽早采取应对措施避免落入尾大不掉的困境,另一方面小企业如何在羽翼未丰时,降低大企业的察觉争取足够的成长空间,这些都是值得深入探讨的议题。

② 动机(motivation)指的是驱使防御者反击的动力或原因,它反映了防御者在察觉到对手行动尤其是进攻性的行动之后是否有足够的动机兴兵应战。

在某些情况下防御者不得不反击,比如说对方的某一行动指名挑衅特定对手,而且很可能影响到企业间的相对地位、冲击整个市场格局,那么防御者反击的动机就较高。历年以来,三星的智能手机市场占有率已经多次超越苹果,而且经常以铺天盖地的全球营销活动宣传新发布的产品,并且明里暗里讽刺苹果的iPhone,在这种情况下,苹果采取各种反击措施可以说是理所当然的。

要注意的是,反击本身也是一项投资,需要调动各项资源、耗费一定的时间精力,因此企业决定是否反击时应充分地权衡利弊得失。倘若采取反击可以获得可观收益，或是不反击可能遭受重大损失，那么防御者的反击动机就会很强。通常情况下，当防御者的核心业务或具有战略重要性的市场受到攻击时，必然会引起反击。例如苹果的平板电脑 iPad 刚一上市即抢占大部分电子书市场，迫使电子书霸主亚马逊快速推出平板阅读器 Kindle Fire 应战。相对地，如果企业的非核心市场受到攻击，或是反击的成本超过预期的利益，那么反击动机就不会太高。咖啡、蛋糕、烘焙连锁店 85 度 C 虽然经常锁定在国际连锁品牌星巴克附近开新店，且刻意强调品质相同、价格只有其三分之一，但却从未遭到星巴克的反击，正是因为星巴克考虑到反击的收益不足以弥补投入的成本而放弃了这项投资。

除上述原因外，回应动机也跟心理因素有关，例如当企业间攻防的市场是防御者最早的起源地，或者防御者的高管先前曾负责过该市场时，那么防御者极有可能"为了企业的荣誉或是尊严而战"，即使该市场的营收或利润仅占防御者微不足道的比例，防御者也多会加以反击。如美国的苹果公司在中国台湾企业 HTC 与韩国三星公司拟进入美国本土市场时，就大打知识产权侵权诉讼予以反击。

总之，"察觉"与"动机"和企业间目标市场的重叠程度及攻击行动的影响层面息息相关，然而防御者是否能够真正采取有力的回击最终还是由企业自身的能力所定。

③ 能力（capability）是指防御者所拥有的支撑反击行动的整体组织能力，涉及防御者的资源调度和决策程序。

能力也即兵力的强弱，将会决定反击的形式与强度，例如企业提供新服务或推出新产品以紧跟对手，或采用降价的手段对抗对方的价格攻击，一般情况下，本身实力强劲的企业才能经得住短期利益的牺牲与攻击者持续抗衡。不仅如此，能力还会决定反击的速度与时机。当企业能力相对有限，而反击所需的技术门槛高、需调用巨大的资源、配以复杂的程序时，反击的可能性会比较低，反之若企业本身实力相对雄厚，拥有先进的科技、足够的资源与高校的组织运作流程，则可以随机给予对手果断而有力的反击。例如苹果每次宣布推出新款 iPhone 手机的前夕，三星等主要竞争者就会抢先发布新款手机。这便是三星等强劲对手基于自身拥有的技术、专利、经验与品牌知名度，而针对苹果发起的迅速回击。

企业的组织结构也是一项重要的反击能力，可以说是企业的一种"硬"实力。20 世纪 80 年代美林证券引进了"一站到底（one-stop）"的存款账户，让存款人可以依本身偏好在支存、活存、储蓄存款、证券等各种账户间自由转账，巅峰时期曾为公司带来了 1 200 亿美元的存款利益。实力与之相近的竞争对手花旗与大通银行看到这个冲击，虽然它们拥有足够的财务与技术资源，但组织内本位主义严重，不同部门仅考虑各自的业务不愿共享客户，致使回击美林的计划延宕了近半年才被执行，最终因组织结构的掣肘而错失赶超对手的时机。

组织终究是由人组成的，所以企业的组织能力也包括高管团队、组织文化及人力资源等"软"实力，尤其是承担决策任务、塑造企业文化的高管团队更是具有关键性的影响。高管团队的人员组成、权力分配、决策模式与绩效考评基准，以及团队成员各自的特质、背景和相互间的互动关系等等，都会影响组织的创新力与回应能力。比如，苹果公司的成功就与史蒂夫·乔布斯长年推崇并身体力行的"Think Different"文化息息相关，并且他和副总裁蒂姆·库克及首席设计师乔纳森·艾维组成的铁三角团队，行事果断、雷厉风行，领导了苹果不断创新突破取得成功，同时也有力地奋起反击应对挑战。

察觉、动机和能力对分析防御者的反击作为都有各自的解释效力，AMC三个要素又环环相扣，构成了一个整体链条上的三道阀门：当一项攻击行动触发其中一道阀门时，另两道阀门也可能会被启动，从而决定防御者的回击形式与回击力度。企业应当利用此链条进行连贯性思考，才能更为精准地预测防御者的回应。

察觉-动机-能力（AMC）分析法可以帮助企业管理整个竞争历程，提高竞争能量。虽然不同的产业有其独特的生命周期、竞争态势与资源样貌，导致察觉、动机与能力的评估重点有所差异，但企业若能掌握"察觉-动机-能力"链条的基本运作逻辑，通过长期观察、追踪对手的一举一动分析出对方决策者的决策风格或重要行动背后的意义和内涵，或是从向上游供应商或下游客户等多种渠道获取信息，都将有助于企业预测对手发起竞争性攻击或反击的可能性，并判断出对手可能采取的竞争手法和竞争性行动。从而企业可以化被动为主动，抢占先机采取即时、弹性而有效的竞争性行动，并尽可能降低对手的竞争对抗性，在竞争中保持有利的地位。

### 11.2.2 "五星"领导力模型

新时代背景下，企业领导者应当积极采取商业生态观，将"共生"理念融入自身的价值观与行动之中，为领导力注入博大而深刻的内涵。具体说来，企业领导者既要提升前瞻力以做出正确的战略定位，还要提升平台力以寻找最好的制度安排，更要提升创造力以推动组织的变革与创新，在开展领导活动的过程中领导者还应以利益相关者的充分共识为基础，从而探索出与时俱进的运行机制以保障企业的运营与发展。总的说来，

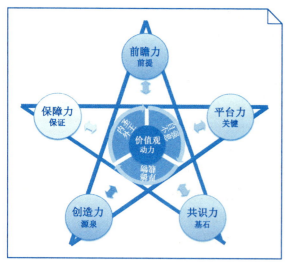

图 11-3
五星领导力的体系

新时代中的企业领导者的当务之急就在于自身前瞻力、平台力、创造力、共识力以及保障力这"五力"的提升。

基于上述分析,包季鸣教授提出"五星"领导力模型(图 11-3)。该动态模型是从"共生"出发对新时代领导力的探索与总结,兼容并蓄了当今企业管理领域的新型领导理念以及中国传统文化的思想精髓,是对责任与领导力共生的具体落实。"五星"领导力的框架体系囊括了新时代中领导者需要着力培养的前瞻力、平台力、创造力、共识力与保障力,并且该模型还指出领导者自身与时俱进的价值观是驱动"五力"提升的深层次元动力。

下面我们将对该模型外围的"五力"以及最根本的"元动力"依次进行介绍,需要注意的是在理解"五星"领导力模型时要认识到其本质上是一个动态均衡模型,同一层次以及不同层次的力与力之间存在着动态的相互影响。

(1)前提——前瞻力。所谓前瞻力,指的是个人敏锐感知周围世界的变化,并创造出引人注目的未来愿景的能力和行为,它是洞察力和执行力的融合。2002 年,美国著名领导学学者詹姆斯·库泽斯(James Kouzes)和巴里·波斯纳(Barry Posner)对全球 7 500 位高层领导者进行了问卷调查,结果显示有近七成被调查的高层领导选择"前瞻能力"作为他们看重的领导者特质,由此可见前瞻力对于领导者而言意义重大。

前瞻力强调的是领导者对大势的判断与对未来的洞见,前瞻力强的领导者能够高瞻远瞩,认识到真正的变革绝不局限于伟大的技术发明及其商业化,而在于把技术和强大的商业模式完美的匹配结合。在现如今竞争激烈的商业环境下,倘若领导者自身缺乏前瞻力则将导致判断失误,甚至将使得企业被淘汰出局。我们总结出的"五星"领导力模型是从前瞻力开始启动运作的,前瞻力是"五力"中其他外围领导力的前提。

然而,尽管前瞻力如此重要,其修炼却具有相当的挑战性和难度,这主要来自于两个方面的原因:一是来源于领导者的思维定势。一般而言人都会有思维定势,领导者也不例外,但在环境迅速变化的当今时代,任何组织或个人昨天的成功经验可能会导致今天的失败。正如黑格尔在《小逻辑》中提到的"熟知并非真知",企业家过去成功的经验固化为一种思维定势,这种所谓的"熟知"阻碍了企业家思考未来、探索真知。二是来源于不同时代具有的不同创新特征。今时今日我们所处的是移动互联网时代,边缘创新[1]是这一时代创新形式的主要特质。如上述动态竞争模型（即"MC-RS"模型）所示，对于一家企业而言最具威胁的竞争者是那些市场共同性低且资源相似度高的企业，而这也就大大增加了前瞻与洞见的难度。这些藏在视线"死角"的潜在竞争对手往往不容小觑，它们极有可能通过外部创新和边缘扩展来侵蚀市场、造成威胁。

那么现代企业的领导者们应如何修炼前瞻力呢？我们总结出如下三大着力点：（1）聚焦大变革，判断大趋势。这要求领导者对产业发展大趋势、企业组织大趋势、经营模式大趋势以及社会需求大趋势进行分析与判断；（2）谋篇布局，顺应"天时、地利、人和"。所谓天时，代表了科技技术的发展和人们生活方式的变化趋势，所谓地利，对应的是当时当地的经济结构、发展水平以及思想文化认知，而所谓人和，则反映了人性不变的本质和变化的表现。商业的本质是顺大势而为，同时把握住人性，针对用户的痛点推出产品与服务，因而企业的谋篇布局势必应当追求"天时、地利、人和"；（3）聚焦打磨用户粘性，夯实未来发展基础。这一点要求领导者重塑人文关怀的价值主张，建立彼此信任的网络联接从而打造智慧智能的互动平台。现代企业唯有构建起活跃互动、坚实稳固的用户关系，才能在快速变化的时代中抓住更多的机会、把握住更长远的未来。

**（2）关键——平台力。** 前面我们已经介绍过平台生态圈，它通过平台模式承载了生态系统，是企业生态系统的一种重要实现形式。所谓平台是一种制度安排形式，通过将两个或者更多有明显区别但又相互依赖的利益群体整合在一起，并为之提供共同的解决方案，从而降低交易成本并提高网络价值。

虽然现阶段经济活动的主体还是企业，但平台作为一种比企业更为高级的资源配置框架，已经成为组织形式发展转变的大方向，企业的平台化也是大势所趋。所谓企业平台化，就是企业以现有组织为基础朝着平台的方向演化，从而利用平台更有效地集聚和整合资源，谋取企业的加速发展和可持续发展。

平台化的企业即为平台型企业，这类企业在平台生态圈中往往居于主导地位，扮演着交易平台、媒体平台、支付平台、软件平台、通信平台等各类角色，向企业、消费者等多方客户提供着不同类型的创新服务。现实中成功的平台型企业不胜枚举，如搜索引擎谷歌，它的成功在于其打造了信

---

[1]《失控》作者凯文·凯利（Kevin Kelly）认为边缘式创新具备质量低、风险高、利润低、市场小、未被市场证实等共性，正是因为这些共性让大公司内部出现边缘式创新变得相对艰难，由此很多颠覆性创新技术其实大多数是从外部产生的，而在外部式的创新中，主导者是大量起初被大公司所忽略的新兴创业公司。

息汇聚与分享的平台，而苹果公司的成功则在于其打造了内容汇聚与交易的平台，此外社交网络脸书（Facebook）也是因为其打造出了用户汇聚与联络的平台而取得了巨大成功。

因此，一家企业的平台力体现为该企业通过平台化快速配置资源、优化使用资源以及在平台基础上良性循环运作的能力。相应地，对于企业领导者而言，其个人的平台力既包括搭建和进入平台从而快速配置资源的能力，也包括了其维护平台有效运作并优化使用资源的能力，更是其领导平台实现科学发展以打造出共赢生态圈的能力。在当代商业生态环境中，平台力将会决定一家企业能否存续下去并取得长久可持续发展，因而在"五星"领导力体系中平台力至关重要，是"五力"的关键之所在。

那些关于"平台"的误解

领导者在进行平台力修炼之前需要先明确平台最基本的作用机制：①平台能够更大程度地降低交易成本。所谓交易成本，就是在完成一笔交易时，交易双方在买卖前后所产生的各种与此交易相关的成本。企业这种组织形式作为一个划时代的发明，部分地替代了市场的机制，内化了交易成本。而平台则是新时代催生的新型组织形式，它在很多情况下能比企业更为有效地内化交易成本、提高交易效率。②平台能够更大程度地激发网络价值。网络价值是指连接到一个网络的价值，它包含了利益群体之间的网络价值和平台与补足品之间的网络价值。网络价值可以说是平台的核心，它是基于平台商业模式所具有正向的"网络外部性"，也即"网络效应"的实现，随着连接到该网络的人数增多，该平台的网络价值愈发提升，尤其是在突破"引爆点"后网络价值更是呈爆炸式激增。③平台能够在更大范围内推动企业进行跨界整合。由于平台扩大了企业的范围、模糊了企业的边界，并且在互联网通信革命的催化下，平台更是使得企业跨界整合成为一种常态，形成了更为有效的资源集约和资源组织的形态。④平台还可以帮助具有竞争优势的企业在更大程度上实现赢者通吃。消费者的平台归属性决定了平台的价值，并且只有在消费者单独归属于某一平台的情况下该社交平台上的互动效应才能带来网络价值，因而有竞争力的平台都致力于打造自身平台的单归属特征，避免消费者的多属行为并提升其平台转换成本。比如微信就利用平台塑造出这样一种强关系网络，使得其用户要转移到其他平台如易信时必然面临着较高的转换成本，由此用户黏性大大提高，而这也正是平台造就赢者通吃的根本原因。

在认识了平台作用机制的基础上，我们再来看平台力的修炼。领导者要实现平台领导，需要具备平台型领导的行为特征，主要可从如下三大方面着手：一是打造平台的品牌、降低交易成本。领导者应致力于塑造平台的良好口碑，一旦平台形成了自身强大的影响力，平台中的各利益群体在合作过程中的交易成本将大为降低。二是贯彻共赢思维、提高网络价值。如果把平台比喻为组织发展的"时代列车",那么这辆"时代列车"能否顺利并高速运行不仅依赖于其支持和保障系统,还取决于列车上的所有人,从司机、列车员到乘客是否目标一致、能够配合协作。三是勇于快速迭代,在试错中前行。平台领导的思维,讲究"新"与"快",而非传统领导思维所看重的"大"与"好",平台领导要求领导者率领着企业以及其他利益相关群体在试错中自我求索、自我否定,最终战胜自我、超越自我。

根据企业所处的发展阶段和所具备特质的不同,领导者平台力的修炼和实践对应于不同的侧重点:

第一,对于转型期企业,领导者的平台力修炼主要从如下四个方面的转变来把握:从经营实物为主转为经营用户为主、从规模经营为主转为关系经营为主、从传统主营业务盈利为主转为衍生业务盈利为主、从传统手段为主转为网络交易为主。

韩都衣舍:一个线上品牌的衍变

第二,对于创新变革阶段的企业,领导者平台力的修炼需要采取如下三个步骤,领导者通过这三个步骤将能率领企业实现平台运营服务的逐步升级:第一步是进行产品和服务的创新,即创造性地提升产品和服务的价值。第二步是提升价值链价值,要思考购买产品、消费产品在用户的价值创造中占据什么样的地位,还要分析用户价值链的中上游和下游对产品的价值诉求,以便找出差距,从而利用服务设计的方式来满足用户的价值诉求。第三步是利用整合和外包等方式打造平台型企业,同时扮演好技术提供者、设备供应商、物流服务提供者、金融服务商等角色,提升平台价值并帮助用户在价值网络中获得更高的价值与效用。

第三,对于创业企业而言,领导者的平台力修炼则强调对三个阶段的把握:在起步阶段领导者主要凭借个人声誉以及平台架构来集聚资源;到发展阶段则主要依靠坚守底线和锐意创新来优化使用资源;等发展至起飞阶段则需协同多方利益群体以探索打造共赢生态圈,追求共生共荣。

**(3)源泉——创造力。** 为理解创造力,我们首先来看何为"创造"。"创"是破坏,"造"是"开始",二者合为一个词组——创造,指的是在破坏和突破旧事物的前提下,重新构建并产生新事物、创造新价值的一种活动。而创造是通过创新活动实现的,这是创造的外延。商业中的创新可作用于不同的对象,既包括技术创新、产品创新、服务创新,还包括制度创新、组织创新、商业模式创新等等。此外,创新按照其发生的机制可分为追随性创新、连续性创新和颠覆性创新。总的说来,企业自身以及企业领导者的创造力是企业发展变革的强大推动力,它是创新和执行的结合,也是"五力"中力量之源泉,尤其是在新时代背景下,其中的颠覆性创新更是创造力的根本之所在。

那么领导者应如何提升创造力呢？我们总结出领导者可围绕以下三大方面进行创造力的修炼：

第一是高新科技的落地。首先领导者要了解科学、技术与产业创新的关系。回顾人类文明发展历史，凡是大的产业革命一定是从基础科学的突破创新开始的，随之催生出一大批通用技术集群，从而大量的应用产品被研发生产出来，最终推动了产业和商业新一轮创新。领导者不仅要能认知到这一本质规律，还要能对此加以灵活运用，立足当下展望未来，准确把握科技发展的大趋势，清晰地看到人类未来的科技潮流，从而利用技术为企业赢得未来。

3D 打印如何改变商业模式

第二是商业模式的革新。商业模式方面的创新是指企业把新的商业模式引入社会的生产体系，并为客户和企业自身创造价值，它反映的是企业价值创造基本逻辑的变化，也即利用与以往完全不同的交易结构重新组合各个利益相关者从而创造出新的价值。新引入的商业模式既可能在构成要素方面不同于已有商业模式，也可能在要素间关系或者动力机制方面有突破革新。领导者应认识到，对于企业而言商业模式才是最根本的，技术固然重要，但也仅仅是加速器。因而商业模式的革新属于企业最本源的创新，一旦离开了商业模式的创新，企业其他的管理创新、技术创新便都失去了可持续发展的基础。

第三是企业文化的升华。伦敦商学院拉杰什教授指出：创新的公司都是相似的，落后的公司各有各的落后。特别是创新公司在文化方面的相似程度远超我们的想象，并且这种相似性与地理位置或国家文化关系不大。举个简单的例子，尽管各自国家的文化不同，创新的美国公司与创新的英国、德国、印度或中国公司却在诸多方面共享着很大程度的相似性。

需要强调的是，领导者自身对创新要有正确的认知：创新是奠定企业市场地位的根本，也是对知识资产的组合路径，因而是一项意义重大"伟大"事业。不仅如此，创新本身还是充满挑战的"寂寞"的事业，领导者既要防止畏难求稳的情绪，也要避免追求不切实际的突飞猛进，尽量脚踏实地、稳扎稳打，从而厚积薄发、取得突破。

（4）保证——保障力。从领导的定义来看，领导本质上是领导者、追随者、情境之间互动的过程，并且领导活动的有效性依赖于各因素之间的匹配程度，以及企业运行、支持、保障系统的运作效果，而这些都要求领导者具备强大的保障力，才能够保证各因素的互动与配合，同时也保证企业系统的良性运作。由此可见，领导者的保障力是"五星"领导力模型有效运行、从而有效领导得以实现的重要保证。

在五星领导力的体系中，保障力的修炼核心是企业管理的再造，主要体现为四大内涵的转化：一是管理协调的内涵，从定义标准、共同遵守向定义目标、互相协同转化；二是管理决策的内涵，从金字塔型行政层级向群策群力、集体智慧转化；三是管理激励的内涵，从外在的物质激励为主，向内在的激励成功需求为主转化；四是管理目标的内涵，从瞄准定量标准齐心协力直接实现，向瞄准目标背后的意义间接实现转化。

企业的可持续发展是一项系统工程，需要整个系统都保持一种良性循环的工作状态，才能保证创新活动得以顺利推进。为此，企业领导者需要从以下三方面着手，为企业的发展提供完整的保护和支撑体系：

第一，顺势而为的组织调整。这要求领导者与时俱进地进行组织变革。创造力涉及改变人们共同工作的方式，为此需要在组织内设立特定的机构并创造必要的过程来推动实现工作方式的转变。对于很多企业而言转型也往往也是一种"再创业"，转型的新方向和新领域相对于现有的存量业务而言体现为一种增量，需要建立独立部门或公司、配以专职管理人员、集合专业团队才能确保增量不被存量干扰。在进行组织变革和组织创新的过程中，领导者特别要对这三个"匹配"给予高度关注，分别是：组织结构与企业战略的匹配、组织体制与促进创新的匹配、组织流程与激发潜能的匹配。

在现如今的移动互联网背景之下，平台经济大行其道，商业模式创新层出不穷，跨界整合越发成为常态，因此领导者在推进组织变革和组织创新时特别要注意这几个趋势：

① 等级化演变为扁平化。在传统科层制的企业中，领导手握大权、负责制定决策与下达命令，而员工身处基层、负责执行上级的命令，凭借良好的业绩获得领导者的奖励和提拔。这种垂直等级制度下领导者掌握绝对的权威，顶着"神化"的光环。而随着互联网经济的兴起，价值多元化、知识丰富化和内外部角色的模糊化使得企业内部也越来越多地经历去权威化、去中心化，领导者将被请下神坛，垂直的组织结构将被极大地压缩进而愈加趋于扁平化。

② 链条化演变为网络化。价值链的概念最早是由战略学家迈克尔·波特提出的，指的是在企业生产、销售、进料、发货、售后等多个环节的生产经营活动，它们所构成的一个价值创造的动态过程。而互联网经济时代的社会发展趋势对这种传统的链条造成了极大的冲击：与企业相关的众多研发者、生产者、消费者的角色也愈发模糊，传统价值链的线性思维和价值活动顺序分离的机械模式被价值网络的思想所打破。企业的组织结构也要相应地改变，围绕顾客价值重构原有价值链，使原本的各个环节以及各不同主体按照整体价值最优的原则相互衔接、融合以及动态互动，由单向链

条演变为能创造出更大价值的网络。

③ 固定化演变为动态化。在互联网经济模式中，人与人间关系将经历如下转变：由命令关系演变为合作关系，由流程、制度的线性化、固定化演变为并行化、临时化，由此工作部门与个人的关系也将由命令化演变为自主化，组织的边界则将由固定化演变为模糊化、动态化。此外，如前文所述，从经营环境的动态多变，到竞争互动的动态性，再到创新与速度正逐渐替代规模而成为企业竞争优势的主要来源，企业之间的竞争关系也愈加趋于动态化。

第二，内在驱动的人力资源。在这一方面，领导者需要采取全新的观点进行选人、用人和育人：

① 选人。领导者要努力寻找"A级人才"。所谓"A级人才"是由苹果前总裁乔布斯提出的，他曾说："我的成功得益于发现了许多才华横溢、不甘平庸的人才。不是B级、C级人才，而是真正的A级人才。而且我发现只要召集到五个这样的人，他们就会喜欢上彼此合作的感觉、前所未有的感觉。他们会不愿再与平庸者合作，只召集一样优秀的人。所以你只要找到几个精英，他们就会自动扩大团队。"乔布斯认为：假如你找到真正顶尖的人才，他们会知道自己真的很棒。你不需要悉心呵护他们自尊心。大家的心思全都放在工作上，因为他们都知道工作表现才是最重要的。你能替他们做的最重要的事，就是告诉他们哪里还不够好，而且要说得非常清楚，解释为什么，并清晰明了地提醒他们恢复工作状态，同时不能让对方怀疑你的权威性，要用无可置疑的方式告诉他们，你的工作不合格。

在选择"A级人才"时，领导者还需注意所选拔的人才要与组织价值观、岗位能力、职业兴趣以及组织期望值相互匹配。

② 用人。领导者在用人时需要注重建设好"四个机制"以保障对人才的有效调用：一是容才用才，这要求领导者要容才、容言、容错、容怨；二是目标明确，指的是领导者一定要明确布置的任务、设置的目标以及提供给执行人员使用的资源；三是"用人有疑"，这一点主要涉及授权的方面，要求领导者学会授权，既要把握好自身对下属信任的度，又要建立起相应制度规范作为授权的基础；最后强调的是团队作战，这也是当今社会的大势所趋，领导者在领导团队时最关键的就是要保证人心齐，唯此才能高效协作以实现共同目标。

③ 育人。领导者还需要注重对人才的持续培养，育人的方式灵活多样，既可以安排下属实践历练、轮岗培训，也可设置针对个人的度身量制的课程，还可以打造学习型组织以引导员工自主学习。

第三，灵活适应的激励机制。领导者要有博大的心胸与过人的智慧，调动全体组织成员"把饼做大",并能在创造出价值之后做好价值评价和价值分配的工作,使得全体成员收益。在制定与实施激励机制时,领导者需要把握这几个趋势与原则:一是分享机制正从职业经理人转变为事业合伙人模式,二是利益分享正向着成功的贡献者倾斜,三是实施途径正在向全面报酬的优化组合演进,四是薪酬结构要注重短、中、长有机结合,五是分配时点讲究过程分配与及时奖励。

(5) 基石——共识力。传统意义上,人们认为"共识"指的是行动者之间在相互承认彼此意向的基础上经过反复沟通与理性取舍而形成一种共同的意向,它是一种在社会生活中寻找社会秩序、社会稳定结构的精神活动方式。在此基础上我们根据最新的研究,还可为共识赋予更加准确的内涵:"共识"不仅仅关注结果,它还强调过程,并不是每个人同意就能称之为"共识","共识"还要求每个人都能发声、每个人的意见都能被听到,最终大家协商一致达成最优决策。

五星领导力体系中,共识力指的是个人与利益相关者形成共识的能力,而对于领导者而言利益相关者包括了用户、股东、员工、合作伙伴、竞争对手、政府组织等群体。因此,领导者的共识力是领导者领导团队、组织及广大利益相关群体从而达成最优决策的基石,包含了领导者在促成共识方面的造诣和潜能。任何前瞻性的战略或伟大构想,都需要在具有广泛共识的基础上才能获得认同,也只有获得了认同才能凝聚更广泛更强大的力量从而被正确有效地执行。

领导者共识力的修炼强调如下三大方面,分别为认知相通、文化相融和利益与共。

① 在认知相通方面,领导者一方面要构建共同认知系统,这种共同的认知系统使得利益相关者彼此之间能达成共识从而形成心理契约,使得生态圈里的每一个群体明确平台提倡什么、反对什么以及应采取何种行动才能符合平台的内在规范要求;另一方面领导者还要同步基本假设系统,这是因为组织文化的核心是早已在人们头脑中生根的、不被意识到的假设、价值、信仰、规范等,它们大部分都位于无意识的层次所以很难被观察到,但正是基于这些基本假设人们才能理解每一个具体组织事件以特定的形式发生原因与机理,可以说这些基本隐性假设存在于人们的自然属性、人际关系与活动、现实与事实之中,构成了人们认知的基础,因而领导者需要同步基本假设系统以保证利益相关者的认知相通。

② 在文化相融方面,领导者要努力促使制度契约向心理契约方向转变。制度契约是外显的、受法律保护的制度条款,它是文化相融的外在的承载体系,而心理契约则关注核心价值观,所谓核心价值观是企业内在精

神道德的标准，员工基于此与企业形成一种隐性的心理契约。领导者通过文化相融，最终要实现的就是这样一种内在心理契约的达成。

③ 在利益与共方面，领导者需要认识到：共识的根本目标是共赢的实现。因而，共识力的核心就在于创造共同的解决方案，让所有的核心利益相关者实现共赢，而五星领导力所提倡的平台模式的精髓就在于打造一个生态圈使得多主体共赢互利。

领导者可根据对象的不同以及情境的不同进行有针对性的共识力修炼：

① 对于企业高管强调的是战略共识。战略共识，即组织成员对本企业战略的理解程度、认同程度和执行意愿，是影响企业战略执行力和战略绩效的重要因素。达成战略共识的典型方法和途经包括：高管务虚会、复盘学习法、反面案例法、专题讲座法等。

② 对于企业内部强调的是制度共识。要创建新的愿景目标，领导者需将愿景目标具体化，从而落实责任、开展承诺，最终把新愿景目标组织化和制度化。具体的方法和途经包括：理念化引导、工具化执行、制度化推进。

③ 对于外部利益相关者强调的是利益共识。这就要求领导者在领导企业发展的过程中，能基于核心资源发现共同利益，巧妙识别多方资源的价值，实现自身企业经营资源的扩大和经营能力的大幅提升，并引导参与者为实现共同利益而奋斗、创造出更大的价值。具体的方法和途经包括：善于移情换位思考、处理好政企关系等。

④ 若企业处在危机时刻，强调的则是通过命令模式管理共识。当企业面临困境或是紧急情况时，领导者应全面主持工作，根据所获得的信息，迅速判定事情的轻重缓急，做出周密的决策、发出清晰明确的指令，下属应立即服从指挥以迅速产生效果；企业处于常态时，领导者也要有风险管理的意识，能够"居安思危"，在组织中构建风险的防范系统、监控系统、释放系统，以降低风险并能及时应对危机。

（6）元动力。在介绍了五星领导力体系中外围的"五力"之后，我们最后来看位于模型核心、推动领导力提升的最本源的动力——元动力。元动力来自于领导者个人的价值观与精神道德，在这里我们将借助中国传统文化精髓来理解，将元动力解读为自强不息、厚德载物、内圣外王这三大核心要素。

① 自强不息。《易经》有云：天行健，君子以自强不息。自强不息是企业家不断自我突破、自我超越的基础动能。企业家要做到自强不息，首先要从中国传统文化精华中汲取营养，在中西方社会越来越多的人认识到中国优秀传统文化中蕴藏着无穷的财富，将为解决当代人类面临的种种难题提供重要启示。其次，企业家要放眼未来，为迎接全新的互联网时代而进

校训是什么？
清华校训：自强不息　厚德载物

行互联网基因重塑。

新时代下企业的生与死、生命的强与弱，如同任何有机生命一样取决于其拥有的企业基因，而在这其中企业领导者的互联网商业基因将在很大程度上直接决定企业未来的命运：从制度层面看，互联网基因能帮助企业打破内外边界，通过互联网搭建起开放的平台，组织起大量异质性的各类企业、组织甚至个体，共同提供创新的产品和服务；而从企业竞争层面看，互联网基因就是实现低成本差异化的企业创新。互联网时代中具有互联网基因的企业将能够以平台为载体，同时实现低成本和差异化从而取得竞争优势；再从市场层面看，互联网基因将使得企业充分发挥网络在配置资源中的主导作用，发挥协同效应、实现互利共赢。

② 厚德载物。德不配位，必有灾殃。企业领导者的个人道德是其领导企业沿着正确道路不断发展的根本保障。所谓厚德载物，指的是人唯有拥有博大深厚、符合万物规律的德行才能承载万物，才能把应做的正确之事情以正确的方式贯彻到底。

如何才能做到厚德载物呢？首先厚德载物要求领导者必须有敬畏之心，曾国藩曾告诫世人：心存敬畏之心，方能行有所止。人一旦没有敬畏之心，就会肆无忌惮、为所欲为，甚至无法无天，最终自酿苦果。其次领导者可以从习惯养成开始进行性格优化，从改变坏习惯到改变性格，从控制情绪到转化性格，从临时状态到稳定状态，通过这个过程循序渐进逐步完成性格优化。另外，领导者还可通过阅读来提升素养与积累造诣。管理学大师德鲁克就建议管理者去阅读诗歌和练习写小说，认为这是管理者提升自己最有帮助的方式。此外，厚德载物还要求领导者不断提升自身的情商，这可从情商构成的五个层面着手：认识自身情绪的能力、妥善管理情绪的能力、自我激励的能力、认知他人情绪的能力、人际关系的管理能力。

③ 内圣外王。"内圣外王"语出《庄子》，指人内在具有圣人的才德，对外施行王道，作为五星领导力体系中的元动力之一，内圣外王要求领导者一方面进行自身内在的心灵修炼，一方面发挥影响力作用于外部世界，并能将修炼过程与实践过程相互融合。

著名领导学专家彼得·圣吉曾经坦言：就我所知，没有其他的定义，能够超越中国古籍《大学》对于塑造一个再生型全球社会的领导力使命的定义。《大学》中提出："古之欲明明德于天下者，先治其国；欲治其国者，先修其身；欲修其身者，先正其心；欲正其心者，先诚其意；欲诚其意者，先致其知；致知在格物。物格而后知至，知至而后意诚，意诚而后心正，心正而后身修，身修而后家齐，家齐而后国治，国治而后天下平。自天子以至于庶人，壹是皆以修身为本"，这也正是领导者修炼"内圣外王"的轨迹：首先通过格物致知、诚其意、正其心，而后修身养性，进而齐家、治国、平天下。在这一修炼历程中，内圣体现为内在的心性休养，外王则体现为外在的事业建树。

自强不息、厚德载物、内圣外王这三大核心要素构成了五星领导力体系中的元动力，而归根结底这也是对领导者个人价值观的塑造。这三大要素既有着深厚的文化内涵，又体现出与时俱进的时代智慧，它们共同凝聚成基本的价值观与深层次的元动力，使得领导者得以进行正确的评判与抉择，从而发挥强大的领导力以开展有效的领导活动。

总的说来，"五星"领导力模型是我们对新时代下领导力的探索与总结，其中外围的"五力"与核心的"元动力"之间相互影响，共通构成一个动态均衡。最后我们还要补充的是，领导力的提升不仅仅局限于领导者，领导力提升在本质上是提升人的境界，为的是将个人的境界提升到前所未有的高度，与此同时也将个人的责任感提升到前所未有的高度，从而责任与领导力将在更高的层次上融合共生。这将有助于个人挖掘出无穷无尽的潜力与持续不断的创新动力，从而更深刻地理解人生真谛、更好地实现人生价值。

## 案例

### 华为从优秀走向卓越——任正非的"五星"领导力

2007 年，华为被世界最大的流动通讯网络公司之一沃达丰（Vodafone）授予"2007 杰出表现奖"，是唯一获此奖项的电信网络解决方案供应商。

2008 年，华为被《商业周刊》评为全球十大最有影响力的公司；并在金融危机导致通信设备销售不振情况下，华为年度销售逆市增长 43%，超过几乎所有竞争者，根据 Informa 的咨询报告，华为在移动设备市场领域排名全球第三。

2009 年，华为获得 IEEE 标准组织 2009 年度杰出公司贡献奖，还获得英国《金融时报》颁发的"业务新锐奖"，并入选美国 Fast Company 杂志评选的最具创新力公司前五强。

2010 年，华为获英国《经济学人》杂志 2010 年度公司创新大奖。

2014 年 10 月 9 日，国际品牌集团（Interbrand）在纽约发布的"最佳全球品牌"排行榜中，华为以排名 94 的成绩出现在榜单之中，这也是中国大陆首个进入 Interbrand top100 榜单的企业公司。

……

数不清的荣誉，伴随着华为在世界的崛起纷至沓来，华为公司作为中国民办制造业的代表，正在走出国门，迅速地发展壮大。这家企业究竟是靠着什么能够独领风骚，领导行业发展潮流呢？

2009年，在由《中国企业家》杂志与合益咨询公司（Hay）共同举办了"2009中国最佳领导力培养公司"评选，华为以32.062的高分位居榜首摘得桂冠，这也许能为上述问题提供答案：华为的成功与其领导者任正非杰出的领导力密不可分。

确实如此，对华为而言任正非绝对是不可替代的精神领袖，他白手起家、一手建立起华为，又率领着华为南征北战、开疆拓土，从优秀一步步走向卓越，赢得了世人的叹服。在领导华为的过程中，任正非彰显出的领导力蕴含着的无穷的智慧与深刻的思想，恰恰可以纳入"五星"领导力的框架加以分析。

**1. 前瞻领导与狼性文化**

"任正非43岁才开始创业，不惑之年始见春，一手把山寨公司变成了震惊世界的科技王国，同时创立了开中国企业先河的企业治理大法。在判断企业市场时又极具预见性，在企业繁花似锦的时候却说这很可能是企业的'寒冬'。"

——《任正非的真实世界》

华为在任正非的领导下，已经走出了一条独特的、充满中国特色的发展道路。作为企业的最高领导者之一，任正非从来不会拘泥于日常琐事，尽管他仍要分出精力去处理这种种小事，但他总是会留出一大部分时间用于思考。思考什么呢？华为的未来！在任正非的身上，既充满着坚韧与专注，又昂扬着拼搏不懈的斗志。同时，他还谦虚好学，也十分重视团队的配合，视"1+1>2"为永远的真理。不仅如此，他还通过言传身教将自身的优秀特质灌输到了整个组织的内部，促使华为形成了特有的企业文化——"狼性文化"。

狼者，群动之族。攻击目标既定，群狼起而攻之。头狼号令之前，群狼各就其位，欲动而先静，欲行而先止，且各施其职，嚎声起伏而互为呼应，默契配合，有序而不乱。头狼昂首一呼，则主攻者奋勇向前，伴攻者避实就虚，助攻者蠢蠢欲动，后备者厉声而嚎以壮其威……

下面这个生动的故事，将狼性文化对华为人的影响展现无遗：华为不仅能够争取新的项目，甚至还能把别人已经拿走的项目"抢"回来。公司里市场人员经常说的一句话是：签了吗？大签了吗（终审通过）？只要最后一个字没签，我们就要去争取。2000年浙江省的各市分头建设拨号接入服务器项目，其中一个地级市已经决定购买一家国外公司的产品了，面临这种情况华为的员工仍不放弃，连夜前往当地找到项目负责人，从工程师到电信局局长，都逐一去介绍产品并尽全力说服。最终，华为硬是凭着这股子锲而不舍的精神拿下了全省11个地市。

独狼并不强大，但当狼以群体力量出现在攻击目标之前，却表现出强大的攻击力。这是因为在狼群捕猎的过程中，严密有序的集体组织和高效配合的团队协作使得它们在捕杀猎物时总能无往不胜。对于处在日益激烈竞争中的企业而言，狼群具备的此种优势也具有重大的启发意义。而华为的领袖任正非恰恰深谙于这种狼性的企业管理模式，他不仅自身极为看重团队合作，更是对其背后的思维方式与价值观倍加推崇，将之纳入组织文化使其成为华为的核心价值观。

## 2.《华为基本法》——思想的共识、行动的保障

提到华为，就不能不提《华为基本法》。早在 1996 年，当国内许多企业还在追逐飘忽不定的发展机会时，任正非就开始酝酿起草《华为基本法》——一个清晰界定公司使命、愿景、经营哲学、人才理念、核心价值观等决定企业长远发展的纲领性的东西。毫不夸张地说，这是中国民营企业家第一次为追求基业长青而做出的全面思考，也为此后十多年里华为的发展与壮大设定了正确航向——专注于通信设备供应，永不进入信息服务业，更不为深圳如火如荼的房地产和股票炒作所诱惑。

《华为基本法》几乎成了所有华为人的行动准则，深深地刻在了他们的每一个习惯当中。它成了统领华为人思想的旗帜和标杆，使得华为这家不断发展、快速膨胀的高科技公司，在遇到各种各样的挑战和诱惑时能够始终有一个正确的导向。整个公司内部各级员工在面临前所未遇的问题时，也都非常清晰地知道应该如何开创性地开展工作，而非消极懈怠、坐等上级指示。

基本法的出台，也为华为基层的员工疏通了一条上升通道，只要是真正有能力的人才都能通过基本法铺好的通道，不断地学习和成长，一步步走上公司领导岗位。可以说《华为基本法》也为华为内部领导力的培养提供了坚实而完善的制度保障：华为不以事配人，而是以合适的人去匹配合适的事，这使得企业内部充满活力，也使得资源得到充分的利用。在此基础上，华为的组织结构也经历了大刀阔斧的变革，从最初的传统直线管理制度，过渡到事业部制度，最终形成了面向市场、面向客户，通过团队联通组织内部的灵活矩阵制度。此外，华为还通过基本法的价值引领共识，配以合理的薪酬奖励以及员工持股的激励，为员工齐心协力朝着共同愿景而努力加上了利益共存的保险栓，使得公司共同目标的实现变得更加有保障。

## 3. 鼓励创新，搭建平台——永续的生命力

"在变革的大时代下，华为的'道路多么宽广，前程无比辉煌'。"

——任正非

任正非还领导着华为搭建起了一套立体的创新体系。这套立体创新体系共包含四个层次的创新，分别是：战略创新、技术创新、管理创新和组织创新。

**战略创新**：从技术跟随到技术领先战略，从产品销售到"云管端"战略。过去 20 年，华为依靠低成本战略，包括低研发成本、高网络性能以及持续降低的运营商乃至终端用户的投资成本，来挤压对手。但任正非深知华为绝不能依靠无限的压低成本来形成优势，这对于任何企业而言都是不可持续之路。于是，任正非展望未来，悟到华为应当专注于管道战略设计来形成自己独特而不可复制的优势，他认为云计算和用户终端是华为的双极未来，并将大平台、业务和应用云化、开放共赢定为华为未来的三大战略。华为还提出了基于"云—管—端"的未来信息服务的新架构，这不只是一种网络架构，而是新的信息服务平台架构，同时也是新的发展战略的体现，而提出"云—管—端"也代表着华为开始努力与运营商一起探索运维变革之路。

**技术创新**：从学习模仿到自主研发，从产品创新到标准创新。初创的华为采用跟随、模仿的技术策略，小心翼翼地走在行业领先企业的后面。随着企业越来越成熟，任正非逐渐缩小了华为业务中跟随、模仿的比例，转而开始寻求与他人的合作，并不断取长补短改进自己的产品。他积极倡导

创新不是封闭行为,而是主动接纳全球竞争对手进步与挑战的开放式创新。最终,在合作改进的基础上,任正非领导着华为一步步成长为可以自主研发、领跑行业的领军企业,并终于成为了行业标准的制定者。

管理创新,即体现为前面已经论述过的狼性精神,以及危机感和虚拟受限股等华为特有的一套组织管理大法,这也是华为的领军人物长期思考和员工实践最终形成的一套成熟体系;而组织创新则主要体现在华为从直线管理、直线职能组织,到事业部组织,再到大平台管理和三大业务单元结构的组织变革过程。

任正非对于华为今时今日取得的成就固然功不可没,但我们也要认识到华为的独特模式同时也是由是时代造就的,更是一代代华为人努力的结果。不仅领袖任正非彰显出的领导力可以纳入"五星"领导力的框架进行分析,在华为内部所形成了一套动态运作的领导力模式也同样契合了"五星"领导力的精髓。组织上下的各层领导者以及员工以前瞻力为引导,在方方面面坚持不懈地变革以实现突破式创新,以共同的价值体系、利益关联来保障组织的行动力,积极采取平台化战略以响应时代要求、面向未来创造价值。

激荡·1978—2008 第28集.2005.任正非用"狼性文化"

## 本章小结

1. 竞争与合作之间的交互状态存在多种可能性,从独立对立到相对关联对立,再到相对依赖对立,包容程度上逐渐递增,体现了从非此即彼的"二选一"到兼收并蓄的"两者皆可"。

2. 在愈演愈烈的商业竞争中,竞争行为的动态性显得尤为突出,既体现为企业在越来越动态的经营环境下竞争,又体现为企业间竞争互动的动态化,更是反映出竞争本质的变化,创新与速度正逐渐替代规模而成为企业竞争优势的主要来源。

3. 企业生态系统在当今商业环境中越来越多地成为企业赖以生存的组织形式,系统内外的商业生态环境决定了企业之间的竞争与合作具有更多可能的形式,二者高度关联性并动态地交互影响,"竞合"已愈发成为商业竞争的一种常态。内勒巴夫和布兰登勃格将"竞合"定义为"无须扼杀对立者的竞争,以及无需忽略自身利益之合作",这正体现了"共生"理念的精髓,也与企业生态系统的核心本质相契合。

4. 动态竞争模型强调对竞争对手以及竞争格局的分析,运用陈明哲教授提出的动态竞争模型进行分析,主要包括两个步骤:第一步,基于市场共同性—资源相似性(MC-RS)框架识别竞争对手;第二步,运用察觉—动机—能力(AMC)分析法来识别预估对手反应。

5. 市场共同性—资源相似性架构能够帮助企业进行竞争者分析,通过将竞争企业纳入此框架,对其市场形态和企业资源进行比较和分析,来判断他们是否属于真正的竞争者以及开展合作的可能性。

6. 察觉—动机—能力分析法中"察觉"是对手采取回应的前提,"动机"解释了回应的原因,"能力"则关乎企业的资源与行动能力。运用此模型时要注意的是,尽管每个因素都能单独影响竞争者的回应,但是只有三个要素一起作用时竞争对手的回应才会实际发生。

7. "五星"领导力模是从"共生"出发对新时代领导力的探索,兼容并蓄了当今企业管理领域的新型领导理念以及中国传统文化的思想精髓,是对责任与领导力共生的具体落实。

8. "五星"领导力的框架体系囊括了新时代中领导者需要着力培养的前瞻力、平台力、创造力、共识力与保障力,并且还指出领导者自身与时俱进的价值观是驱动"五力"提升的深层次元动力。模型本质上是一个动态均衡模型,同一层次以及不同层次的力与力之间存在着动态的相互影响。

## 思考题

1. 如何理解竞争与合作的相互关系?
2. 如何现代商业竞争的特点?
3. 如何理解现代企业所处的竞争环境与所面临的竞争关系?
4. 企业应如何运用动态竞争模型分析竞争对手与竞争格局?
5. 如何理解"五星"领导力模型中"五力"和"元动力"的内涵与意义?

# 参考文献

1. 陈睿,井润田.魅力型领导与变革型领导行为比较研究[C]//第四届(2009)中国管理学年会——组织行为与人力资源管理分会场论文集.2009.
2. 陈树文.领导学[M].清华大学出版社,2011.
3. 陈威如.平台战略[M].中信出版社,2013.
4. 陈明哲.竞争与合作:超越对立视角[J].管理学家:实践版,2014(5):37-41.
5. 程东峰.责任伦理导论[M].人民出版社,2010.
6. 达夫特.领导学:原理与实践[M].机械工业出版社,2005.
7. 达夫特.组织理论与设计[M].清华大学出版社,2008.
8. 达尔文.物种起源[M].译林出版社,2015.
9. 迪韦尔热,祖功,大东.政治社会学:政治学要素[M].华夏出版社,1987:158-160.
10. 冯镜铭,刘善仕,吴坤津,等.谦卑型领导研究探析[J].外国经济与管理,2014,36(3):38-48.
11. 弗洛姆.逃避自由[M].工人出版社,1987:261.
12. 高兆明.制度公正论:变革时期道德失范研究[M].上海文艺出版社,2001:74.
13. 葛兆光.中国思想史[M].复旦大学出版社,2001.
14. 哈格斯.领导学[M].清华大学出版社,2006.
15. 加里·尤克尔.组织领导学[M].中国人民大学出版社,2004.
16. 加里,哈默.管理谋杀创新[J].商界:评论,2008(9):44-47.
17. 金勒妮,莫博涅,安健,等.蓝海领导力[J].发现,2014(6):5-8.
18. 理查德·哈格斯,罗伯特·吉纳特,戈登·柯菲.领导学[M].朱舟,译.清华大学出版社,2004.
19. 刘瑜.民主的细节[M].上海三联书店,2009.
20. 刘碧辉.魅力型领导、变革型领导和伦理型领导比较研究[J].企业家天地,2011,3:38-40.
21. 刘峰.简约领导[M].国家行政学院出版社,2012.
22. 纳哈雯蒂,程德俊,徐森.纳哈雯蒂领导学[M].中国人民大学出版社,

2009.

23. 内勒巴夫, 布兰登勃格. 合作竞争[M]. 安徽人民出版社, 2000.

24. 王辉. 组织中的领导行为[M]. 北京大学出版社, 2008.

25. 王琦珑. 道德型领导与伦理领导的概念区别[J]. 经营管理者, 2013(24): 119.

26. 徐艳, 吴德勤. 真正自由地选择真正的生活——弗洛姆的生存思想与自由观的关联分析[J]. 理论学刊, 2010(5): 75-78.

27. 扬西蒂, 莱维恩, 凤彬, 等. 共赢: 商业生态系统对企业战略, 创新和可持续性的影响[M]. 商务印书馆, 2006.

28. 余仰涛. 领导学导论[M]. 武汉大学出版社, 2008.

29. 钟耕深, 陈衡, 刘丽英. 企业发展与商业生态系统演进——基于奇虎360公司和腾讯公司纷争的案例分析 IF27[J]. 东岳论丛, 2011(10): 159-164.

30. Bellah R N, Madsen R, Sullivan W M, et al. Habits of the heart: Individualism and commitment in American life[M]. University of California Press, 2007.

31. Bennis W, Nanus B. The strategies for taking charge[J]. Leaders, New York: Harper. Row, 1985.

32. Brown M E, Treviño L K. Ethical leadership: A review and future directions[J]. The leadership quarterly, 2006, 17(6): 595-616.

33. Cullen J B, Parboteeah K P, Victor B. The effects of ethical climates on organizational commitment: A two-study analysis[J]. Journal of Business Ethics, 2003, 46(2): 127-141.

34. Drath W H, Palus C J. Making common sense: Leadership as meaning-making in a community of practice[M]. Center for Creative Leadership, 1994.

35. Flannery B L, May D R. Environmental ethical decision making in the US metal-finishing industry[J]. Academy of Management Journal, 2000, 43(4): 642-662.

36. Hemphill J K, Coons A E. Development of the leader behavior description questionnaire[J]. Leader behavior: Its description and measurement, 1957, 6: 38.

37. House R J, Mansor N. Cultural Influences on Leadership and Organizations: Project Globe[M]. Advances in Global Leadership, 1999.

38. Jacobs T O, Jaques E. Executive leadership[J]. 1991.

39. Iansiti M, Levien R. The keystone advantage: what the new dynamics of business ecosystems mean for strategy, innovation, and sustainability [M]. Harvard Business Press, 2004.
40. Katz D, Kahn R L. The social psychology of organizations [M]. New York: Wiley, 1978.
41. Rauch C F, Behling O. Functionalism: Basis for an alternate approach to the study of leadership [M]//Leaders and managers. 1984: 45-62.
42. Richards D, Engle S. After the vision: Suggestions to corporate visionaries and vision champions [J]. Transforming leadership, 1986, 199: 214.
43. Schein E H. Organizational culture and leadership [M]. John Wiley & Sons, 2010.
44. Rubin R S, Munz D C, Bommer W H. Leading from within: The effects of emotion recognition and personality on transformational leadership behavior [J]. Academy of Management Journal, 2005, 48(5): 845-858.
45. Tsui A S. The spirit of science and socially responsible scholarship [J]. Management and Organization Review, 2013, 9(3): 375-394.
46. Teece D J, Pisano G, Shuen A. Dynamic capabilities and strategic management [J]. Strategic management journal, 1997: 509-533.
47. Victor B, Cullen J B. The organizational bases of ethical work climates [J]. Administrative science quarterly, 1988: 101-125.
48. Weber M. The theory of social and economic organization [M]. Simon and Schuster, 2009.

图书在版编目(CIP)数据

职业责任与领导力/卫田主编. —上海:复旦大学出版社,2018.4
(复旦博学·大学管理类丛书·领导力系列)
ISBN 978-7-309-13475-9

Ⅰ.职… Ⅱ.卫… Ⅲ.管理学-高等学校-教材 Ⅳ.C93

中国版本图书馆 CIP 数据核字(2018)第 014872 号

图书总码

职业责任与领导力
卫 田 主编
责任编辑/方毅超

复旦大学出版社有限公司出版发行
上海市国权路 579 号  邮编:200433
网址:fupnet@fudanpress.com    http://www.fudanpress.com
门市零售:86-21-65642857        团体订购:86-21-65118853
外埠邮购:86-21-65109143        出版部电话:86-21-65642845
常熟市华顺印刷有限公司

开本 787×1092  1/16  印张 18  字数 306 千
2018 年 4 月第 1 版第 1 次印刷

ISBN 978-7-309-13475-9/C·360
定价:48.00 元

如有印装质量问题,请向复旦大学出版社有限公司出版部调换。
版权所有    侵权必究